Le Grimoire maléfique

www.casterman.com

casterman

ISBN 978-2-203-03669-7

Imprimé en Italie par Grafica Veneta S.p.A.
Dépôt légal: mars 2011; D.2011/0053/213
Déposé au ministère de la Justice, Paris (loi n° 49.956 du 16 juillet 1949
sur les publications destinées à la jeunesse).

Le Grimoire Maléfique

Béatrice Bottet

PROLOGUE

Héribaud Hébert vérifia pour la troisième fois que toutes les portes et tous les volets de sa maison de Bligny étaient bouclés à double et triple tour, les verrous tirés, les barres coincées dans leurs étriers. Minuit était passé depuis au moins trois ou quatre heures.

Au moment où Saturne et Mars étaient en conjonction bénéfique à son projet, Héribaud Hébert alluma dans sa cheminée un feu qu'il avait préparé d'épine-vinette[1], de mandragore et du bois d'un échafaud. Il en tira un brandon pour allumer soixante-six chandelles dans la composition desquelles entrait de la graisse de pendu. Les chandelles étaient noires, car il avait mêlé à leur suif des cendres d'os de condamnés au bûcher. À dire vrai, il aurait fallu, pour faire bonne mesure, qu'il en allume six cent soixante-six, mais les démons qu'il avait invoqués l'avaient assuré que soixante-six chandelles conviendraient aussi bien, ce qu'il l'arrangeait étant donné le prix que les bourreaux exigeaient pour la graisse de pendu et les cendres de brûlés, sans compter le suif et la mèche.

Les chandelles illuminèrent un cabinet de travail garni de lourdes étagères où s'empilaient des objets magiques, des fioles douteuses, des sphères armillaires, des crânes humains, des recettes sorcelliques et d'épais grimoires en quantité.

1. Plante épineuse également appelée berberis.

Mais aucun grimoire n'atteindrait jamais la valeur de celui qu'il briguait et qui, si tout se passait bien, serait en sa possession avant que le jour ne paraisse.

Héribaud Hébert était sur des charbons ardents. Le diable seul savait si l'entreprise à laquelle il se consacrait depuis de longues et nombreuses années allait enfin aboutir. Il avait repéré, non sans mal, où l'objet avait été dissimulé, il avait préparé une liste invraisemblable d'éléments qu'il fallait obtenir en fonction des phases des planètes et des jours de la semaine, il avait accompli scrupuleusement tout ce que le cérémonial exigeait. La dernière étape, la plus importante, allait commencer. Héribaud Hébert mordit ses minces lèvres, tordit ses mains noueuses et sèches, tapota de ses ongles longs et pointus le bord de sa table. Une inquiétude obscurcissait ses pupilles jaunes où brûlait un feu glacial. Ça ne pouvait pas rater, tout était bien en place. Néanmoins, une part d'incertitude restait possible. Le diable réserve parfois de mauvaises surprises même à ses plus fidèles adeptes.

Le nécromancien jeta dans son feu un nouveau fagot de ronces, vérifia d'un coup d'œil que toutes les chandelles étaient bien allumées, puis il enfila une houppelande noire brodée de signes cabalistiques et accrocha à son cou un sachet contenant des herbes vénéneuses et un doigt noirci et momifié de sorcière.

Alors seulement il se mit en position devant son lutrin, lequel était orné de figures cabalistiques et de sculptures de diables et de damnés, tout emmêlés les uns dans les autres, infligeant ou subissant les supplices infernaux. Tout droit, tout raide, le nécromancien tendit ses mains vers le haut, dans un geste d'invocation, il prononça des paroles dans une langue incompréhensible, il pointa ensuite, d'un mouvement brusque, ses deux index tendus vers le lutrin vide, et il psalmodia longtemps, très longtemps, des litanies de noms étranges et des objurgations sans appel.

Les chandelles n'étaient plus que des moignons. Le feu n'était plus que braises. Une sueur d'anxiété et de chaleur coulait sur le visage de l'homme. Sa houppelande de velours, le feu, les chandelles noires, c'en était trop, même pour un adepte de l'enfer. Il fallait tenir, tenir encore, sans que ses bras faiblissent, sans que ses doigts se recroquevillent, sans que la moindre erreur dans la litanie vienne détruire son travail. L'occasion ne se représenterait plus avant des années.

— Satan, je suis prêt, conclut enfin le nécromancien d'une voix forte et rocailleuse. Prêt à te servir mieux que jamais, prêt à répandre sur la terre un mal insidieux afin de te gagner de nouvelles âmes, prêt surtout à recevoir le livre que nul n'a jamais lu. Satan, je te l'ordonne, fais apparaître sur ce lutrin le grimoire des ténèbres…

Héribaud Hébert tremblait maintenant des pieds à la tête. Il savait qu'il ne devait pas bouger, mais qu'il ne devait pas non plus répéter l'invocation. On ne peut ordonner à Satan qu'une seule fois, en tout cas une seule fois par opération magique.

Que se passait-il ? Pourquoi le livre maudit n'apparaissait-il pas ? Qu'avait-il fait ? Ou pas fait ? Ou mal fait ?

« C'est raté, se dit-il. Satan ne m'a pas exaucé. Et dire que je ne pourrai pas recommencer avant neuf ans. Qui sait si je serai alors encore de ce monde ? À moins que je ne demande une fois de plus un supplément de vie… Mais j'ai déjà eu deux prolongations. Le diable doit m'attendre avec impatience, je lui ai vendu mon âme depuis si longtemps, il doit avoir hâte de la récupérer… »

Pendant qu'il remâchait ces amères pensées, il ne remarqua tout d'abord pas que du lutrin semblaient naître des fumerolles noirâtres à odeur de soufre. Les fumerolles s'épaissirent, formant comme un sombre brouillard. Elles prirent de la consistance et quelque chose apparut, suspendu au-dessus du lutrin.

Héribaud Hébert sentit son cœur lui manquer dans la poitrine. Quelque chose se passait. Était-il possible que ce soit… oui, enfin… que ce soit…

Les soixante-six chandelles noires s'éteignirent d'un coup, comme soufflées par un courant d'air. Le feu émit quelques sifflements furieux et s'éteignit, lui aussi. Toute la maison était dans le noir complet. Mais du lutrin se mit à sourdre une lumière verdâtre dont la teinte, d'abord terne et sale, devint de plus en plus vive et éblouissante, au point de blesser les yeux. Un vert acide et froid, puissant, tel qu'on n'en voyait jamais en ce monde.

Et dans cette lumière verte un objet se matérialisa d'un coup, quelques pouces au-dessus du lutrin, sur lequel il s'abattit lourdement. Il y avait maintenant dans la pièce un épais vrombissement. Héribaud Hébert mit ses mains sur ses oreilles tant ce ronflement insupportable lui vrillait les tympans.

Puis il prit conscience que c'était fait.

Il avait réussi.

Chez lui, dans sa maison de Bligny, le grimoire des ténèbres s'était magiquement matérialisé et claquait sa couverture noire, laissant entr'apercevoir l'intérieur.

C'était un livre dont chaque page était noire comme le charbon, noire comme une nuit étouffante sans lune et sans étoile, noire comme le cul des chaudrons où mijotent des mixtures terribles. Il portait des textes écrits dans un rouge sanglant qui ne ressemblait à aucune encre humaine, mais évoquait des brasiers d'un écarlate féroce et inhumain. Le cuir de la couverture, épais, granuleux, d'un noir métallique, semblait celui d'un monstre antédiluvien.

Alors le nécromancien saisit une baguette de bois et frappa un grand coup cinglant sur le livre.

—À partir de maintenant, je suis ton maître, grimoire. Tu vas m'obéir, et à nous deux, nous répandrons sur terre le mal et le malheur afin de gagner à mon maître, Satan, de nombreuses âmes pour qu'elles aillent griller en enfer, ou à tout le moins qu'elles connaissent ici-bas les pires abominations qui puissent s'imaginer.

1

La cloche de l'abbaye de Gardefoy se mit à sonner à toute volée dans l'air gris, venteux et un peu humide d'octobre. Ce n'était pas un appel à la prière. Les coups redoublés donnaient une idée d'affolement.

Le tocsin.

Pas de fumée d'incendie pourtant, pas de bruits d'armes d'une troupe qui chercherait à envahir les lieux, pas même une harde de loups, une escouade de sorcières. Les frères délaissèrent les salles, le scriptorium, le cloître, le jardin de simples, leur travail pour accourir vers la salle du chapitre, où on leur donnerait des informations et sans doute des instructions.

Chacun, échangeant des regards interrogateurs, se dirigea vers la chapelle, tel quel, les jardiniers frottant encore leurs mains pleines de terre, les copistes les doigts pleins d'encre, ceux qui travaillaient au moulin ou à l'irrigation dépliant rapidement leurs robes retroussées dans la ceinture, qui tombèrent sur leurs jambes mouillées et leurs pieds nus.

Chacun s'assit à sa place.

— Je n'irai pas par quatre chemins, fit l'abbé sans la moindre entrée en matière, sans la moindre prière préalable. Cette nuit est une nuit de malheur et nous avons failli à notre mission.

Le silence des moines était attentif et troublé.

— Nous avons été volés. Frère Hugon et frère Aldric sont morts, que le Seigneur les accueille en son paradis.

Des prières jaillirent spontanément, bien qu'à voix basse, pour l'âme des malheureux.

— Pas de blessures visibles sinon du sang jailli du nez et des oreilles. Nous nous occuperons plus tard de leurs obsèques. Un objet a disparu et c'est le grimoire des ténèbres.

Un autre silence, alarmé cette fois, s'ensuivit. Chacun savait que la disparition du gros livre noir risquait de mener à une catastrophe pour le monde.

— Diable… laissa échapper un moine, ce qui reflétait l'opinion générale.

Les autres se contentèrent d'un simple murmure à la fois inquiet et approbateur du commentaire.

— Vous l'avez dit, frère Bonaventure, continua l'abbé. Nous avons commis de lourdes erreurs, mais il est trop tard pour regretter. Nous devons commencer par prendre toutes dispositions utiles pour le retrouver, et bien vérifier la protection des pièces qui nous restent. Frère Daniel, je compte particulièrement sur vous et sur votre équipe.

Frère Daniel demanda :

— Comment le grimoire des ténèbres a-t-il disparu, Révérend Père Abbé ?

— Par magie ! Comment voulez-vous qu'il ait disparu autrement ? Non seulement nos deux frères de garde sont morts sans qu'on voie la moindre blessure ni la moindre marque d'une maladie ou d'un empoisonnement, mais aucune porte, aucune serrure n'ont été forcées. La cache est sûre aux manœuvres humaines – nous l'avons assez prouvé – et à la plupart des manœuvres sorcières. Mais un sataniste vraiment patient, compétent ou chevronné, aidé par une certaine chance – ou plutôt malchance…

Les moines hochèrent la tête.

— Pour ce qui est du grimoire des ténèbres, continua l'abbé, nous devons remettre la main dessus au plus vite pour le coffrer à l'abri. J'attends vos idées ou vos suggestions.

Un moine leva la main et obtint la parole :

— Nous pourrions monter une sorte de patrouille…

— Pour commencer, nous ne sommes pas de ces moines-chevaliers, qui cherchent le moindre prétexte pour se mettre en selle, trancha durement l'abbé. Nous n'avons aucun entraînement pour l'action, peut-être l'aurez-vous oublié… Et puis surtout, une patrouille pour aller où ? Vous avez une piste ou vous comptez partir à l'aventure ? Le grimoire pourrait aussi bien aujourd'hui être au bout du monde. Autre chose ?

L'abbé Ernoul de Bréban était un homme grand et sec, aux yeux clairs et sévères, au long nez mince et busqué. Tout dans ses manières était aussi sec et tranchant.

— La vague de sorcellerie doit bien y être pour quelque chose, dit un autre frère. Si les sorciers, et surtout les sorcières, se mettent à unir leurs forces, qui sait s'ils n'ont pas assez de puissance pour une opération d'envergure ? Nous avons des listes de sorciers, nous pourrions les interroger.

— C'est justement ce que je comptais faire, annonça l'abbé. Nos listes sont bien maigres et ne comptent que menu fretin, mais c'est un début. Frère Renaud, vous vous occuperez de cela.

— Bien, Révérend Père Abbé.

— D'autres questions ou suggestions ?

Une main se leva.

— Oui, frère Archambault ?

— J'aimerais, Révérend Père, vous conseiller de vous adjoindre pour cette gravissime affaire les services de mon jeune frère.

— Quel frère ? Nous sommes tous là, parlez.

— Non pas mon frère en religion, Révérend Père, mais mon frère de sang. Je crois qu'il pourrait être utile à notre quête.

— Utile, vraiment…

— Je le pense, Révérend Père Abbé. Je pense qu'il pourrait retrouver le grimoire pour nous.

— Fait-il partie de la... de la confrérie maudite ?

— Lui ? Un sorcier ? Oh non, pas du tout. Mais il semble avoir des talents pour découvrir les objets que nous recherchons.

— Vous-même, frère Archambault, ne manquez pas d'aptitudes en ce domaine. Quand vous avez postulé pour être novice, vous n'êtes pas venu sans... provisions.

— Justement, Révérend Père Abbé, il me faut reconnaître que c'était mon cadet qui m'avait mis sur la piste.

— Quoi, les chaînes maudites de Zozyme, le parchemin d'Anastros, l'anneau d'obsidienne, ces trouvailles n'étaient-elles pas de votre fait ?

— Il les a dénichées mieux que moi, sans le vouloir ni le chercher je crois. Il a une sorte de don, je ne saurais expliquer pourquoi. Il était très jeune, on aurait dit qu'il flairait tous ces objets maudits.

— Et où le trouve-t-on, cet intéressant personnage ?

— Voilà trois ans que je ne l'ai pas vu, Révérend Père. Mais je pense que c'est à Rivelet, dans le château de notre famille, que nous pourrons au moins avoir quelques renseignements.

— Hum, bon, gardons cela en tête. Autre chose, sinon ?

— L'ange sculpté de l'église de Saint-Gondevald pleure de vraies larmes et délivre des oracles, suggéra frère Justin.

— Ses larmes sont une simple imposture créée de toutes pièces par le curé. Si j'avais le temps, je vous expliquerai comment procède cet escroc. Et l'ange n'a jamais fait d'oracles.

— Et les reliques de sainte Constance ? Il paraît qu'elles exaucent tous les vœux...

— Ce serait parfait si elles n'avaient pas été volées il y a quatre mois.

Les suggestions allaient leur train. L'abbé les examinait une par une, sans illusions.

— L'affaire est difficile et il nous faut prier avec foi et ardeur, dit-il enfin. Mes frères, il est temps de montrer votre piété.

Toutes les têtes tonsurées s'inclinèrent, ne montrant que des crânes luisants à la lueur du petit matin passant par les verres des fenêtres. Un long et dense murmure s'éleva vers les voûtes, bientôt relayé par des psaumes chantés par des voix à la fois inquiètes et confiantes.

Dans le silence qui suivit, la voix d'Ernoul de Bréban s'éleva, plus sereine et moins sèche.

— Nous allons voter afin de déterminer si une des différentes propositions, par l'action de notre prière, se détache plus nettement que les autres.

Et ce fut la proposition de frère Archambault qui recueillit une large majorité des suffrages.

— Dieu nous a éclairés, fit l'abbé. Du reste, cette solution avait aussi ma préférence. Venez avec moi dans mon cabinet de travail, frère Archambault, que nous fassions ensemble le tour de la question. Et j'ai aussi mille décisions à prendre. Mes frères, vous pouvez maintenant retourner à vos occupations.

L'abbé Ernoul de Bréban quitta rapidement le chapitre, entraînant frère Archambault dans son sillage.

Archambault était entré à Gardefoy environ trois ans auparavant. Il était prêt à en découdre avec le démon. C'était un homme jeune, idéaliste, d'une noble et bonne famille plus riche de fils que d'argent. Et aussitôt adoubé chevalier, au lieu de choisir la voie des armes, il avait demandé à entrer dans cet ordre très discret de Gardefoy.

L'abbé parcourait les couloirs à grandes enjambées, suivi à distance respectueuse par le jeune frère. Dans son cabinet de travail privé, l'abbé s'assit et trempa aussitôt sa plume pour se mettre à écrire. Le cabinet était une petite pièce bien blanchie, bien éclairée, emplie de livres et de rouleaux de parchemin.

Tout en faisant nerveusement cracher sa plume, le prieur ordonna :

— Parlez, frère Archambault…

— Mon frère ignore lui-même l'importance de cette capacité. Il faudrait le prévenir au plus vite et lui demander d'agir pour nous. Avec son aide, le grimoire des ténèbres pourrait vite retrouver sa place dans nos murs.

L'abbé posa sa plume et fixa frère Archambault de son regard froid et perçant.

— Le fera-t-il pour l'amour de Dieu ?

— Je ne sais pas, Révérend Père Abbé. Il faut d'abord lui présenter l'affaire. Ensuite, je ne sais quels arguments seront bons à utiliser.

L'abbaye contenait des pièces d'une importance capitale pour la chrétienté, mais l'abbé ne la considérait pas comme riche pour autant, malgré l'or dans ses coffres. L'abbé Ernoul griffonna encore quelques lignes, l'air préoccupé.

— Très bien, dit-il enfin. Nous allons l'embaucher. J'espère d'abord qu'il acceptera, et ensuite qu'il se montrera compétent. Où disiez-vous qu'on pouvait le trouver ?

L'abbé finit d'écrire et répandit du sable sur son parchemin pour sécher l'encre.

— Au château familial, j'espère. En tout cas, c'est là qu'on nous renseignera.

L'abbé relut son texte tandis que frère Archambault se tenait respectueusement devant lui. Puis il se leva, son parchemin à la main.

— Nous partons l'informer sur l'heure de sa mission, décida-t-il. Prévenez frère Séverin qu'il part avec nous.

Il sortit dans le couloir des cellules et marcha à grands pas.

— Faites préparer trois mules, frère Archambault, et n'oubliez pas de…

— Révérend Père, si vous voulez bien me permettre, l'interrompit le moine.

— Oui, quoi encore ? fit l'abbé d'un ton excédé.

— Des chevaux nous permettraient d'aller bien plus vite.

— Bon, trois chevaux, alors, aboya l'abbé. Puisque vous ne pouvez vous passer d'eux, décidément…

Beaucoup des moines de cette abbaye étaient de noble famille, comme Archambault. Ne plus chevaucher, circuler à dos de mule, d'un pas solennel, était pour eux quasiment un supplice.

L'abbaye possédait une petite écurie bien garnie, à tout hasard, car plus d'une fois des moines avaient été envoyés en messagers, et dans ce cas il fallait des montures rapides.

— Au fait, demanda encore l'abbé à frère Archambault qui peinait à le suivre, pourquoi ce jeune homme si prometteur n'est-il pas parmi nous ?

— J'ai essayé de le convaincre, Révérend Père, mais il semble encore trop dans l'impulsivité de sa jeunesse et dans les préoccupations du monde. J'ai bien peur que la vie en religion ne l'intéresse que médiocrement.

— Possède-t-il des armes ? Un cheval ?

— Je ne sais pas, Révérend Père. Je ne l'ai pas vu depuis mon entrée au monastère. Il a appris à se battre, sans aucun doute. Il est en âge d'avoir été armé chevalier.

— Rappelez-moi où se trouve le fief de votre famille, frère Archambault.

— De l'autre côté du Rhône, en Vivarais.

— Nous pouvons y être demain. J'espère qu'il réussira à bien se tirer de l'affaire qui nous occupe.

Le grimoire des ténèbres dans la nature… L'abbé lui-même n'avait pas tout à fait pris conscience de ce que cela pouvait induire pour l'avenir de l'humanité… Il y avait seulement ce sentiment d'urgence et d'impuissance à la fois.

— Je l'espère aussi, soupira Archambault.

L'abbé arriva à la chapelle et interrompit la prière commencée tout à l'heure.

— Je pars sur l'heure, dit l'abbé d'une voix forte à peine la porte ouverte. Nous allons chercher une aide inattendue proposée par frère Archambault. Frère Séverin, vous aussi venez avec nous.

— Bien, Révérend Père Abbé, dit le frère en sortant aussitôt du rang.

— J'espère être bientôt de retour. Notre prieur est en charge du monastère. Frère Daniel, vous n'oubliez pas la mission que je vous ai confiée.

— Bien au contraire, Révérend Père.

— Voici mes instructions.

Il lui tendit le rouleau de parchemin.

— Protégez tous nos biens de façon que plus rien ne puisse jamais s'en échapper. Jamais, vous m'entendez. Et priez pour nous. Priez pour vos deux frères qui ont perdu la vie. Mais avant cela, frère Claudet, frère Quentin, filez nous préparer des chevaux, un équipement complet, des armes, des victuailles pour plusieurs jours, de l'argent et tout le saint-frusquin.

— Oh !… s'exclamèrent plusieurs jeunes moines, scandalisés.

— Nous n'avons pas le temps pour ces émois de jouvencelles, rugit l'abbé Ernoul. Notre équipement, vite.

Deux moines partirent au galop de leurs sandales, l'abbé donna encore quelques indications puis à son tour, suivi des deux frères qu'il avait choisis pour l'expédition, rejoignit la procure.

Des équipements civils pour trois hommes étaient déjà prêts. Ils retirèrent coules et bures et s'équipèrent en voyageurs. On leur passa sur les épaules, à chacun, une épaisse cape de laine noire brodée sur l'épaule gauche non pas d'une grande croix, comme il est généralement d'usage dans ces ordres, mais d'une sorte de grille ouvragée. Le motif était d'un vert vif comme l'herbe au printemps.

— Donnez-nous un manteau de plus, ordonna Ernoul.

Le moine en charge de la procure obéit sans poser de question.

— Et préparez-nous un quatrième cheval, à tout hasard.

Les hommes passèrent par un long couloir sombre et dallé, arrivèrent à une cour d'écurie où trois chevaux étaient sellés et bridés, prêts à partir, et piaffaient eux aussi d'impatience. Un moine était en train d'amener le quatrième, un autre portait la selle et la bride.

Toute la communauté était déjà rassemblée dans cette cour, différant pour quelques instants encore la prière de tierce[2].

L'abbé Ernoul de Bréban monta en selle, donna encore quelques rapides instructions, des paroles d'adieu et une bénédiction, et il fit ouvrir les portes.

Le prieur bénit à son tour les trois cavaliers. Frère Archambault attrapa au vol la bride du quatrième cheval. L'abbé partit au galop, les deux autres le suivant, faisant voler leurs capes noires, en direction de la vallée et du fleuve. Plusieurs moines regardaient avec envie les trois hommes qui partaient courageusement pour empêcher que le grimoire noir ne répande ses méfaits.

Le prieur ordonna une prière collective, immédiate, pour la réussite de cette expédition incertaine et essentielle à la fois.

Les trois moines cavaliers quittèrent les montagnes escarpées d'une région austère pour se diriger de l'autre côté du Rhône, dans le Vivarais. Ils finirent par arriver en vue du château de Rivelet. C'était un château ancien, massif, mais dont les fenêtres avaient été élargies et mises au goût du jour par l'adjonction de gracieuses colonnettes et de sculptures de pierre claire. Une bannière jaune et noir flottait sur le donjon. Le maître des lieux était là.

---

2. Vers neuf heures du matin.

Frère Archambault se fit reconnaître. Il était le frère cadet du châtelain Amaury de Rivelet, seigneur du lieu. On leur ouvrit le passage vers la cour basse et Archambault demanda à voir son aîné dès qu'il descendit de cheval. On lui répondit qu'il était pour l'heure à la chasse et reviendrait sans doute sans tarder.

— Que veut dire « sans tarder » ? demanda Ernoul de sa voix la plus glaciale.

— Probablement pour l'heure du dîner[3], répondit le garde avec nonchalance.

— Et Audouin ? Est-il ici ? demanda Archambault.

— Il accompagne messire Amaury, naturellement. Je vais appeler un valet pour qu'il mette vos chevaux à l'écurie. Peut-être voudrez-vous saluer notre jeune dame ?

— Bien sûr, fit Archambault avant qu'Ernoul ne puisse ouvrir la bouche pour une de ses réflexions froides et impatientes. Nous connaissons le chemin.

Archambault de Rivelet se dirigea vers la grande salle du château où il avait passé la plus grande partie de sa vie, avant de demander à être admis à l'abbaye de Gardefoy. Les autres le suivirent sans un mot, mais Ernoul tint à faire bruyamment résonner ses bottes sur les dalles.

Plusieurs dames étaient assises sur des bancs rembourrés de coussins autour d'un feu immense. Des enfants jouaient sur des tapis à leurs pieds. Quatre dames filaient avec vivacité, deux autres brodaient. Une des brodeuses leva la tête à l'arrivée des trois hommes. Elle posa son ouvrage, se leva et alla à leur rencontre, le regard interrogateur.

— Bonjour, dame Bérengère, dit Archambault sans l'embrasser, mais en esquissant une bénédiction après s'être incliné. Que Dieu vous garde et prodigue ses bienfaits à toute votre maisonnée.

3. Vers midi. Aujourd'hui, ce serait le déjeuner.

— Merci, Archambault, répondit la châtelaine sans avoir l'air de s'étonner davantage. Il y avait bien longtemps… Ainsi vous voilà de retour parmi nous ?

— Nous sommes à la recherche d'Audouin.

— Vraiment ? Il est à la chasse avec son frère mon seigneur. Qu'a-t-il encore fait ?

— Mais… rien. Notre ordre pense avoir besoin de lui un moment, s'il peut nous rendre ce service, c'est tout.

L'abbé Ernoul de Bréban avait nettement tiqué à ce « qu'a-t-il encore fait ? » qui lui semblait ne rien présager de bon. Il avait en horreur les indisciplinés, les fortes têtes et les rebelles.

Archambault se tourna vers lui.

— Ne craignez rien, dit-il. Audouin est quelquefois fantaisiste. La jeunesse, sans doute…

Justement, Ernoul avait aussi en horreur les jeunes fantaisistes.

— C'est que nous n'avons pas trop de temps… commença-t-il.

La disparition du grimoire noir ne lui laissait pas l'esprit en repos.

2

Les trois filles du baron Gaucelin de Lorimont, une fois qu'elles eurent coincé la porte de leur chambre de peur d'une indiscrétion, étalèrent tous leurs bijoux sur la courtepointe de leur grand lit.

— Pas de regrets ? demanda la brune.

Un petit silence.

— Pas de regrets, confirmèrent enfin la blonde et la rousse.

Si elles étaient un peu hésitantes, ce n'était pas de devoir se séparer de quelques pièces, mais parce qu'elles s'apprêtaient à changer radicalement de vie. Elles allaient accomplir l'acte qui allait les délivrer à tout jamais. Cela comportait des risques.

Elles n'en pouvaient plus. Quelques bijoux allaient racheter leur liberté. Enfin.

Car elles n'étaient plus maîtresses chez elles depuis que, presque un an plus tôt, Philibert des Losses était revenu à Lorimont, triomphant et narquois, pour commencer à y prendre ses aises en attendant d'en être le maître officiel.

Mais jamais aucune des trois ne l'épouserait. Elles l'avaient résolu dès le premier jour où il leur avait expliqué que c'était un ordre du duc lui-même.

— Du duc ? Qu'est-ce que le duc a à voir avec notre fief ? Nous sommes de loyales vassales, il n'a pas à nous ôter le fief dont nous sommes seigneuresses pour le donner à n'importe qui.

— Je ne suis pas n'importe qui. Je suis Philibert des Losses, et je suis encore bien bon de ne pas vous faire mettre immédiatement au cachot.

— Éclaire nos souvenirs, Philibert... N'est-ce pas toi qui fus si déloyal à notre père qu'il fut obligé de te chasser ?

Le sourire froid de Philibert à ces mots...

— Le baron Gaucelin est mort, mes mignonnes. Vous n'êtes que trois fillettes de quatorze ou quinze ans, incapables d'être de bonnes maîtresses, mal secondées, sans réelle puissance. Faut-il que je vous répète que je reviens tout droit du château ducal ?

Il y avait demandé une entrevue pour exposer au duc la triste réalité dont il venait d'avoir connaissance : le fief, d'une mouvance un peu incertaine entre Auvergne et Velay, ne comptait plus comme héritières que trois filles. Il n'était ni bien tenu, ni bien protégé. D'autres seigneurs pouvaient le revendiquer, qui léseraient le duc, lequel était un Bourbon.

Philibert des Losses avait si habilement présenté son affaire que le suzerain, comme il l'espérait – comme il l'avait manigancé –, avait décidé :

— Très bien, messire des Losses. Vous avez bien fait de m'alerter. Car ce fief ne doit pas tomber en quenouille. Épousez l'aînée des filles, messire Philibert, et vous serez le nouveau seigneur de Lorimont, Lassogne, Mourzieux et autres lieux.

Philibert des Losses était donc arrivé à Lorimont comme en pays conquis, avec une petite troupe aguerrie et fidèle, et s'était tout bonnement installé comme seigneur des lieux. Lui ! Lui que Gaucelin de Lorimont avait banni de ses terres plusieurs années plus tôt, car il n'était pas un vassal fidèle !

Philibert des Losses bénéficiant de soldats brutaux et dévoués, depuis un an, elles étaient quasiment en résidence surveillée dans leur propre château et ne pouvaient se fier à personne. Il s'était tout bonnement assis sur la cathèdre du maître de Lorimont et quand il les convoquait, les trois jeunes filles devaient se présenter debout devant lui.

Philibert était un charmeur et n'avait guère eu de mal à mettre dans sa poche la plus grande partie de la maisonnée et des domestiques, les féaux, les habitants du château, et c'étaient elles maintenant qui passaient pour des pimbêches et des ingrates. Un beau chevalier comme Philibert, voilà l'homme qui pouvait sauver le fief de mains féminines et bien trop jeunes.

Sous sa coupe, les trois sœurs étaient renvoyées à un statut d'enfants capricieuses, privées de toute autorité et de toute possibilité d'action, menacées de cachot à la moindre incartade – d'ailleurs, elles en avaient tâté trois ou quatre fois. Le domaine commençait déjà à souffrir sous les ordres de Philibert, sous ses exactions et ses levées d'impôts. Un usurpateur dont, depuis un an, elles ne parvenaient pas à se débarrasser.

Elles avaient néanmoins réussi à aller plaider leur cause auprès du duc, en vain. Il les avait écoutées, avait pris l'air désolé, puis avait confirmé que l'une des trois devait épouser Philibert des Losses. Pour seul arrangement, il leur avait donné un an de délai. Et l'année octroyée était sur le point de se terminer.

Les moyens ordinaires ne suffisaient plus ; le duc, en dépit de ses bonnes paroles compatissantes et de ses manières raffinées, négligeait de protéger ses vassales pour accéder au désir de leur spoliateur. Elles étaient seules.

Jusqu'à ce qu'elles s'accrochent à une autre solution, qui leur avait été soufflée un jour qu'elles marchaient tristement en bordure de forêt. Un homme sans âge les avait abordées pour un simple bonjour de bonnes manières. Il n'avait pas belle mine ni beaux vêtements. Il tenait en main des rouleaux de manuscrits. Il avait des malédictions à foison dans son escarcelle. Il fallait bien forcer quelque peu le destin.

— Qu'allons-nous lui donner, en fin de compte ? dit la rousse, Marie.

— Choisissons-en deux chacune, proposa Jeanne, la blonde.

— Il faut que ces bijoux aient une certaine petite valeur, mais n'allons pas lui donner les plus beaux, commenta Catherine, la brune.

— Bien sûr.

— Évidemment.

Elles farfouillèrent dans le tas, trièrent, posèrent, reprirent.

Finalement, elles se montrèrent leur choix. Chacune avait sélectionné une petite bague et une agrafe ouvragée. Elles ne le faisaient pas exprès, mais elles agissaient toujours tout pareil.

Trois bagues, trois agrafes de col.

— Est-ce que ça suffira ? demanda Marie.

— Largement, répondit Catherine. Je suis sûre qu'il n'en a jamais vu autant de sa vie.

Jeanne glissa les six bijoux dans une bourse de cuir.

— Et voilà, fit-elle. Bientôt, nous serons débarrassées de… de l'autre.

Marie prit un ton un peu plus bas, hésitant, grave.

— Est-ce que ça ne vous fait pas un peu peur ?

Les deux autres la regardèrent.

— Si, dit Jeanne sur le même ton. Mais nous ne pouvons faire autrement, tu le sais bien.

— C'est ça ou continuer en pire, fit Catherine.

Mais tout de même, elles frémirent, toutes les trois.

Puis elles rangèrent dans une cassette le restant de leurs bijoux, posèrent leurs capes sur leurs épaules, descendirent dans la cour du château et clamèrent à la cantonade :

— Nous allons nous promener un peu.

Elles passèrent la herse et traversèrent le pont-levis sous les regards goguenards des soldats. Leur maître ne leur avait pas interdit de sortir, mais elles n'avaient pas droit aux chevaux et elles devaient marcher à pied comme des paysannes.

Nerveuses et le cœur battant, elles traversèrent des champs et des bois, et arrivèrent aux confins d'un village du domaine. Il y avait là une masure forestière et une mare d'eau boueuse. Un homme entre deux âges, à la physionomie chafouine, était appuyé au chambranle de la porte.

— Ainsi vous êtes venues, dit-il. J'en suis bien content.

Aucune des trois ne répliqua.

Quand il avait rencontré les jeunes filles à la courbe d'un chemin quelques jours plus tôt, elles s'étaient détournées, gênées et hautaines à la fois. L'homme avait ricané :

— Je suis sûr qu'un jour vous aurez bien besoin de moi. Quand vous serez à bout, quand vous ne pourrez plus supporter.

Elles s'étaient regardées, perplexes. Que pouvait-il savoir de leur vie ? de leurs tourments ?

— Venez me voir alors.

Et il était parti dans une autre direction, non sans se retourner :

— Je sais redonner de l'espoir, moi. Et je suis efficace. N'oubliez pas votre bourse le jour où vous vous déciderez.

Comme si cela était inéluctable.

Trois sœurs. Trois pauvres – ou plutôt riches – adolescentes, orphelines, seigneuresses de Lorimont. Et un vautour qui guettait sa proie, un jeune et beau seigneur qui se voyait bientôt baron de leur fief. Et elles ne le voulaient pour rien au monde, pourtant elles n'avaient aucun moyen de défense ou de pression.

L'homme aux longs cheveux gris et sales qui les avait croisées – était-ce délibérément ou par hasard ? – leur avait apporté ce qui leur manquait le plus, comme il venait de le dire : un espoir. Un moyen d'agir. Eh bien, au fond, pourquoi pas ?

Voilà pourquoi elles se retrouvaient aujourd'hui, portant une poignée de bijoux dans une aumônière de cuir, devant la cahute de ce Pépin Gravenot, un personnage bien peu recommandable pourtant.

— Suivez-moi, demoiselles.

L'homme entra dans la cabane. Les trois sœurs hésitèrent un instant, puis Jeanne fit résolument un pas en avant et pénétra derrière lui. Les deux autres suivirent. La cabane, sombre, encombrée, comportait non seulement quelques meubles, des pots et des fioles, des animaux desséchés, des bouquets de plantes tête en bas, mais aussi des rouleaux de parchemin et des livres. La petite maison dégageait une odeur de fumée, de saleté, de moisi et de plantes vénéneuses.

— Montrez-moi ce que vous avez.

Marie poussa la bourse vers les mains crasseuses de l'homme. Il tira le cordon et déploya la pochette, faisant luire les bagues et les agrafes. Il les saisit et les approcha du feu pour mieux les examiner.

— Ça ira, dit-il comme s'il leur faisait une grâce immense.

Les bijoux disparurent dans un repli de son vêtement de paysan. Il se dressa sur la pointe des pieds pour saisir sur une étagère un parchemin graisseux qu'il leur tendit en échange.

— Voilà, annonça-t-il. Tout est là-dedans. Je suppose que vous savez lire.

Elles ne répondirent même pas.

— Et… vous êtes sûr que ça marchera ? demanda cependant Catherine.

— Sans aucun doute, si vous faites exactement ce qui est expliqué là-dessus et si vous dites exactement les paroles. C'est un très bon maléfice. Ça ne peut pas échouer, croyez-moi, assura le sorcier.

La blonde lui lança un regard de haut, déroula le document et y jeta un long coup d'œil, sourcils froncés. Elle déchiffra une série d'instructions compliquées, auxquelles faisait suite une litanie de mots en une langue inconnue. Elle hocha la tête.

— Ça va nous prendre du temps de rassembler tout cela et d'apprendre la formule, commenta-t-elle en passant le parchemin à ses sœurs.

Les deux autres se penchèrent à leur tour sur le texte, troublées.

— Ne traînons plus, maintenant, reprit la blonde, Jeanne. Quittons cette cabane infecte.

Le sorcier lui jeta un regard de travers tandis qu'elle se dirigeait vers le panneau de bois qui servait de porte.

La rousse Marie réenroula le parchemin.

— Le diable va-t-il apparaître ? demanda-t-elle d'une voix hésitante avant de quitter les lieux.

Le sorcier lui sourit, patelin.

— Seulement des démons mineurs qui seront à vos ordres, assura-t-il.

Elle avala sa salive.

— Et que faudra-t-il faire quand nous les verrons ?

— Rien d'autre que ce qui est expliqué là. N'ayez aucune crainte, vous serez protégées si vous ne sortez pas du pentacle.

Mais c'était tout de même d'un sortilège qu'il était question. Pis que cela : d'un maléfice. Beaucoup de paysans venaient acheter des formules pour avoir une bonne récolte ou protéger leur bétail. Beaucoup de jeunes filles venaient s'enquérir de philtres d'amour, et quelques mal-mariées de poisons.

— Et est-ce que nous serons damnées ?

— Bien sûr que non, voyons ! Effectuer un maléfice n'est pas signer un pacte.

Il suspendit un instant sa parole, puis, comme saisi d'une idée nouvelle, fit :

— Néanmoins, si cela vous intéresse, je peux vous...

— Pas pour le moment, merci, trancha Catherine.

Toutes les trois quittèrent cette masure perdue dans la forêt et prirent le chemin du retour vers le château de Lorimont. Elles marchaient lentement, perdues dans des pensées amères et culpabilisantes, n'échangeant que des monosyllabes.

Elles avaient un peu mal au cœur, et des scrupules. Mais enfin, à part échanger leurs bijoux contre une feuille de parchemin, elles n'avaient encore rien accompli. Elles n'étaient pas les premières à faire appel à Pépin Gravenot, voilà ce qu'elles pouvaient se dire pour s'arranger un peu avec leur conscience. Seulement aujourd'hui, il ne restait pas beaucoup de temps aux trois sœurs. Un an, avait décidé le duc. Et l'année en question était presque écoulée. Il fallait le faire. Ensuite, elles se confesseraient. Dieu leur pardonnerait, parce qu'elles n'étaient pas de vraies adeptes du diable. Il avait pardonné à bien d'autres, des rois, des princes, des évêques, des femmes de la cour, des savants. Elles étaient comme tout le monde : quand on ne peut faire autrement, il reste les sortilèges.

Le sorcier les regarda s'éloigner. Elles avaient exactement la même silhouette, la même démarche, le même port de tête. Elles se ressemblaient exactement, sauf la couleur des cheveux. « Pauvres naïves », se dit-il avec satisfaction tout en soupesant la bourse aux bijoux.

Et il se mit à ricaner en songeant que l'affaire n'était pas terminée.

3

Audouin se pencha vers les trois visiteurs, qu'il dominait légèrement.

— Je ne suis pas sûr de comprendre ce que vous désirez exactement de moi, dit-il. J'ai déjà dit à Archambault que je ne voulais pas entrer dans votre ordre.

Il était assis sur un muret de pierre, dans la cour haute du château, et balançait nonchalamment ses jambes tandis que les trois moines en habits de chevaliers lui faisaient face, mains aux hanches, pour lui expliquer l'affaire.

— Mais vous le faites exprès ! rugit l'abbé. Il n'a jamais été question de cela ! Simplement de nous assister, grâce à vos facultés si exceptionnelles, au dire de votre frère, et dont je me permets aujourd'hui de douter.

— Je vous assure, Révérend Père Abbé... intervint Archambault, vexé.

— Bref, nous avons besoin de vous pour retrouver le grimoire des ténèbres.

— Qu'est-ce que c'est que ce grimoire ? Vos explications ont été assez confuses jusqu'à présent, observa Audouin.

Quel manque de respect ! Quelle désinvolture !

— Vous n'êtes qu'un jeune imbécile, cracha l'abbé sans décolérer.

Audouin de Rivelet, après un instant de réflexion, choisit de ne pas en prendre ombrage. L'opinion d'un moine, fût-il abbé de son monastère et chevalier de surcroît, lui importait peu. Il n'avait aucun lien d'allégeance avec lui, ne lui devait rien, et n'allait pas entamer une querelle d'honneur pour si peu. Il continua à taper des talons contre le muret, comme s'il voulait délibérément énerver les trois moines. C'était un jeune homme brun aux yeux sombres qui montrait un visage ouvert et légèrement impertinent. Néanmoins il se forçait à cette façade car son cœur était tourmenté. Mais c'était difficile et son regard s'égarait parfois, il y passait des ombres, comme Archambault l'avait tout de suite remarqué.

— Si je suis un imbécile, remarqua le jeune homme, pourquoi vous déplacez-vous pour me voir et me demander service ?

Impertinent, c'était bien cela.

L'abbé s'efforça de calmer son accès d'irritation. Sa coupe était pleine, depuis ce midi : attendre en marchant de long en large le retour de la chasse, attendre d'avoir fini les politesses au baron Amaury et admirer le gibier mort, attendre la fin du repas, attendre que ce nigaud d'Audouin comprenne le sens de leur démarche. Et pendant ce temps, le grimoire des ténèbres avait peut-être bien commencé son œuvre maudite.

— Si vous voulez bien, je vais prendre la parole, dit alors frère Séverin.

Il n'y avait pas plus diplomate à Gardefoy que frère Séverin, qui était toujours prêt à négocier habilement quelles que soient les circonstances, il l'avait maintes fois prouvé. C'était d'ailleurs pourquoi Ernoul de Bréban lui avait demandé de participer à l'expédition.

Ce moine-là était blond, bouclé, affable, légèrement mondain, parlait avec politesse et précision, et était prêt à tous les compromis. Il emportait généralement le morceau, dans tous les cas où l'adversaire se montrait d'abord récalcitrant. Celui-ci avait parfois ensuite l'impression de s'être fait légèrement entourlouper, sans savoir à quel moment ni comment. L'abbé laissa donc bien volontiers le relais à frère Séverin.

— Messire Audouin, vous qui êtes un jeune chevalier plein d'avenir…

— Plein d'avenir ? l'interrompit Audouin avec la moitié d'un rire. Alors que je suis le cadet de six, sans compter les filles ? Je n'aurai jamais de fief, et quant à rejoindre votre monastère…

— Il n'est pas le moins du monde question de cela, cher damoiseau. Nous ne cherchons nullement à vous recruter, mais sur la recommandation de votre frère Archambault, nous avons besoin de vos conseils, et peut-être, qui sait, d'un peu de votre temps. Croyez-moi, vous n'y perdrez pas au change…

— Ah oui ? Vraiment ? fit Audouin du ton sans illusions de celui qui n'y croyait pas.

Les cadets étaient toujours perdants, dans la vie. Tout au plus pouvaient-ils se retrouver au service d'un frère aîné, participant à ses querelles, ses chasses, ses guerres et épousant ses causes, en échange du vivre et du couvert. À quoi servait alors d'être chevalier ? Il n'y avait plus de croisade pour prouver son courage, les grands barons n'avaient plus besoin d'être matés lors d'expéditions royales, et les guerres étaient désormais faites par des mercenaires.

C'était parfois dur d'être dans cette situation quand on est un jeune homme plein d'énergie et de sève.

— Certes, ce n'est pas avec nous que vous aurez un fief, dit Séverin sans tenter de lui faire miroiter un avenir de seigneur. Mais au moins aurez-vous une vie moins monotone qu'au service de messire Amaury votre aîné.

Le jeune Audouin secoua la tête, le regard en l'air.

— Moins monotone… persifla-t-il.

Comme si ce moine bien poli y connaissait quelque chose.

Néanmoins, il avait cessé de balancer ses jambes : la phrase avait eu en lui un écho plein de perspectives.

— Oh, bien sûr, je ne doute pas qu'il y a bien des satisfactions dans votre vie : les chasses, les fêtes, les tournois, les danses et banquets, et les jeunes filles qui brodent autour de la cheminée et vous adressent peut-être des œillades…

Et voilà ! On y était. Audouin, qui s'efforçait d'y penser le moins possible, sentit une pierre lui écraser la poitrine.

Oui, il y avait eu une jeune fille qui brodait près de la cheminée, dans un autre château. Oui, il lui avait adressé un regard où passaient mille questions et mille tourments, et elle lui avait souri. Oui, elle avait accepté de bavarder un moment sur le rempart avec lui, elle avait accepté qu'il lui récite un poème, elle n'avait pas retiré sa main quand il la lui avait prise, une semaine plus tard, ni ses lèvres quand il avait demandé un baiser, trois jours après.

Pour elle, si les circonstances s'y étaient prêtées, il aurait accompli mille prouesses, comme les chevaliers de jadis. Mais elle n'en demandait pas tant. Seulement ses bras autour d'elle, ce qui le comblait de bonheur.

Ils étaient si bien ensemble. La vie n'aurait-elle pas pu être un peu généreuse à leur égard ?

Pauvre Milessant[4], mariée à quinze ans à un seigneur bien trop âgé pour elle, morte l'année suivante en donnant le jour à une petite fille qui n'avait même pas vécu. Audouin avait appris la nouvelle deux mois plus tôt et depuis tentait de s'étourdir dans des chasses incessantes où il espérait être victime d'un de ces accidents qui arrivent si souvent.

Mais la mort semblait ne pas vouloir de lui. Absolument pas.

Et ce moine qui pérorait, parlait de fêtes et de douces veillées…

Le visage d'Audouin se figea un instant. Il ne voulait pas laisser penser à ces religieux qu'il avait le cœur un peu trop tendre. Mais il eut comme une vision de la tendre Milessant,

4. Une variante du prénom Mélisande.

immatérielle et pourtant presque réelle, avec son visage pointu, ses yeux pétillants, ses cheveux tombant en petites ondes couleur de châtaigne sur ses épaules et dans son dos. « Écoute-le donc, par amour de moi », sembla-t-elle lui dire.

Il fallait passer à autre chose, elle avait raison.

— Mais je crois lire dans votre œil, messire Audouin, que vous aspirez à autre chose, continuait imperturbablement frère Séverin pendant ce temps, comme en écho. Dites-moi, avez-vous un cheval ?

Ce saut imprévu du coq à l'âne...

— Un cheval ? Je prends une monture aux écuries de mon frère quand j'en ai besoin.

— Je parle d'un cheval que vous posséderiez en propre...

Le regard d'Audouin flamboya un instant. Était-ce une monture personnelle qui se profilait à l'horizon ? L'abbé Ernoul toussa. Frère Séverin ne voulait quand même pas faire cadeau d'un cheval de l'abbaye à ce jeune homme manifestement sans cervelle et sans constance ! Et pourtant... s'il leur faisait retrouver le grimoire des ténèbres, ce serait bien peu cher payé.

— Vous aurez un cheval, qui d'ailleurs vous attend déjà aux écuries, une bourse d'écus et le grand manteau noir de notre ordre pour vous garantir du froid, de la pluie et de la neige.

— Vous cherchez à m'acheter ? railla Audouin.

— Pas du tout, se récria frère Séverin. Nous vous signifions seulement que notre ordre n'est pas ingrat. Nous avons besoin de vos services, nous pouvons payer.

Un long silence. Audouin commença à sentir l'amorce d'un intéressant changement dans sa vie. Un objectif autre que ces sempiternelles chasses au côté d'Amaury qui le traitait encore comme un gamin.

— Et que dois-je faire pour cela ? demanda enfin le jeune homme.

— Mais retrouver ce satané bouquin ! Je vous ai déjà dit cent fois… s'exaspéra Ernoul de Bréban juste avant de se mordre la langue.

— L'objet le plus maléfique de Gardefoy nous a été dérobé, reprit posément frère Séverin. Le mal risque de se répandre à grande vitesse, d'être immense, intense. Nous avons besoin de vous, Audouin de Rivelet. Très vite. Tout de suite. Votre don, votre flair… je ne sais comment dire… Nous n'avons aucune piste, nous ne savons où chercher. Peut-être pourrez-vous…

— Pour un cheval et une bourse d'écus ?

— Pour la gloire de la prouesse aussi.

— Et surtout, fit Ernoul de Bréban, reprenant la parole, pour contrer le Mal.

— Tu as un don pour retrouver les objets façonnés par les cohortes diaboliques, Audouin, insista Archambault, prenant enfin la parole d'un ton pressant. Les chaînes maudites de Zozyme, l'anneau d'obsidienne, le parchemin d'Anastros, c'est grâce à toi que j'ai pu remettre la main dessus avant qu'on ne les enferme à Gardefoy.

Audouin se mit à rire.

— Le crois-tu vraiment ? C'étaient de simples hasards.

— Je n'y crois pas du tout, répondit Archambault. Aie un peu plus de foi, Audouin. Si tu peux dénicher ces pièces maléfiques, c'est qu'il y a un plan de Dieu derrière tout cela.

— Si tu le dis…

— Tu entres par jeu dans une caverne et tu en ressors en brandissant les chaînes maudites, que notre ordre cherchait depuis plus de trois cents ans.

— Ce n'était qu'un *jeu*, Archambault ! J'avais douze ans !

— Mais tu les as trouvées tout de même.

— Sans les chercher, sans le faire exprès.

— Le Malin cherche toutes les brèches pour s'introduire dans notre monde, Audouin. Ne le prends pas à la légère, dit son frère. Dieu t'a octroyé un don, il faut le mettre au service du bien, comme tu l'as fait aussi pour le parchemin d'Anastros...

— J'avais chapardé une feuille ou deux à maître Chicart pour écrire un poème. Impossible d'effacer ce qu'il y avait là-dessus.

— Et quand tu me l'as montré, je l'ai tout de suite reconnu. Et l'anneau d'obsidienne...

— C'était une bague affreuse. Je me baignais dans un ruisseau et elle brillait bizarrement au fond de l'eau, parmi les cailloux. Brrr... c'est le genre de bague qui fait froid dans le dos.

— Trois fois, Audouin, trois objets gravement maléfiques, tu ne peux pas le nier, tu les as trouvés. Je t'ai jalousé, je peux bien te le dire.

— Tu avais déjà dans l'idée d'aller à Gardefoy.

— J'avais déjà dans l'idée d'empêcher le mal de se répandre. C'était un des moyens.

— Il faut nous aider à empêcher sa progression, appuya l'abbé Ernoul.

Il se mit à bruiner doucement. Aucun des quatre hommes ne s'en aperçut.

— Le mal est déjà partout, observa Audouin. Regardez ça ! Des guerres, des trahisons. Des seigneurs sans foi ni loi. Des mariages par cupidité. La misère. La faim et la peste. Les tristes amours. Les maladies et les épidémies. Les sorcières. La liste est longue.

Le jeune Audouin de Rivelet sembla tout à coup à l'abbé Ernoul moins insignifiant et superficiel que tout à l'heure.

— Ce pourrait être bien pire, dit-il. Alors ? Vous vous décidez ? Vous êtes avec nous ?

— Pire ? Je ne vois pas comment...

— Vous le verrez bientôt si vous n'y mettez pas un peu du vôtre. Le monde va basculer dans le règne du démon si nous ne retrouvons pas ce livre au plus tôt. Tous les massacres dont vous avez entendu parler ne seront rien à côté de ce qui se passera lors du règne de Satan. Il faut retrouver ce livre et l'enfermer à tout jamais.

— Et pourquoi ne pas le détruire, une fois que vous l'aurez ?

— Il est indestructible, dit Archambault. Nous ne pouvons que l'enfermer, c'est mieux que rien.

— Quand le Seigneur reviendra sur terre, à la fin des temps, il le détruira lui-même, expliqua Séverin. Nous ne connaissons pas d'autre moyen.

— Je vois...

— Bon sang, rugit Ernoul de Bréban, faut-il que je me mette à genoux devant un jeune imbécile comme vous ? Vous préférez vous faire du lard autour de la panse avec les bons petits plats du château et mourir dans l'insignifiance, l'engraissement et les regrets ?

Audouin reprit un de ces exaspérants demi-sourires.

— Le grimoire des ténèbres est quelque part dans la nature, messire Audouin, enchaîna frère Séverin d'un ton tendu. Ce que nous espérons, c'est que sans le chercher, sans le faire exprès, vous nous ferez prendre conscience d'un indice utilisable.

— Bon sang, retrouvez-nous ce satané bouquin ! Le sort du monde est entre vos mains.

Le ton d'Ernoul, à ces derniers mots, avait viré de l'excédé au franchement caverneux.

— Oh. Le sort du monde, vraiment ?

Les trois moines faisaient des mines de trois pieds de long, mais Audouin ne parvenait pas du tout à se dire que la situation du monde était tragique.

— Vous voulez vraiment voir la fin du monde ? tempêta encore l'abbé Ernoul.

— Qui sait si ça ne vaudrait pas mieux, fit Audouin en sautant du muret d'où il dominait les trois moines. Mais vous avez raison. Je ne veux pas me faire de gras au service de mon frère. Vous me jurez que je n'ai pas besoin de devenir moine à votre abbaye ?

Car jamais il n'irait s'enfermer dans un monastère par dépit amoureux. Ni parce qu'il était un cadet impécunieux et sans perspectives d'avenir.

— Sur ma foi, je vous le jure, dit l'abbé.

— Et combien de temps durera mon service ?

Il y eut un moment de flottement.

— Jusqu'à ce que nous ayons retrouvé le grimoire et que nous l'ayons mis à l'abri, dit enfin Archambault.

— J'aurai peut-être une grande barbe blanche, à ce moment.

— Peut-être, oui, confirma son frère.

Mais Audouin était déjà convaincu. L'avenir s'ouvrait d'une façon inattendue. La pluie mouillait ses cheveux noirs et s'insinuait dans l'encolure de son pourpoint. Il se planta face aux trois moines.

— Eh bien c'est d'accord, dit-il. J'engage ma foi pour retrouver et mettre à l'abri ce livre maudit.

C'était dit. Il ne pouvait revenir en arrière.

L'abbé saisit la croix qu'il avait sur la poitrine et la brandit.

— Jurez devant Dieu.

Audouin renouvela son engagement.

— Merci, dit simplement l'abbé Ernoul de Bréban.

D'un cœur étrangement allégé, Audouin traversa sans hâte la grande cour pour se diriger vers le logis qui flanquait le donjon. La pluie était plus drue. La cour haute était presque vide, à part deux ou trois palefreniers et servantes qui couraient se mettre à l'abri tout en se protégeant la tête.

Le baron Amaury finissait l'après-midi dans la salle d'apparat du logis en la compagnie de sa femme et des dames. Installé dans sa cathèdre face au feu, il caressait pensivement la tête de son chien préféré pendant que les dames fredonnaient une chanson de toile. C'était un homme d'une quarantaine d'années, au visage coloré mais au regard las, un peu revenu de tout. Audouin prit conscience à cet instant que son frère était empâté, flegmatique et gourmand. Il se contentait d'une chasse tous les deux ou trois jours et préférait le coin du feu et la compagnie des dames à des activités plus seigneuriales, comme l'inspection de ses terres ou la bonne tenue de ses chevaux, voire un petit tournoi de temps à autre.

« Est-ce que je risquerais de devenir un jour comme lui, si j'avais un fief ? » s'interrogea Audouin. Il préférait ne pas chercher à répondre plus avant à la question.

Il alla droit sur son frère, suivi des trois moines-chevaliers comme s'ils étaient son escorte personnelle. Il se planta devant lui, la mine ferme, presque joyeuse après tant de morosité. Réflexion faite, il posa un genou en terre. Le baron, étonné, chercha du regard une réponse dans les yeux d'Archambault et n'y décela rien.

— Mon frère et seigneur, annonça Audouin, je viens de me mettre au service des moines de Gardefoy pour un temps indéterminé. Je vais donc faire mes adieux à tous ceux de notre maisonnée, et je te prie, en tant qu'aîné de notre lignage, de me bénir. Je reviendrai quand la mission que j'ai acceptée sera accomplie.

— Il nous faudra rentrer bientôt à Gardefoy, décida l'abbé Ernoul en se dirigeant vers les écuries de Rivelet, après leurs adieux à la famille du seigneur. Un très gros travail nous y attend, nous ne pouvons nous éloigner longtemps.

— Je devrais donc faire cette quête tout seul ? s'étonna Audouin.

— Êtes-vous déjà en train de reculer ? fit l'abbé, sévère.

— Non, je suis étonné, c'est tout.

— Mais tout d'abord, nous irons ensemble à Montclos, que nous devrions atteindre demain. Je veux consulter personnellement une femme dont nous connaissons les activités secrètes et…

— Une femme inscrite sur la liste secrète que nous dressons jour après jour ? s'écria Archambault. Une sorcière ? !

— Elle peut nous être utile, trancha l'abbé. En route maintenant.

Et il sauta en selle comme un jeune homme. Les trois autres l'imitèrent. Le temps de cinq *ave*, le château de Rivelet était déjà hors de vue.

4

Les trois moines et le jeune chevalier, au bout d'une après-midi de chevauchée par un temps où alternaient pluie et bise, bivouaquèrent dans une forêt inhospitalière. Ils s'installèrent à l'abri du couvert des arbres, autour d'un petit feu brasillant, leurs armes à portée de main, les chevaux dessellés et attachés non loin d'eux.

Pour rien au monde ils n'auraient voyagé la nuit, d'abord parce qu'on ne voyait rien, et ensuite parce que la nuit est le domaine du mal, des démons, des sorciers et des animaux répugnants comme le hibou ou la chauve-souris. Et puis, il leur fallait se reposer et permettre aux chevaux de récupérer.

Ernoul de Bréban avait ordonné dès le crépuscule la fin de la chevauchée là où ils se trouvaient, dans ce bois épais et broussailleux. Les moines se mirent en rond pour prier, car c'était l'heure de vêpres, tandis qu'Audouin dégageait des ronces et coupait des fougères pour faire des paillasses.

Il remarqua que le souvenir de Milessant lui était moins douloureux, comme si elle l'encourageait, de l'au-delà, à suivre hardiment cette mission, et il lui sourit intérieurement en lui disant merci. De plus, il avait une satisfaction inattendue : le cheval qu'on lui avait octroyé, un bai couleur pain brûlé, était le meilleur qu'il ait eu l'occasion de monter. C'était une bête docile, intelligente, confortable, et qui filait comme le vent. Audouin aurait pu galoper trois jours durant avec un tel cheval.

Après leurs dévotions, les moines préparèrent donc une flambée dans la zone dégagée par Audouin, sortirent quelques victuailles de leurs fontes et prirent place sur les fougères coupées, tandis qu'Audouin déballait son propre casse-croûte : au moment du départ, Bérengère, l'épouse d'Amaury, avait filé aux cuisines pour lui rapporter un pâté de lièvre au gingembre et à la cannelle et une pièce de chevreuil farcie. Elle lui avait donné ces vivres après un baiser et une bonne parole :

—Va mieux, Audouin. Que Dieu te protège et te donne peut-être la grâce d'oublier ta tristesse pour ne garder que tes souvenirs les plus doux. Donne de l'honneur à ton lignage. Prends garde à toi et reviens-nous bientôt.

Audouin avait embrassé sa jeune belle-sœur. C'était une très bonne personne et il ne s'en était jamais rendu compte. Il l'avait saluée en s'excusant de n'avoir pas été un très jovial compagnon, ces temps derniers.

Au bivouac, donc, il partagea le paquet préparé par Bérengère, et les révérends pères ne boudèrent pas leur plaisir à déguster ces mets raffinés.

—Toujours aucun signe qui vous annoncerait quelque chose sur le grimoire, messire Audouin ? demanda Séverin.

—Rien, désolé. Je ne peux prévoir, et du reste je ne sais même pas ce qui s'est passé les autres fois, ni comment Archambault en a tiré des conclusions.

—Nous arriverons demain chez cette femme, espérons que cela va déclencher quelque chose en vous, remarqua Ernoul de Bréban en grignotant une tranche de pain et un carré de pâté.

—Vous voulez parler de la sorcière ? demanda ingénument Audouin.

—Je... ne dirais pas cela. Je la connais depuis, oh, des années. Depuis mon enfance pour tout dire.

Les frères Archambault et Séverin tendirent l'oreille. Ce n'était pas tous les jours que leur abbé révélait quelque chose de personnel.

— Disons plutôt une sibylle. Une sorte de devineresse. Elle doit connaître quelques herbes aussi, je suppose.

— Je vois, dit Audouin, qui en fait ne voyait rien du tout et mâchait consciencieusement une tranche de pain de monastère, plutôt rassis et grossier, par ascétisme, supposa-t-il.

Pour un temps, c'en était fini du bon pain moelleux au lard ou aux raisins que dame Bérengère faisait confectionner par les cuisiniers de Rivelet.

Les deux autres ne dirent rien. Ils étaient d'un ordre qui frôlait souvent le mystère, l'étrange et surtout les manœuvres du Malin. Comme tous les frères de Gardefoy, ils étaient formés à reconnaître la sorcellerie, les maléfices, le satanisme et les manœuvres infernales, tout ce qui se rapproche du mal absolu, et à les combattre avec les moyens que Dieu mettait à leur disposition.

Le bien peut parfois ressembler fort étrangement au mal.

Au fond, qu'est-ce qui différencie une relique d'une amulette ? Une guérison miraculeuse d'une guérison par application d'une formule de magie ? Un grand amour d'une passion suscitée par un sortilège ? Un mystique que sa prière élève à quatre pieds du sol d'un possédé que le diable soulève malgré lui ? La foi, probablement, qui est si difficile à prouver, à expliquer, et même parfois à ressentir. Même les inquisiteurs s'y perdaient plus souvent qu'à leur tour. Des bévues étaient commises. Mais bah, tous ceux qui avaient été condamnés par erreur pour sorcellerie n'en arrivaient que plus tôt au paradis. Dieu savait, lui, s'ils étaient innocents, et alors les accueillait au Royaume des Cieux pour l'éternité.

Gardefoy était une abbaye très spéciale, et son ordre n'avait jamais essaimé. Une abbaye, une seule. Une centaine de moines – dont quelques chevaliers solitaires en mission – formés à détecter les œuvres de magie, à se les approprier et à les reclure. Des procédés mystérieux pour parvenir à leurs fins. Beaucoup de discrétion. Une charge, une seule : soustraire au monde et enfermer à tout jamais, sous bonne garde, tous les objets maudits dont ils avaient connaissance.

Les petits grimoires des sorciers de campagne n'intéressaient pas les frères de Gardefoy. Simples recettes sans importance, recueils d'absurdes invocations, secrets ridicules. Non, les documents et les objets que recherchait l'ordre étaient d'une autre nature. Leur essence en était par principe maléfique, et ils étaient souvent élaborés d'une technique et d'une main non humaines. Les moines de Gardefoy en avaient mis sous clé mille huit cent soixante-seize. Le grimoire des ténèbres était de ceux-là.

— À quoi ressemble exactement l'objet que nous recherchons ? demanda Audouin, la bouche pleine de ce pain rassis.

— C'est un livre écrit par Satan lui-même, répondit Ernoul de Bréban avec une intonation dure. Les mémoires du diable. Si je ne craignais pas d'accoler un mot sacré à un tel ouvrage, j'aurais pu dire « év... ».

— Évangile ? proposa le jeune homme.

— Vous l'avez dit, moi pas. Imaginez-vous cela ? Le Diable racontant lui-même sa propre histoire ! Son orgueil démesuré, sa chute du paradis, ses légions maudites, sa haine de Dieu... Ses projets pour asservir l'humanité à son profit. Ses principes, mille fois développés : le mal, le malheur, l'adoration qu'il réclame, ses manœuvres répugnantes pour séduire les âmes faibles. L'inversion du monde.

— L'avez-vous lu ?

— Ce livre a été longtemps sous la garde de nos frères. Environ mille ans, fit Ernoul sans répondre. En fait, depuis que la sainte Église s'est réellement implantée sur ce monde païen, et ce n'est pas une coïncidence. Fini, les idoles romaines et les prétendus dieux celtes. Enfin, nous pouvions vivre en paix la sainte religion.

— Mais l'avez-vous lu ? insista Audouin.

— Nul ne peut lire ce livre, avoua Ernoul. Je l'ai vu, bien

sûr. J'ai même ouvert ses pages, en m'entourant de toutes les précautions nécessaires pour qu'aucun mal ne s'en échappe. Tous les jeunes moines le voient, une fois qu'ils ont prononcé leurs vœux définitifs. Ils examinent attentivement tous les objets maudits. Mais la langue du grimoire des ténèbres est démoniaque. Incompréhensible aux humains.

— Mais alors, comment sait-on ce que ce livre contient ? Ce pourrait aussi bien être une sorte de... de plaisanterie. Un faux conçu par un farceur.

— Nous le savons, c'est tout, trancha Ernoul. Il dégage de la malfaisance en même temps que des lumières suspectes et des vapeurs pestilentielles. Nul ne peut rester plus de quelques instants en sa présence sans avoir l'envie de s'enfuir, au mieux. Ou de déclencher un malheur, au pire.

— Et à quoi ressemble-t-il ?

— Un gros manuscrit qui doit bien peser ses dix ou quinze livres[5]. Une couverture tendue de cuir noir comme l'enfer, le cuir d'un démon, sans aucun doute, granuleux, râpeux sous les doigts, d'un contact écœurant.

— Un cuir de dragon, peut-être... suggéra Archambault au passage. On n'a plus vu ces animaux depuis des siècles, mais du fait que le livre est millénaire...

— Orné d'une pierre dure et lisse, irrégulière, noirâtre. Le miroir de l'enfer. Regardez cette pierre et vous y verrez toutes vos trahisons, toutes vos turpitudes, précisa Séverin.

— Si vous l'ouvrez, vous verrez que toutes ses pages sont noires et mates comme de la suie, continua Ernoul de Bréban. Ce n'est sûrement pas du parchemin.

— Comment peut-on écrire sur des pages noires ? observa Audouin. On ne doit rien voir.

— Croyez-vous que ce détail embarrasse le démon ? fit aigrement Ernoul. Les mots semblent avoir été écrits avec la matière

5. Une livre équivaut environ à 500 grammes.

même des flammes de l'enfer, d'un rouge dense, couvant le feu comme des braises, d'une intensité écarlate qui brûle les yeux. Vous ne pouvez, là encore, les voir plus de quelques instants, car vous risqueriez de devenir aveugle à trop en fixer les mots. Du reste, puisque personne ne peut les lire…

— Des flammèches surgissent parfois entre les pages, intervint frère Séverin.

— Oui, c'est vrai, et puantes autant que vous pouvez vous en douter, frère Audouin.

— Je ne suis pas « frère », fit remarquer Audouin.

Pas question qu'il entre dans la confrérie. Il tenait à sa liberté.

— Excusez-moi, *messire* Audouin. Ça m'a échappé, simple réflexe.

Un hibou hulula et passa non loin d'eux, sous le couvert des arbres.

— Sale bête, réagit aussitôt l'abbé. Que Dieu nous protège des maléfices des chouettes et des hiboux. Celui-là va sans doute aller répéter à son maître Satan la teneur de notre conversation.

— Quelle importance ? remarqua Audouin avec légèreté et même amusement. Le diable sait déjà tout cela.

L'abbé lui jeta un regard noir.

Les hululements du hibou se firent encore entendre, assez loin de là, s'éloignant encore.

— Notre foi l'a fait déguerpir. Vous voyez, messire Audouin, nous avons nous aussi nos armes contre le démon.

— Je vois, dit Audouin, n'en pensant pas moins.

Le hibou s'était éloigné tout simplement parce que sa proie avait filé ailleurs sans doute. Ces moines voyaient tout à l'aune du démon.

Audouin se demanda si son frère, remarquablement discret par ailleurs, avait pris les mêmes habitudes de pensée.

La pluie pénétrait malgré l'épais couvert des arbres. Des

gouttes grésillaient de temps à autre sur les braises. Audouin se leva et remit une brassée de branches mortes sur le feu. Une épaisse fumée blanche se leva et frère Séverin toussa, car il était sous le vent. Frère Archambault fit passer une gourde de vin clairet et l'abbé Ernoul sortit de son sac des noix en guise de dessert, qu'il cassa entre deux pierres. Ça sentait la fin du repas et de la veillée. Les trois moines, ayant jeté les coquilles de noix dans le feu, s'enroulèrent plus étroitement dans les plis de leur épaisse cape noire à motif vert.

— Il y en a une pour toi, dit Archambault en désignant la cape emportée par Ernoul au moment du départ.

— Je ne peux la porter, dit Audouin. Je ne suis pas de votre ordre.

— Ne sois pas bête. Tu auras chaud et tu seras à l'abri de la pluie.

Mais Audouin déclina une fois de plus. Il avait son propre manteau, d'un drap de laine couleur rouille, sans doute moins épais et moins imperméable, mais qui faisait aussi bien l'affaire.

— Vous avez bien été armé chevalier, messire Audouin ? demanda alors frère Séverin de sa voix la plus mondaine.

— Oui, répondit le jeune homme. Mon frère aîné a bien voulu faire les dépenses nécessaires à mon armement. J'ai été adoubé par Fromont de Quennessay. Nous étions huit jeunes écuyers ce jour-là. C'était aux dernières pâques.

Il se tourna vers son frère.

— J'ai regretté que tu ne sois pas là, Archambault. Nous nous entendions bien.

— J'ai choisi une autre voie, fit le moine avec un geste désolé.

— Quel âge avez-vous, messire Audouin ? Vingt ans ?

— Je ne sais pas, dit Audouin. Je ne crois pas que j'aie déjà vingt ans, ou alors le temps passe plus vite que je n'en ai l'impression. Je pense que je suis plus jeune.

Il se tourna de nouveau vers Archambault, pour quêter une confirmation, une précision.

— Tu n'as sûrement pas vingt ans, non, dit son frère. Je crois que j'en ai vingt-quatre, moi, et nous avons plus de quatre ans de différence, il me semble.

— Certain ?

— Non, pas vraiment.

Les deux frères se mirent à chercher des points de repère, à comparer avec l'ordre de naissance des dix enfants de l'ancien baron de Rivelet, à compter sur leurs doigts. Et à rire en évoquant des épisodes de l'ancien temps, de leur enfance, de leur jeunesse.

Ernoul, taraudé par l'inquiétude relative au grimoire et par l'impression que des esprits malfaisants rôdaient autour d'eux, les rappela sévèrement à l'ordre. Tout cela pour finir par la même conclusion : Audouin n'avait sûrement pas encore vingt ans, mais plus de seize, ils ne parvenaient pas à préciser davantage.

— De toute façon, cela n'a aucune importance, finit Ernoul de Bréban. L'important est que vous puissiez nous venir en aide, ce qui ne semble pas être le cas.

— Cher Révérend Père Abbé, intervint Séverin, peut-être faut-il attendre encore un peu que la solution se fraie un chemin dans l'esprit de notre jeune ami ? Ou même ne s'impose directement à lui ?

— S'il était guidé par Dieu, fit sèchement Ernoul, la solution serait déjà là.

— Si *vous* êtes guidés par Dieu, pourquoi ne l'avez-vous pas ? répliqua vertement Audouin.

Cet abbé aux allures de moine-chevalier, avec ses certitudes et ses réprimandes, commençait à lui chauffer sérieusement les oreilles. Ah oui, vivement qu'il trouve une piste, pour se débarrasser une bonne fois de cette corvée. Quelle folie d'avoir accepté ! Qu'est-ce qu'il y connaissait, lui,

Audouin de Rivelet, aux objets maléfiques et aux grimoires du diable ?

— Moi, dit frère Séverin en s'adressant au jeune homme, je pense que vous avez quantité de qualités mais que notre abbé, trop inquiet et impatient, ne les a pas encore tout à fait décelées.

Archambault approuva discrètement, avec un sourire. L'abbé fulmina.

— Merci, Séverin, dit Audoin.

— Vous êtes sans doute un excellent chevalier, vous montez Dariolet à la perfection, je ne doute pas que vous savez vous battre.

— À l'épée, en tournoi, à mains nues... confirma Audouin.

— Vous avez généreusement partagé une nourriture raffinée, vous avez remis sans un mot une bûche au feu pour notre confort. Mais surtout, surtout...

Séverin laissa planer un silence pour mieux mettre en valeur ce qui allait suivre.

— ... vous n'avez pas hésité plus de quelques instants à mettre vos talents au service d'une cause difficile.

« Surtout pour me sortir de mes idées noires, bien trop présentes quand je suis au château, un peu trop inactif », songea Audouin.

— Ce n'est que pour un temps, dit-il.

— Comment pourrais-tu le savoir ? rectifia Archambault.

— Je l'escompte bien.

— Tu as changé, mon frère. Tu es un peu trop ironique.

— Tu as changé aussi, Archambault, dit Audouin d'un ton résigné. Je ne te reconnais presque plus. Tu es trop... trop moine.

— Tu seras toujours mon petit frère.

Il y avait de la tendresse dans la voix d'Archambault. C'est vrai qu'Audouin n'avait pas de chance d'être le cadet. Il avait beaucoup de qualités qui ne serviraient à rien, puisqu'il n'avait pas droit à grand-chose. Autant qu'il les mette au service de l'ordre, même s'il ne prononçait pas de vœux.

— Nous espérons beaucoup de toi, Audouin. Et moi, je sais ce que tu vaux.

Audouin ne répondit pas et se contenta de remuer les braises avec le bout d'un bâton.

— Nous ferions mieux de dormir, intervint l'abbé d'un ton renfrogné. Mes frères, nous dirons seulement les prières brèves du temps de campagne.

Les trois moines se levèrent, se mirent un peu à l'écart et commencèrent à psalmodier les oraisons rituelles.

Audouin remit au feu les branches les plus grosses qu'il put trouver, afin que le feu dure longtemps. Il disposa les couvertures de cheval sur les masses de fougères qu'il avait coupées un peu plus tôt, pour en faire des paillasses, et arrangea les quatre selles en guise d'oreillers.

Il entendit la prière des moines qui se finissait sur un long amen. Ils avaient fait vite et Audouin n'aurait pas été étonné qu'ils aient quelque peu bâclé leurs prières quand il les vit se rapprocher du feu.

— Nos couches préparées ! s'extasia frère Séverin. Qu'est-ce que je disais ! Merci, messire Audouin. Vous êtes un damoiseau fort attentionné.

Audouin n'y avait même pas pris garde. Il rit un peu et dit :

— Je suppose que c'est surtout parce que j'aime bien un peu de confort.

Les quatre hommes se couchèrent sous leurs manteaux, la tête sur leur selle, tournés vers le feu. Ils se laissèrent glisser dans une douce léthargie que les gouttes de pluie ne parvenaient pas à troubler tout à fait.

5

— Qu'est-ce que tu viens faire ici, Ernoul ?

La femme ne cherchait sûrement pas à se rendre plus aimable que nécessaire.

— Tu es toujours dans tes petits délires ?

— Quels délires ?

— Posséder des objets de haute magie ?

Ernoul de Bréban, comme à son habitude, prit un ton à la fois cinglant, impatient et outragé.

— Commence par me respecter, Marganne, et ensuite, non, ce ne sont pas des délires, et il ne s'agit pas de les posséder.

La femme rit sans retenue. Elle aussi pouvait se montrer méprisante, et son rire en était bien la preuve.

— Te respecter, ô grand Ernoul de Bréban, abbé du monastère des corbeaux ? Et pourquoi donc te respecterais-je ?

— Parce que je suis un homme et que tu es une femme ! rugit Ernoul.

— Ah, oui, là, évidemment.

Le rire cinglant de la femme reprit de plus belle.

— Parce que je suis un homme de Dieu, s'énerva Ernoul, je suis parvenu au plus haut de la hiérarchie ecclésiastique. J'ai rang d'évêque !

— Les évêques se gardent bien de croiser mon chemin, habituellement, remarqua la femme.

— Et puis je suis d'un lignage qui…

— Oh, ton lignage ! Vraiment ! Nous avons bu le même lait,

Ernoul, et dans ton enfance tu ne faisais pas tant de manières. Regarde ce que tu es devenu.

— Un abbé ! Engagé dans une lutte frénétique contre le mal.

— Oh, je ne parle pas de cela. Tu es devenu sec, froid, impoli, imbu de toi-même. Pas meilleur que ces arrogants seigneurs claquemurés dans leurs châteaux et leurs domaines, et qui aiment à nous regarder de haut. À quoi te sert-il, alors, d'être un homme d'Église, si tu n'es même pas fichu d'être un peu poli avec une personne que tu connais depuis sa naissance ?

— Mais je...

— Pas fichu de t'annoncer avec courtoisie, pénétrant à grands bruits de bottes dans ma maison ? Pas fichu de dire un bonjour un peu... je ne sais... un bonjour un peu chaleureux ?

La nommée Marganne avait à peu près l'âge d'Ernoul – la cinquantaine –, des cheveux gris sous sa coiffe, des yeux perçants, le teint noiraud, la silhouette à la fois filiforme et solide, le visage étroit et volontaire. Elle habitait une modeste demeure du bourg de Montclos. La maison était sombre et proprette, emplie de bouquets de plantes séchées pendus aux poutres et de flacons de toute sorte. Un balai, fagot en l'air, était posé près de la cheminée.

Derrière Ernoul de Bréban qui sentait des fumerolles de colère commencer à lui sortir des naseaux, frère Séverin et frère Archambault se tenaient debout, tête baissée, à la fois respectueux, curieux et furieusement amusés. Leur réfrigérant abbé, si plein de son autorité, de son esprit de décision, se faisant ainsi rabrouer, et par une femme, et qui plus est, une femme du peuple !

Deux pas derrière eux encore, Audouin de Rivelet se mordait les lèvres pour ne pas rire. Il aurait voulu embrasser cette femme qui rivait son clou à l'abbé.

— Je t'ai dit bonjour, lança l'abbé. Je t'ai même envoyé une bénédiction.

— Un bonjour d'abbé ! Plein de ta morgue habituelle,

Ernoul. Et une bénédiction dont tu sais que je n'ai pas grand-chose à faire.

— On a toujours besoin d'une protection divine. Peut-être cette bénédiction t'évitera-t-elle un jour le bûcher, qui sait, ou à tout le moins la damnation éternelle.

Il jeta un coup d'œil oblique au balai, qui n'avait pas l'air très honnête.

— Charmante perspective, dit Marganne, campée mains sur les hanches. Tu me condamnes déjà. Alors ? Qu'est-ce que tu es venu me demander ?

— Mais... mais... se troubla l'abbé. Je ne...

— Ne te fatigue pas et ne mens pas, homme d'Église. Voilà plus de vingt ans que nous ne nous sommes vus, je suppose donc que si tu me rends visite et entres chez moi de façon si cavalière, c'est que tu as besoin de mes services, voire de mes lumières.

Ernoul se troubla d'être si vite percé à jour. Et par cette femme encore. Elle-même suppôt de Satan, adepte de procédés interdits.

— Oui, madame, c'est exactement ça, intervint Audouin du fond de la pièce où il était resté dans la pénombre.

La maison était si bien protégée du froid qu'on n'y voyait pas grand-chose.

— Qui tu es, toi qui n'attends pas l'autorisation de ton abbé pour parler ? dit la femme en plissant les paupières dans sa direction.

— Ce n'est pas mon abbé. Je ne suis pas novice. Nous cherchons...

— Taisez-vous donc, messire Audouin, gronda l'abbé. Ce n'est pas à vous de présenter les choses.

— Mais je croyais que nous étions pressés. Pourquoi perdre tout ce temps à vous envoyer des réflexions mal sonnantes ?

— Tu es un bon garçon, toi, dit Marganne en riant. Pas comme ce goujat. Allons, Ernoul, sois franc, dis-moi ce que tu veux.

— Pour commencer, que tu me traites selon mon rang.

— C'est toi qui es venu me chercher, n'oublie pas. Tu peux partir, si tu n'aimes pas mes manières.

— Je veux que tu interroges la coupe pour moi.

Marganne, un instant éberluée, se reprit vite.

— Quoi ! Eh bien, c'est la meilleure, celle-là ! Tu as envie de tâter un peu des petits procédés de notre confrérie ? Je croyais que tu n'y touchais pour rien au monde ?

Pour le coup, l'abbé Ernoul se laissa tomber sur un tabouret de bois.

— Le grimoire des ténèbres a disparu, avoua-t-il enfin, accablé.

La femme fit entendre une sorte de long sifflement d'étonnement, mais ne commenta pas davantage.

— Nous avons besoin de tes services pour nous mettre sur la piste.

— Et encore ?

Ernoul releva la tête. Il ne comprenait pas.

— Je t'ai tout dit.

— Mais non. Il manque quelque chose.

— Tu veux des détails sur le livre ?

— Non, je veux d'autres paroles.

— « S'il vous plaît, madame », dit Audouin.

— Voilà. Lui, il est poli. Il me plaît bien, ce petit.

— Nous avons besoin de ton aide pour nous mettre sur la piste du grimoire maudit, s'il te plaît, Marganne, répéta Ernoul d'un ton las. Et nous sommes pressés. Voilà deux jours que le grimoire est dans la nature, nous ne savons dans quelle direction chercher.

— Ça te coûtera cher.

— L'abbaye paiera pour le service. Ce que tu demandes habituellement à tes clients.

— Habituellement, on ne me demande pas de retrouver des livres maudits. Habituellement, je n'ai pas affaire à des moines.

Ernoul posa une bourse sur la table. La devineresse la soupesa et sembla satisfaite.

— Bon, dit la femme. Attends un peu. Vous pouvez vous asseoir.

Elle disparut dans le fond de sa maison.

Les deux moines et Audouin s'installèrent eux aussi sur des bancs. Archambault et Séverin avaient le regard interrogateur.

— Ma sœur de lait… articula enfin Ernoul. Sa mère était ma nourrice.

Voilà pourquoi ils semblaient tous les deux aussi familiers. Si une autre femme s'était permis de lui parler ainsi, Ernoul aurait probablement prononcé illico son excommunication.

Marganne revint avec des rouleaux de parchemin, une large coupe de bois, un minuscule flacon et des bougies qu'elle planta autour de la coupe. Elle versa l'eau d'une cruche dans le récipient, y ajouta une goutte de liquide noir du flacon et elle alluma les bougies. La cire dégagea d'étranges odeurs.

— Qu'as-tu mis là-dedans ? questionna Ernoul de sa voix toujours si tranchante. Des poudres magiques ? Des poisons ?

— Des jus d'herbes, répondit Marganne. Je ne me mêle pas de ton travail, Ernoul, alors ne te mêle pas du mien. Les sucs fondus avec la cire, quand je fabrique mes chandelles, m'aident à bien voir.

— De la jusquiame ! De la belladone ! De la stramoine !

— Oui, bien sûr, et d'autres encore. Il faut bien cela.

Elle essuya une cuiller en bois de sa batterie de cuisine avec son tablier, puis elle touilla énergiquement le liquide. La fumée des chandelles s'éleva et se répandit en une nappe légère au-dessus des participants.

Si Ernoul tenait encore bien le coup, les trois autres hommes se sentaient déjà légèrement flottants, la tête enivrée. Marganne, elle, avait l'habitude. La fumée l'aidait à s'abstraire du décor et abaissait le seuil de son esprit raisonnable. L'avenir ne se laisse percevoir que par ceux qui acceptent de mettre un peu de côté le concret.

Tout à coup, Ernoul se mit à dodeliner un peu, lui aussi.

— Donne-moi tous les détails possibles sur ce livre que tu cherches...

Ernoul fournit, d'une voix maintenant un peu pâteuse, plus douce, toutes les explications qu'il avait déjà données la veille à Audouin.

La femme se concentra sur sa coupe d'eau au-dessus de laquelle ses mains voletaient. Elle se mit à émettre des grognements et des borborygmes incompréhensibles, quasiment effrayants, elle se balançait d'avant en arrière, des mèches grises s'échappèrent de sa gonelle[6], mais les quatre hommes, perdus dans une brume, des sourires béats et niais sur le visage, ne s'en apercevaient pas.

Tout à coup, la femme attrapa fébrilement un de ses parchemins et le déroula, y cherchant une indication en suivant les lignes avec le doigt, puis elle revint à sa coupe, marmonna encore un peu, fit « Ah, enfin... », chercha encore une précision dans son rouleau, puis elle se redressa. Elle revint progressivement à une attitude plus normale et coinça sous sa coiffe blanche les mèches de cheveux qui s'étaient fourvoyées pendant l'opération. Elle souffla les bougies, dont les flammes en s'éteignant envoyèrent vers les poutres du plafond de minces rubans de fumée bleutée.

Les quatre hommes bougèrent un peu, perdirent leur sourire hébété et eux aussi reprirent leur attitude ordinaire.

Marganne attendit d'avoir toute leur attention pour délivrer son oracle.

— C'est lui qui va le retrouver, dit-elle avec brusquerie en désignant Audouin d'un doigt osseux. Ou plutôt, c'est le

---

6. Coiffe.

grimoire qui va se livrer à lui au moment où il s'y attendra le moins.

— Qu'est-ce que je disais ! s'écria Archambault, toujours un peu embrumé.

Il tapota amicalement le bras de son frère.

— Il est question de Lorimont, continua la devineresse, mais je ne sais de quoi il s'agit. Il le retrouvera. Mais ce n'est pas pour tout de suite. Pas de ton vivant, Ernoul.

Ernoul de Bréban encaissa le choc. Pas de son vivant ? Mais alors dans combien de temps ? Ou bien son trépas était-il proche ?

— Le Seigneur me rappellera à Lui selon le plan qu'Il a décidé pour moi, fit-il d'une voix troublée. M'as-tu vu mort ?

— J'ai vu le jeune homme retrouver le livre, et toi qui ne l'avais pas. J'ai entendu ce mot : Lorimont.

— Et... et le livre reviendra-t-il se faire enfermer pour toujours à Gardefoy ?

Car tel était le but recherché.

— Je ne sais pas. Je t'ai dit ce que j'ai conclu de mes visions. Elles étaient troubles et imprécises.

— Qu'est-ce que c'est que ce Lorimont ? demanda Audouin.

— Je ne sais pas. Je l'ai entendu dans ma tête. Un lieu, une personne, comment savoir ? Pas très loin d'ici, m'a-t-il semblé, car le son était assez net. Lorimont.

Audouin se répéta le mot pour être sûr de ne pas l'oublier.

La femme, en bonne ménagère, vida l'eau de la coupe et essuya sa table où quelques gouttes s'étaient répandues, puis elle empila ses ustensiles de divination et partit les ranger dans une autre pièce.

— Messire Audouin, dit alors Ernoul de Bréban, il faut immédiatement vous mettre en quête de ce Lorimont.

— Mais... devons-nous partir à l'aventure, sans rien de plus précis ?

— Entrez dans une église et priez avec ferveur, jeune homme. Dieu vous éclairera sur la direction à prendre.

— Et vous ? Vous allez chercher avec moi, n'est-ce pas ?

— Nous ? Pas du tout. Nous devons rentrer à Gardefoy.

— Quoi, déjà ?

— Notre travail n'est pas tellement de rechercher les objets, mais principalement de les garder à l'abri. Nous avons du pain sur la planche, à l'abbaye, je veux réorganiser tout cela.

— Mais…

— Vous avez fait serment sur la croix, jeune homme. Je crois de toute façon que nous ne pouvons vous être d'aucune aide. Mettez la main sur le grimoire noir et rapportez-le à Gardefoy. Vous saurez trouver votre route ?

— Oui, bien sûr.

— Les moines vous attendront jour après jour, et prieront pour la réussite de votre quête, dit l'abbé. Inutile de revenir nous faire des comptes rendus çà et là si vous ne l'avez pas. Il ne faut pas perdre de temps, et tout voyage inutile est pernicieux.

— Je comprends, dit Audouin d'une voix pourtant incertaine.

— Une missive de temps à autre seulement, si vous le pensez nécessaire.

Audouin n'eut guère le temps de lui dire qu'il trouvait le procédé un peu saumâtre, car Marganne revenait dans la pièce.

— Méfie-toi, Ernoul, dit-elle. Le simple fait de chercher ce livre te met – vous met tous – en danger. Un danger qui n'est pas de notre monde.

— Oui, je le savais.

« De mieux en mieux », pensa Audouin.

Marganne regarda l'abbé un peu en dessous, tortilla un coin de son tablier, dansa d'un pied sur l'autre.

— Je ne suis pas une mauvaise femme, Ernoul, tu le sais. Je fais de la divination, mais pas de la sorcellerie. Et je donne des conseils et des préparations de plantes aux jeunes filles quand elles veulent un promis. Ce ne sont pas des sortilèges.

— Je n'ai pas ces procédés en haute estime, fit l'abbé en se drapant dans son grand manteau noir à motif vert.

— Si… si je suis poursuivie, est-ce que je peux compter sur toi pour que tu témoignes en ma faveur ?

— Hm.

— Tu ne laisserais tout de même pas ta sœur de lait griller sur un bûcher ?

— Ça n'arrivera pas, dit Ernoul. Tu n'es pas assez mauvaise pour ça.

— Je crois que je mourrai de mort violente, murmura la femme.

— Abandonne tous ces petits procédés et tu auras une fin sereine, conseilla Ernoul de son irritant ton supérieur.

Marganne saisit le premier objet qui lui tomba sous la main, un couvercle de pot en terre cuite.

— Tu es un sacré hypocrite, Ernoul, s'écria-t-elle en le lui lançant à la figure. Ça t'arrange bien, que je sache lire l'avenir dans la coupe ! Ça ne trouble pas ta conscience. Et tu me donnes des leçons de morale ? !

L'abbé Ernoul de Bréban battit aussitôt en retraite et quitta la maison d'un pas vif, suivi par les deux moines et par Audouin.

— Et surtout ne dis pas merci ! cria-t-elle encore, du pas de la porte, tandis que les quatre hommes montaient en selle.

— Merci, madame, dit Audouin en se retournant vers elle.

— Méfiez-vous, surtout, conclut-elle à mi-voix. Ils sont dangereux et sans pitié.

— De qui voulez-vous parler ?

— Des satanistes bien sûr. De ceux qui ont volé ce livre qui intéresse si fort votre abbé.

Elle rentra dans la maison et claqua la porte.

Ernoul donna le signal du départ en jetant, en guise d'explication à ses compagnons :

— Elle a toujours été à moitié folle.

✦ ✦ ✦

Il se trouva qu'à cet instant, Héribaud Hébert, qui étudiait le grimoire noir pour y chercher les meilleures idées de malheur pour le monde, vit le livre frémir et se fermer avec un *clac* sonore.

La pierre noire au centre de la couverture s'anima et lui montra une étrange petite scène. Il vit que trois moines de Gardefoy étaient déjà à la recherche du grimoire noir. Ils n'auraient jamais dû consulter une femme qui lisait dans l'eau. Les imbéciles. Héribaud Hébert se contenta de ricaner, tout en compulsant le bel ouvrage aux pages noires et aux lettres de feu. Les imbéciles. Il ne se laisserait jamais reprendre ce qu'il avait eu tant de mal à se procurer. Hé hé hé.

✦ ✦ ✦

Les quatre compagnons allaient se séparer à une bifurcation du chemin. On était dans une campagne où les labours avaient commencé. Il faisait frais mais beau, une de ces belles journées d'automne qui laissent un petit arrière-goût d'été. La pluie de la veille avait tout lavé.

— Je vous conseille d'aller prier au monastère de Saint-Étienne-des-Entours, dit Ernoul à Audouin sans descendre de cheval. Prenez cette route, tout droit vers le sud sur… combien à peu près, frère Archambault ?

— Sept ou huit lieues, il me semble.

Les moines connaissaient les emplacements de toutes les bonnes abbayes, ils n'étaient jamais perdus, ils savaient toujours où elles se situaient et quelles voies emprunter pour y parvenir.

— Quant à nous, nous irons tout droit pour être demain à Gardefoy.

— Et si par hasard le grimoire y était magiquement revenu ? fit Audouin.

— Il ne sera pas revenu, Audouin, fit doucement Archambault.

— Oui mais tout de même…

Entre végéter à Rivelet ou partir chercher le grimoire, l'aventure et les prouesses, sans avoir de comptes à rendre à Amaury, le choix s'imposait de lui-même. Néanmoins, la tâche lui semblait ardue. Comment s'en tirerait-il ? Avec si peu de renseignements pour chercher, et une magie satanique qui pouvait lui tomber dessus à chaque instant ?

— Si nous retrouvions le grimoire sans ton aide, je partirai à ta recherche pour interrompre ta quête devenue inutile, dit son frère. Avec l'accord de l'abbé, bien entendu.

Audouin hocha la tête, troublé. Il n'avait pas prévu que cela se passerait ainsi, qu'il se retrouverait seul sans autre aide qu'une prétendue intuition à laquelle il ne croyait qu'à demi, sans autre piste que le seul nom de Lorimont.

— Partez vite, maintenant, intima l'abbé.

Il lui avait donné une bourse bien remplie, le grand manteau noir à motif vert qu'Audouin ne voulait pas porter, mais qu'il avait tout de même accepté, roulé et attaché à l'arrière de sa selle, et Dariolet, le beau cheval couleur pain brûlé. Maintenant, chacun devait aller son chemin.

— Ne pouvons-nous nous dire adieu ? Je n'ai pas vu mon frère depuis trois ans, et nous n'avons même pas eu le temps de parler.

— Que pourriez-vous bien vous dire, quand la survie du monde est en jeu ? Les discussions familiales peuvent passer au second plan. La seule famille de frère Archambault est maintenant son monastère.

En dépit de ces paroles, Archambault mit néanmoins pied à terre en même temps qu'Audouin. Ils s'étreignirent avec force.

— J'ai bien vu que ça n'allait pas très bien pour toi, Audouin. Tu es morose, j'aurais aimé parler avec toi.

— Une… une affaire de cœur, avoua le cadet. Mon âme est emplie de tristesse.

— Je prierai pour toi.

— Et pour elle, Archambault. Pour elle surtout. Pour que son éternité soit heureuse. Elle est morte.

Archambault étreignit de nouveau son frère, plus fort encore. Audouin tremblait de nervosité, et puis évoquer la jeune fille lui faisait encore trop mal.

— Au revoir, Audouin. J'espère que nous nous reverrons, quand tu rapporteras le grimoire des ténèbres à Gardefoy.

— Je l'espère aussi, oui, fit Audouin en hochant la tête.

Le cheval de l'abbé Ernoul piaffait et dansait, trahissant la nervosité de son cavalier.

Frère Séverin était lui aussi descendu de sa monture. À son tour, il donna l'accolade au jeune homme.

— J'aurais tellement aimé discuter un peu plus avec vous, messire Audouin. Je me sens souvent en accord avec vous.

Le jeune chevalier aussi avait trouvé Séverin sympathique.

Ils remontèrent tous en selle. Chacun partit dans sa direction.

Ils n'avaient pas avancé de quinze toises[7] qu'Audouin entendit une sorte de râle désespéré. Il arrêta son cheval et se retourna, surpris plus qu'inquiet.

L'abbé Ernoul de Bréban se tenait la gorge et brinquebalait sur son cheval comme s'il n'avait plus d'os dans le corps. Audouin mit Dariolet au petit galop pour rejoindre les trois moines et venir en aide à l'abbé, si c'était nécessaire.

Ernoul, les yeux révulsés, saignait du nez et des oreilles. Bientôt, un flot de sang noir sortit aussi de sa bouche.

— Que… que se passe-t-il ?

7. Une toise vaut à peu près 2 mètres.

L'abbé tomba à terre, inanimé, et son cheval s'arrêta quelques pas plus loin.

—Audouin, je vous en prie...

Audouin se retourna : frère Séverin avait un filet de sang qui coulait de chaque oreille dans son cou, et ne semblait plus du tout stable sur sa selle.

Audouin attrapa les rênes de son cheval pour l'arrêter.

—Frère Séverin ! Descendez, vous allez tomber de cheval, vous aussi !

—Inutile, Audouin, fit Archambault d'une voix brisée. Nous mourons.

Lui aussi avait le corps amolli et du sang coulait de son nez et de sa bouche.

Audouin aida d'abord Séverin à descendre et l'installa sur l'herbe du talus, puis il saisit Archambault à bras-le-corps pour le mettre à côté de lui.

L'abbé était mort, Séverin était en train d'expirer.

—Je vous aimais bien, frère Séverin, lui dit Audouin.

—Priez pour moi. Accomplissez votre tâche. Moi aussi je vous aimais bien.

Sa voix était si faible qu'Audouin avait dû se pencher sur lui. Séverin agrippa sa manche et dit encore :

—Je serai avec vous dans votre quête.

Puis il expira.

Audouin se tourna vers son frère, qui résistait, mais il se doutait qu'il n'en avait plus pour très longtemps. Il resta assis auprès de lui et lui tint la main. C'était une main de moine, douce, faite pour les travaux d'écriture, la prière et les bénédictions. Audouin se sentit vaguement honteux de ses mains mal soignées et plutôt calleuses.

—Tu as toujours été mon petit frère préféré, murmura Archambault.

—Tais-toi, Archambault, fit Audouin avec des sanglots dans la voix.

Il avait perdu Milessant, il était en train de perdre son frère à peine retrouvé, alors qu'ils n'avaient même pas eu le temps de refaire connaissance, à peine d'évoquer un peu le passé.

– Si tu étais moine de Gardefoy, tu serais aussi en train de mourir. C'est un maléfice qui nous tue, tu sais.

– Je m'en doutais.

– Parce que nous cherchons le grimoire noir. C'est ta tâche, maintenant. Tu es tout seul.

Archambault s'interrompit, sa voix était faible et hachée. Du sang lui barbouillait le visage. Il n'avait la force de faire aucun geste.

– Trouve ce Lorimont.

Audouin sentit une immense vague de fureur le prendre des pieds à la tête. Il saisit son épée et tailla à grands coups dans les fourrés environnants pour canaliser sa rage.

Son frère, mort de maléfice l'instant auparavant. Trois bons moines. Morts dans leur sang. Trois pauvres moines qui empêchaient que le mal ne se répande sur le monde.

Il était leur héritier. Il finirait la tâche. Il serait comme eux, même s'il ne faisait pas partie de la confrérie. Il empêcherait le mal de se répandre, lui aussi. Zwiff, zwiff, zwiff, l'épée bien aiguisée, tenue à deux mains, taillait de grands trous dans les bosquets.

« J'ai une tâche, j'ai juré, je ne trahirai pas ma parole. »

Zwiff, zwiff, zwiff.

Il avait aligné les trois corps sur le talus, essuyé le sang sur leur visage, enroulé leur grande cape noire sur eux.

Il s'épuisa à donner des coups dans le vide, encore et encore.

Et maintenant ?

Il ne connaissait personne dans cet endroit. Il résolut de

retourner demander conseil à la devineresse. Il la prierait d'examiner encore l'eau pour lui.

Personne ne répondit quand il frappa. Il poussa la porte. Marganne était étendue sur le sol de terre battue, face contre terre. Des ruisseaux de sang, coulant de son nez et de ses oreilles, entouraient sa tête. La même mort par maléfice.

Pourquoi était-il le seul à y avoir échappé ?

« Lorimont. Lorimont. Lorimont. Milessant, aide-moi, du haut du paradis. Archambault, aide-moi, Séverin aussi, et vous aussi, révérend abbé Ernoul, que je n'aimais guère. Aidez-moi. Où chercher ce maudit damné grimoire satanique ? Que faire ? »

Il sortit sur le seuil. Il n'avait plus rien à faire ici. Un villageois qui passait à cet instant vit le sang sur ses vêtements et ses mains. Il lança un regard vers l'intérieur de la maison et vit le corps de Marganne baignant dans son sang. Il se mit à hurler :

— À l'assassin ! À l'assassin !

Audouin se retourna, cherchant des yeux le meurtrier. Le villageois appelait à l'aide :

— Il est là, venez m'aider, nous le pendrons !

Alors il prit conscience que c'était lui qui était visé, lui qu'on prenait pour le meurtrier.

« Il ne manquait plus que cela... » se dit-il, saisi par un désarroi qui le paralysait.

Il eut tout de même la présence d'esprit de bousculer l'homme qui s'époumonait et de sauter en selle.

— En route, Dariolet, à toute vitesse ! Ils veulent me faire la peau !

Le cheval s'élança au grand galop. La troupe des villageois ne parvint pas à l'arrêter. Bientôt, le bourg n'était plus qu'un souvenir lointain à l'horizon. Tout comme les corps des trois moines alignés sur le talus.

« Quand ils les auront trouvés, ils seront persuadés que je

suis le meurtrier des quatre. Et j'ai une bourse pleine d'or, un manteau de la confrérie. Ils seront sûrs que je les ai volés. Il ne faut pas que je m'arrête. »

Il donna des jambes. Dariolet ne protesta pas et mena son cavalier loin, très loin de ce gros village où il avait reçu son seul indice.

Lorimont.

6

Répandre le malheur sur le monde n'est pas chose aisée.

Au grand étonnement d'Héribaud Hébert, et à sa déception certaine, le grimoire des ténèbres ne se livrait pas tout de go au premier venu, fût-il adepte du démon depuis de longues années.

Hébert, pourtant, ne mit pas très longtemps à déchiffrer l'écriture du diable. La fréquentation des documents infernaux lui avait donné une indubitable avance sur les moines de Gardefoy, auxquels il vouait un immense mépris. Sa pratique des manœuvres sorcières aurait pu en remontrer à plus d'un.

Néanmoins, le grimoire, qu'il explora de long en large au fil de nombreuses nuits, le laissa déconcerté.

J'ai chuté.

J'ai été un ange, dans un passé dont vous n'avez pas idée. J'œuvrais à la droite même de Celui que je ne nomme qu'à grand-peine. J'ai été bon, jadis. Beau, flamboyant, lumineux, fait par Celui que je déteste nommer de la matière même du bien et de l'esprit.

Je voulais plus encore : tout faire, tout organiser, tout contrôler, distribuer les châtiments ou les récompenses comme je l'entendais.

Celui que je déteste nommer m'a bien fait comprendre, dans ces temps anciens dont vous n'avez pas idée, qu'Il se réservait les décisions finales et l'organisation de l'univers. Il n'agissait pas comme il l'aurait fallu. Pourquoi aurais-je tenu compte de Ses ordres, moi qui savais mieux que Lui ce qu'il convenait de mettre en œuvre ? J'ai agi à mon idée. J'avais des fidèles, qui se rendaient bien compte comme j'avais raison. Je les ai rassemblés sous mes ordres. J'ai contrevenu aux directives de Celui-là que je déteste nommer.

Et la chute fut terrifiante.

—Voilà des siècles que tout cela est connu et bien connu, ronchonna le vieux magicien. C'était bien la peine de se donner tout ce mal…

Pourtant, le message n'était probablement pas dans les mots écrits à la braise sur les pages noires, mais dans l'esprit même du gros livre. Plus il le compulsait, plus Hébert se sentait haineux. Non seulement haineux, mais imaginatif. Des bouts d'idées de malheur traînaient dans sa cervelle. Certes, le monde n'était pas bien beau, mais il pouvait être encore pire, oh, bien pire. Les guerres n'étaient pas assez sanglantes. Les massacres avaient un petit côté amateur. Les hommes et les femmes étaient trop libres de leurs pensées.

Il soupira. Le chantier était énorme. Il ne pouvait s'y mettre tout seul, même avec le grimoire. Ce qu'il faudrait, c'était trouver un levier. Un petit coup de pouce maléfique, et des conséquences énormes. Quelque chose qui ait l'air banal. Ou mieux : qui ait l'air d'aller dans le sens du bien – il détestait ce mot –, du progrès.

Il en avait un peu assez des sortilèges, qui ne touchent qu'une personne à la fois, ou à la rigueur un couple. Il lui fallait maintenant élaborer une catastrophe dont les effets dureraient plusieurs siècles. Oui, il devait réfléchir à cela.

Le grimoire l'attirait vers ses pages incandescentes.

Je peux me flatter d'avoir eu de nombreux adeptes. Ils m'ont suivi en masse, ont encouragé ma révolte, m'ont soutenu contre l'Autre. Nous avions le nombre pour nous. N'est-ce pas une preuve que nos idées étaient bonnes ?

Ils m'ont accompagné dans ma chute. Ils savaient bien s'occuper avec l'Autre, ils savent mieux encore avec moi. Ils aiment le mal. Ils aiment tenter les humains et les faire choir.

Nos légions sont innombrables, et les vingt-neuf princes des enfers commandent à mes 7 409 127 démons.

Des démons par millions. Hum, oui, bien sûr, mais dans la plupart des cas, ils n'étaient pas bons à grand-chose. L'aide à un petit maléfice par-ci par-là, et la garde des damnés en enfer. Il fallait bien des employés pour pousser les feux et supplicier avec raffinement les pécheurs.

Hébert passa pensivement les doigts dans sa barbe grise. Un jour ou l'autre, lui aussi s'y retrouverait. Bah, il n'était pas un pécheur ordinaire. Il était un véritable adepte, il est vraisemblable qu'il se retrouverait démon lui-même, et ne rôtirait pas dans un chaudron pour l'éternité. Démon, ce serait plus amusant. Il n'était pas vraiment effrayé.

À côté du lutrin où reposait le grimoire des ténèbres, il avait disposé un parchemin et une plume. Il commença à griffonner des notes.

Le grimoire sembla alors se trémousser et jeta des flammèches irritées, d'une odeur immonde. Il avait envie qu'Hébert le consulte à nouveau, se forme à son esprit, lise ses pages maudites, pour bien s'en imprégner.

— Tu as raison, dit le magicien au livre. Montre-moi ce que je dois faire.

Il l'ouvrit au hasard, non sans une certaine émotion. Après tout, c'était Satan lui-même, l'ange déchu qui chez l'Autre portait le nom de Lucifer, qui l'avait écrit de ses propres mains. Enfin, peut-être pas avec une plume, ni même avec un tison enflammé. Satan avait touché ces pages. L'essence même des croyances infernales.

Comme je le dis toujours : l'enfer est pavé de bonnes intentions.

Pavé de bonnes intentions. Quelle excellente approche, pleine de fausseté et d'hypocrisie, comme il les aimait.

Un projet lui vint, il l'écrivit, entraînant des développements prometteurs. Tout à coup, les idées se succédaient sans discontinuer, une nouvelle remplaçant l'ancienne chaque seconde, sa plume ne pouvait plus s'arrêter.

Ce serait grandiose. Le monde allait plonger dans le chaos et la désorganisation. Et pourtant, ces imbéciles penseraient agir pour le bien.

Héribaud Hébert crut sentir juste derrière lui une présence encourageante, bien que sentant fortement le soufre. Il était certain que le diable lui-même approuvait son projet.

1

Dans le chaudron, la mixture commença à bouillonner, et dans la clairière, il se mit à pleuvoir. Les trois filles rassemblées autour du trépied, le visage grave, resserrèrent sur elles leurs lourdes capes de laine. Des gouttes fines se déposèrent dans leurs cheveux, sur leurs épaules. Dans le liquide du chaudron montaient des bulles épaisses, verdâtres, qui crevaient à la surface en répandant des odeurs nauséabondes.

— Il faut le faire… dit la brune. Nous sommes venues pour cela.

Les autres acquiescèrent sans un mot.

Au loin, derrière les arbres, se terraient quelques audacieux qui avaient eu vent de l'opération qu'elles menaient et observaient, méfiants et dubitatifs. Lorgnant la scène d'un peu plus près, Pépin Gravenot ricana.

Catherine, celle qui avait parlé, prit un bâton de noisetier et traça fermement dans l'humus un grand cercle autour du trépied qui portait le chaudron, puis elle dessina une étoile à cinq branches à l'intérieur de ce cercle.

Résolument, les trois filles entrèrent en même temps dans la figure magique, du pied droit. La blonde, Jeanne, tendit les deux mains au-dessus du chaudron. La rousse Marie fit de même, puis la brune Catherine. Elles se joignirent toutes les trois, comme s'il s'agissait d'une ronde. Ronde sinistre, dans cette clairière spongieuse, désolée, brouillée par la bruine, sombre comme si on était déjà au crépuscule. Elles se regardèrent, prenant leur élan afin de parler bien ensemble. Et elles se lancèrent.

— Perad, Hapios, Argitan, Atomeos, démons, obéissez-nous, psalmodièrent-elles avec conviction, d'une même voix. Venez chercher celui qui nous tourmente, venez chercher celui qui asservit et opprime tout Lorimont, celui qui sème autour de lui le malheur et la honte.

Elles reprirent leur souffle, exactement ensemble, et continuèrent à l'unisson, avec une conviction désespérée :

— Ouvrez-lui bien grandes les portes de l'enfer, car il est des vôtres. Perad, Hapios, Argitan, Atomeos, démons des légions maudites, entraînez-le dans les abîmes de feu, d'ombre et de désespoir. Faites-lui subir les supplices qu'il mérite, faites-le transpercer par des fers brûlants, parce qu'il apporte la mort, arrachez-lui la langue, car ses paroles ne cachent que des mensonges, versez-lui dans le gosier de l'or fondu, cet or dont il est si friand. Que son supplice en enfer n'ait pas de fin. Perad, Hapios, Argitan, Atomeos, démons, obéissez à celles qui sont vos maîtresses et présentez-vous à nous...

Les vapeurs jaunâtres qui s'échappaient du chaudron leur tournaient la tête et elles vacillaient légèrement, se retenant l'une à l'autre pour ne pas piquer du nez dans l'affreux mélange qui leur soulevait le cœur.

— Présentez-vous à nous, démons, pour prendre nos ordres.

Seules de sévères objurgations feraient venir les légions de Satan. On ne prie pas les démons de se présenter, on le leur ordonne. Suivit une énumération de termes aux syllabes heurtées, incompréhensible. L'interminable formule avait été difficile à mémoriser.

— Accourez à l'instant, démons, afin de vous saisir de l'auteur de nos tourments, celui qui...

Une cavalcade nombreuse, mouillée de pluie à travers la

mousse et les feuilles mortes imbibées, se fit entendre. Les filles résistèrent pour ne pas tourner la tête et continuer leur litanie.

— ... qui a usurpé le fief de notre père, qui a circonvenu le duc, celui qui prétend à un nom et à un fief auxquels il n'a pas droit.

La cavalcade s'était arrêtée, tout près. On entendit un ricanement sonore. Des cavaliers mettaient pied à terre. Les quelques paysans ou forestiers qui les épiaient s'enfuirent furtivement. Pépin Gravenot se rapprocha insensiblement, intéressé mais toujours dissimulé, se rapprocha encore en disant d'un air satisfait : « Et voilà. » Il tâta une autre bourse bien méritée.

Les filles continuèrent d'une voix saccadée et précipitée :

— Perad, Hapios, Argitan, Atomeos, démons, détruisez et menez en enfer à tout jamais celui qui se fait appeler...

Trois paires de bras saisirent les trois filles et les tirèrent en arrière.

— Non ! Non ! Pas hors du cercle ! Non, pas ça ! Le pentacle ! s'écrièrent-elles en se débattant, prises de panique.

Mais même quand elles furent extraites de force du pentacle, aucun feu de l'enfer ne se déchaîna sur elles, aucune apparition de diables cornus.

— Finies les gamineries, les filles ! fit une voix moqueuse. Alors comme ça, vous songiez à m'envoyer en enfer ? Alors même que l'une de vous trois est ma fiancée ?

Le cavalier qui les regardait de haut éclata de rire. Une dizaine d'hommes à cheval l'entouraient, sans compter les trois qui les avaient empoignées.

Côte à côte, tête basse, follement inquiètes, elles jetèrent au cavalier resté en selle, qui était le chef et venait de parler, un regard qu'elles auraient voulu fatal.

Les démons n'étaient pas venus. Le feu faiblissait déjà sous le chaudron. Le liquide n'envoyait plus de bouffées nauséabondes. La pluie y faisait de petits cratères avec des ploc ploc réguliers et commençait à diluer le mélange qu'elles avaient pris tant de peine à élaborer.

— Alors, vous ne dites plus rien, mes mignonnes ?

Oh non, elles ne lui feraient pas le plaisir de geindre.

— Que vais-je faire de vous, maintenant ?

La pluie n'avait pas l'air de le gêner. Avec une grâce négligente, il fit danser son cheval devant elles. La robe d'un gris lisse, presque métallique, de sa monture luisait d'humidité aux dernières flammes.

— J'ai comme l'impression que vous avez invoqué les démons. Ma parole, vous connaissez des procédés sorciers, qui l'eût cru ? Vous, des jeunes filles si bien élevées ! Croyez-vous que vos parents seraient fiers de vous, s'ils pouvaient encore vous voir ?

Dire qu'à quelques secondes près elles n'avaient pas eu le temps de dire son nom ! Il ne ferait pas tant le fier, à l'heure qu'il est.

— Je pense que votre bon père Gaucelin de Lorimont va se retourner dans sa tombe quand il vous verra vous tortiller dans les flammes d'un bûcher, continua l'homme en caracolant de plus belle. Car vous n'ignorez pas que vous êtes bonnes pour le bûcher, n'est-ce pas ?

Les trois filles serrèrent les dents.

Il secoua la tête pour chasser l'eau de ses cheveux et sourit, d'un sourire éblouissant. Il était beau et ne l'ignorait pas : long, musclé, bien découplé, le teint vif et légèrement hâlé, les yeux gris, les dents parfaites. Il portait des vêtements luxueux qui mettaient son physique en valeur, et ne se déplaçait que sur des chevaux de prix qui le complétaient à merveille.

— Tes flammes seront plus éternelles que les nôtres, Philibert, s'écria la rousse. Toutes tes actions te seront comptées, et ton compte est lourd.

—Allons allons, ma chère, bien moins lourd que le tien ! Invocation de démons ! Maléfice ! Tu n'as aucune chance !

Les filles s'entre-regardèrent. Il était certain que Philibert ne laisserait pas l'affaire en rester là. Pour lui, c'était une aubaine inattendue pour asseoir définitivement son autorité sur leur fief de Lorimont.

Quand elles seraient condamnées, brûlées, réduites en cendres et leurs cendres jetées au vent, la place serait libre, et il serait au premier rang pour en prendre possession, et cette fois sans s'embarrasser d'elles ou d'une union qu'il était loin de désirer. Deux ou trois formalités nécessaires et le duc entérinerait alors l'état de fait, sans aucun doute, puisqu'il lui avait déjà proposé d'en prendre possession par mariage.

—Vous étiez comme des sœurs pour moi, fit Philibert d'une voix presque tendre tout à coup. Comment avez-vous pu essayer de déclencher un sortilège contre moi ?

—Pas un banal sortilège, gronda la blonde entre ses dents. L'arrivée de démons pour t'emporter à jamais. Un sortilège serait trop doux pour toi. Tu mérites le pire.

—Toujours si délicieusement hargneuses... persifla Philibert.

—Nous n'avons jamais été des sœurs pour toi, explosa la rousse. Tu es bien arrogant de le penser.

—Car ton lignage ne vaut rien, continua la brune. Un des Losses ! persifla-t-elle. Comment as-tu pu songer un seul instant que tu faisais partie de la famille ?

Philibert sourit de nouveau. Un large et éclatant sourire.

—Eh bien, je suis heureux finalement de ne pas être votre frère, car je dois toujours épouser l'une d'entre vous. Alors ? Avez-vous choisi laquelle de vous trois sera ma femme ?

Les trois sœurs se regardèrent à nouveau.

—Qui se... dévoue ?

—Aucune de nous ne t'épousera, rugit la blonde. Tu dois quitter Lorimont. Tu n'es ici qu'un usurpateur.

— Vos mines chafouines et pleurnichardes auprès du duc ne valent rien quand il est question qu'un fief soit bien tenu, ironisa Philibert. Et Lorimont en a besoin, croyez-moi.

Il fit mine d'être désolé par les décisions qu'il avait à prendre.

— Bon, reprit-il, que vais-je faire de vous, maintenant ? Il y a le bûcher, bien sûr… Mais nous pouvons peut-être encore nous arranger discrètement. Si vous êtes très gentilles, je ne vous dénoncerai pas aux juges ni aux inquisiteurs.

Les trois sœurs se prirent par la main, comme elles l'avaient toujours fait. Elles n'avaient pas besoin de tâtonner et d'hésiter. Leur geste était spontané et fluide. Leurs épaules se rapprochèrent, leurs regards si semblables se fixèrent vers Philibert, méprisants et intraitables.

— Oh, ces regards que vous me lancez ! J'en tremble de peur, rit encore l'homme à cheval. Séparez-vous.

Les trois sœurs, au contraire, se rapprochèrent encore, elles étaient quasiment tête contre tête et leurs regards se firent plus intenses et impénétrables encore.

— Séparez-vous, j'ai dit ! hurla-t-il, une rage irrépressible montant en lui à la vue de ces trois gamines qui lui tenaient tête.

Pas question qu'elles obtempèrent.

— Depuis le sein de notre mère, nous ne l'avons jamais été et tu le sais, dit la brune. Ce n'est pas toi qui nous sépareras.

— Depuis le sein de votre mère, c'est bien ça. A-t-on jamais rien vu de plus… de plus diabolique ? Votre naissance même est une offense à Dieu. Jamais séparées…

— Même sur le bûcher ! Nous mourrons ensemble ! Nos cendres se mêleront ! s'écrièrent-elles quasiment d'une même voix.

« Jamais séparées », « nous mourrons ensemble »… Le regard perfide de Philibert s'attarda sur les trois sœurs, un sourire factice lui vint aux lèvres.

—Non, dit-il, je ne vais pas vous livrer au bûcher, j'ai une meilleure idée.

Méfiance. S'il avait une idée en tête, elle était sûrement pire que le bûcher.

—Et je vous prierais d'ailleurs de me remercier avec... flamme.

—Nous n'irons pas nous enfermer dans un couvent, dit la blonde avec superbe. Nous resterons ici, chez nous, dans notre fief, à Lorimont, et nous te combattrons de toutes nos forces.

—Qui a parlé de couvent ? prononça Philibert d'une voix doucereuse.

Il s'adressa aux trois hommes qui se tenaient derrière les jeunes filles.

—Attachez-leur les mains, vous.

Elles eurent beau se défendre et se dérober, elles ne faisaient pas le poids contre une bande de soldats aguerris.

—Alors voilà mon idée, vous allez me dire ce que vous en pensez : je vais vous faire disperser. Trois de mes hommes iront vous perdre, à trois jours d'ici, dans trois directions différentes. Vous ne vous retrouverez jamais. Que dites-vous de ce projet ?

Les trois jumelles écarquillèrent les yeux, horrifiées. Il voulait dépecer le trio qu'elles formaient ?!

—Tu ne l'emporteras pas en paradis, Philibert ! s'écria la blonde. Nous sommes inséparables de toute façon.

—Nous saurons toujours où nous sommes et comment nous retrouver, fit la brune sur le même ton.

—Et nous nous vengerons, et tu regretteras amèrement de nous avoir dépossédées. Fais-nous confiance, termina la rousse.

Philibert se contenta de lancer un beau rire sonore à tant d'assurance. Bon sang, elles étaient vraiment combatives, ces petites vermines. Il fallait frapper plus fort, bien plus fort.

—À moins que l'une de vous ne se décide à m'épouser ? Réfléchissez bien, il est encore temps.

—Jamais ! s'écria la brune.

—Tue-la, ordonna Philibert à son homme d'armes qui maintenait la fille entravée devant lui.

Sans une hésitation, l'homme tira une dague et la passa rapidement, profondément, sur le cou de Catherine. Une nappe écarlate se répandit sur sa robe, elle s'effondra sur ses genoux, le regard étonné, ses mains liées essayant désespérément de juguler le flot de sang. Ses deux sœurs poussèrent un cri déchirant et s'efforcèrent de se précipiter sur elle, mais elles étaient fermement retenues.

—C'est de sa faute, aussi, fit Philibert d'un ton froid, cynique. Je l'aurais laissée en vie. Mais vous n'en faites jamais qu'à votre tête. Elle l'a bien cherché. Vous le savez bien, pourtant, qu'il ne faut ni m'énerver, ni me tenir tête.

La blonde et la rousse voyaient mourir leur sœur Catherine, et ne pouvaient s'approcher pour empêcher l'inéluctable, pour étancher le sang en train de se répandre, ou même simplement pour tenir la main de leur jumelle en son dernier soupir.

La pauvre fille essaya d'émettre quelques sons. Elle semblait n'avoir pas tout à fait compris ce qu'il lui arrivait. Elle respira à petits coups, tourna le regard vers ses sœurs, puis ferma les yeux et ne respira plus. Le sang coulait doucement vers l'humus et se faufila dans le sillon du pentacle.

—Tu es un monstre ! Tu es un porc ! Assassin ! Monstre ! Maudit ! Maudit ! Maudit ! s'écria la rousse.

Elle ne pouvait cesser de cracher son flot d'imprécations.

—Égorge-moi aussi celle-là, ordonna Philibert.

Et avant qu'elle eût seulement compris ce qui lui arrivait, la rousse Marie rejoignit sa sœur dans la mort. Leurs corps gisaient l'un près de l'autre et leurs sangs se mêlèrent.

La blonde Jeanne se dit que son heure était venue à son

tour. C'était aussi bien comme cela, pourquoi pas ? Elle se jeta à genoux, le cœur battant à tout rompre, les dents serrées, le cou tendu, offert au couteau. Elle se mit à prier de toutes ses forces, et sa prière était troublée par cette pensée abominable : « C'est la fin. Cette fois c'est la fin... »

Rien ne venait. Elle ne sentit pas sur son cou la froideur de la lame.

Un temps assez long s'écoula. Le garde avait déjà tiré son couteau, se mettait dans la position la plus pratique pour la sacrifier à son tour.

Mais contre toute attente, Philibert ne dit pas les paroles attendues.

— Collez-moi celle-là sur un cheval, décida-t-il.

Aussitôt, le garde rengaina son arme et obéit.

Jeanne de Lorimont fut jetée en travers d'une selle, devant un sergent hilare et puant. Elle ne parvenait toujours pas à réaliser ce qui venait de se passer. Son esprit s'était bloqué juste avant que Philibert n'ordonne : « Tue-la. » Tout le reste n'existait pas. C'était impossible. Elle ne pouvait être la seule survivante. Ses sœurs avaient toujours été toutes proches d'elle. Elle ne pouvait ni parler, ni crier, ni penser, ni réagir. Tout cela n'existait pas, c'est tout.

— Nous allons la ramener au château, dit Philibert. Surveillez-la bien. Je crois qu'elle fera moins sa maligne, maintenant.

Il s'offrit un dernier grand rire et descendit de cheval pour aller la regarder de plus près. Il souleva la masse de ses cheveux qui lui masquait le visage. La fille avait les yeux grands ouverts, mais ne réagissait pas du tout, sinon en claquant des dents.

Philibert la regarda encore quelques instants et lui passa sur la joue un doigt ganté.

— Eh bien, je crois que les choses s'arrangent au mieux, tu ne trouves pas ? conclut-il avant de s'éloigner.

Il se pencha alors vers les deux corps tombés sur la mousse humide, aux limites du pentacle. C'était incroyable comme ces filles se ressemblaient. C'était une aberration de la nature. Les manifestations diaboliques ne l'effrayaient guère, mais ce trio lui faisait froid dans le dos, il ne savait pourquoi. C'était aussi bien que ces deux-là soient passées de vie à trépas.

— Ramassez-les pieusement, dit-il sans émotion. Nous les enterrerons demain, juste après le mariage.

Mais Jeanne, dans son hébétude et sa sidération, n'entendit pas ces paroles non plus.

Tandis que ses hommes recueillaient les corps sanglants pour les mettre également sur les chevaux, Philibert arpenta les alentours du lieu qu'elles avaient choisi pour leur opération magique. Du bout de sa botte, il effaça ce qu'il restait de pentacle dans le cercle et s'approcha du chaudron. Il se pencha, flaira le mélange visqueux, fronça le nez.

— Délicieux bouillon ! ironisa-t-il. Qu'ont-elles bien pu mettre là-dedans ? Ma parole, elles croyaient vraiment qu'elles pouvaient m'ensorceler ? Quelle gaminerie !

— Ne dites pas cela, messire ! Vous attireriez sur vous le mauvais œil. Les adeptes du diable sont puissants.

Philibert des Losses haussa les épaules.

— Allons donc. Des momeries, je vous dis. Qu'ai-je à craindre, maintenant ? Deux sont mortes, la troisième sera ma femme demain et je vous assure qu'elle va filer doux. Me voilà suzerain de Lorimont, c'est parfait.

Il appuya le pied contre le rebord du chaudron et donna une poussée. Le chaudron bascula lourdement de son trépied et le liquide épais se répandit sur les restes du feu. Des résidus enflammés fusèrent, dégageant des jets de fumée blanche et des odeurs pestilentielles.

Philibert remonta en selle et dit :

— Retournons au château préparer la noce et les enterrements.

✦ ✦ ✦

La mixture que les trois sœurs avaient mis toute leur hargne et toute leur énergie à préparer se répandit sur le sol en coulées nonchalantes. Le liquide imbiba les cendres, se chargea au passage du sang des deux assassinées, s'insinua entre les feuilles pourries, les mousses brunes et desséchées, les petits os de mammifères enfouis, les larves d'insectes déjà endormies. Il traversa l'humus et coula comme un ruisseau souterrain, placide, secret, vers un but qui l'appelait. Il se chargea en chemin de résidus de pourriture, de pensées minuscules et mauvaises de fourmis-soldates, il contourna de loin la cabane d'un saint ermite et reprit son flux, traversa la carcasse d'un loup qui avait attaqué un enfant, se chargea de poussière d'os calcinés des victimes d'un feu de forêt, passa au-dessous d'un large ruisseau où des soldats avaient par jeu noyé quatre charbonniers. Il se chargea de haine et de turpitudes, et aussi de regrets, de peine, de projets inaboutis, de douleur, d'imperfection, de nostalgie, de tristesse.

Et arrivé à sa destination, le liquide se coula dans une mare épaisse aux abords d'une cabane isolée dans laquelle l'homme sans âge, ricanant, gris et appliqué, étudiait avec jubilation les six bijoux que ces pauvres naïves lui avaient donnés, et la bourse d'or que Philibert des Losses lui avait lancée quand il lui avait révélé avoir vendu aux trois damoiselles un pseudo-maléfice destiné à l'entraîner tout droit en enfer.

L'homme rangea son butin dans une cache de la cheminée, puis prit un cruchon dans le but d'aller puiser une petite quantité de liquide maudit pour ses autres sortilèges, les sortilèges sérieux, vraiment efficaces.

Il y avait au bord de la mare un jeune homme à cheval, la mine sombre et préoccupée, qui avait l'air de ne pas du tout savoir comment il était arrivé là.

—Voulez quèque chose ?... fit le sorcier.

—Je crois que je me suis égaré. Vous allez peut-être pouvoir me renseigner ? Lorimont, ça vous dit quelque chose ?

8

Les trois sœurs étaient nées au château de Lorimont sous le règne du roi qui, à ce que les gens informés disaient, avait repris la France aux Anglais. Mais Lorimont n'avait jamais eu à souffrir des Anglais, des combats, ni des guerres. Le domaine avait bien assez à faire avec ses propres difficultés et le baron se contentait de faire dire des messes pour la santé du roi, afin qu'il mène à bien tous ses projets, et aussi pour la santé du dauphin. Ainsi avait-il l'impression d'avoir fait son devoir. La France n'était qu'un immense chaos et il avait eu bien du mal à préserver son domaine de l'anarchie, de la misère, des attaques de loups et des incursions de ceux qui auraient assez aimé mettre la main dessus, qu'ils soient brigands ou seigneurs sans scrupules.

Il était veuf d'un premier lit, sans enfants, et plus très jeune lorsqu'il épousa, après mille hésitations et scrupules, la jeune Barberine de Margueyrol, qui avait vingt-sept ans de moins que lui. Elle était d'une bonne famille désargentée et son père voulait lui donner un avenir sûr, c'est-à-dire un abri et un protecteur. Gaucelin de Lorimont était un homme probe et austère qui avait bien veillé sur son domaine pendant tous les troubles des dernières décennies et le père de Barberine pensa qu'il faisait parfaitement l'affaire.

Quelques mois après les noces, Barberine était enceinte, et grossissait tant que l'entourage s'étonna. On craignait tout bonnement qu'elle n'éclate. Elle passa les derniers temps de l'attente à demi allongée, face à la fenêtre à ogive qui donnait sur la campagne, ne se levant que fort peu.

C'était le beau temps du mois de mai, les jeunes paysannes chantaient et dansaient autour des arbres après avoir mis des robes claires et des couronnes de fleurs des prés. La scène était plaisante et la jeune Barberine aurait bien aimé danser avec elles. Elle se leva et, soutenant son ventre à deux mains, s'appuya sur le rebord de la fenêtre. C'est alors qu'elle ressentit les premières contractions.

La future mère fut étendue et on courut dare-dare chercher une sage-femme réputée.

La sage-femme n'avait jamais vu cela. Une fille, hélas, passe encore, il en faut bien pour assurer le renouvellement des générations. Deux filles jumelles, c'était vaguement scandaleux. Mais trois ! Trois filles d'un seul coup !

— Quel malheur, s'excusa la sage-femme auprès de messire Gaucelin. J'aurais voulu qu'il n'y en ait qu'un et que ce soit un garçon.

« J'aurais dû en étouffer deux, ou au moins une, la rousse », se reprocha-t-elle intérieurement. Ainsi faisait-on, quand l'enfant risquait de ne pas plaire au père. Mais elle n'en avait pas eu le loisir.

— Vous n'y pouviez rien, soupira Gaucelin. Ce sont mes filles, je suppose que je dois dire qu'elles sont les bienvenues.

Barberine était atterrée et honteuse. Une telle anomalie ! On avait dû lui jeter un sort.

Son mari lui dit :

— Dépêchez-vous de nous faire un garçon, maintenant.

Il confia à la sage-femme le soin de trouver de toute urgence des nourrices, qui devaient se rendre au château ce soir même.

On coucha les bébés dans un seul grand couffin d'osier et les habitants du château trouvèrent tous les prétextes pour pénétrer dans la chambre où elles dormaient, afin de lorgner une telle curiosité.

De guerre lasse, le baron décida d'exhiber carrément les trois enfants, et tous les habitants du château furent conviés à défiler devant le couffin, installé sur des tréteaux dans la grande salle du logis. Une si grande étrangeté suscita mille exclamations, commentaires et opinions contradictoires.

Les trois petites filles étaient exactement semblables, sauf la couleur de leurs cheveux. Ce n'était encore qu'un fin duvet, mais on voyait bien qu'il y en aurait une brune, une blonde et une rousse.

Gaucelin de Lorimont décida que la blonde s'appellerait Jeanne, la brune Catherine et la rousse Marie.

—Une portée... ricana Philibert des Losses à mi-voix quand il arriva à son tour devant le berceau où les trois bébés dormaient serrés en rond les uns contre les autres. Une portée de chiots ou de porcelets...

Sa réflexion occasionna chez les jeunes valets quelques pouffements qu'il fallut vite étouffer, car le seigneur avait l'oreille fine et châtiait sans pitié les garçons discourtois à la langue méchamment bien pendue.

Quant au chapelain du château, il refusa tout net de baptiser les nouveau-nées.

—Cette naissance est diabolique, messire, s'énerva-t-il en secouant en tous sens les manches de sa bure. C'est un châtiment de Dieu. Il faut ordonner à dame Barberine de faire une amère pénitence, car ces enfants sont le fruit d'un bien grave péché. Si vous voulez que Dieu vous pardonne...

—Taisez-vous donc, imbécile. Ce sont des enfants, rien de plus. Mes filles ne peuvent vivre sans avoir été baptisées, et leur vie est fragile. Faites ce qu'il faut dès demain matin.

—Ah, je ne puis, je ne puis... gémit le chapelain. Il faut que j'en réfère à l'évêque.

—À l'évêque ! Mais cela va prendre des jours ! Allons, ne

faites pas votre froussard et baptisez promptement mes filles sans faire plus de manières.

Mais le père Fulbert exigea qu'on prenne l'avis de monseigneur toutes affaires cessantes.

Excédé, Gaucelin finit donc par envoyer un messager porteur d'une missive exposant cette étonnante triple naissance, demandant ce qu'il convenait d'en penser et suppliant qu'on autorise le père Fulbert à baptiser sans délai les petites filles.

Tout cela commençait donc fort mal.

L'évêque, au lieu de se borner à retourner un message et sa bénédiction, se déplaça en personne, sur sa mule harnachée de pourpre et d'or, avec une escorte de secrétaires et vingt-cinq soldats. Il tenait à voir de ses yeux le prodige. Les bébés, sous son auguste regard, ne se réveillèrent même pas.

Après mûre réflexion et maintes prières, le prélat fit savoir sa décision. Le nombre trois évoque la Sainte Trinité. Chacun sait que le trois est un nombre sacré, non seulement à cause du Père, du Fils et du Saint-Esprit, mais aussi à cause des trois vertus, la Foi, l'Espérance et la Charité.

Cette triple naissance semblait donc plutôt bénéfique, et pourquoi pas un don de Dieu. Le saint homme n'avait pas la même opinion quant aux jumeaux, car deux est un nombre diabolique. Le deux divise, comme le Diable qui sème la zizanie partout où il passe. Le deux est maléfique, et s'il ne tenait qu'à lui, l'évêque émettrait des doutes quant à l'opportunité de baptiser les jumeaux. Mais des triplées... non, vraiment... La famille de Lorimont venait d'être marquée d'une grâce particulière des cieux, avec cette naissance multiple.

Monseigneur réclama donc l'honneur de baptiser lui-même les triplées. Puis il y eut un festin, et Gaucelin de Lorimont, obligé de faire festoyer toute la clique de l'évêque, se dit qu'il était temps que ses enfants entrent dans la routine d'une vie ordinaire.

Que d'histoires, pour trois fillettes. Il était déjà excédé par cette paternité si décevante. Quand aurait-il enfin un garçon pour reprendre un jour le fief ? Il leur tint rigueur de n'être que ce qu'elles étaient.

Elles grandirent comme toutes les petites filles, à la différence près que tout ce qu'elles faisaient, elles le faisaient à trois, unies comme les doigts de la main. Elles traversèrent les rhumes de l'hiver, les rougeoles, les chutes de cheval, les joies de l'été et les froids pinçants du mauvais temps. Leur mère les traitait avec froideur, car elles lui rappelaient sa honte à chaque instant. Leur père les houspillait à tout propos, et assez souvent même avait la main leste à leur égard. Tout en elles l'énervait. Et puis elles lui coûteraient cher en dot. Il lui fallait dès à présent se mettre en quête de trois maris. Qui voudrait d'épouses d'une naissance aussi extravagante ?

Par ailleurs, elles étaient tenues à l'écart du monde, qui est trop vaste pour des enfants, surtout des filles, et ne quittèrent quasiment jamais le domaine, même pas pour aller à la ville la plus proche. Elles n'avaient jamais su si elles étaient heureuses ou non. Elles étaient ensemble, c'est tout. Elles ne s'étaient jamais quittées et dormaient dans la même chambre.

Elles connurent leur premier deuil à la mort de leur mère, quand elles avaient huit ans. La pauvre Barberine succomba à une faiblesse mystérieuse, comme il est fréquent chez les jeunes femmes qui ne parviennent à donner naissance à un fils.

Et la vie continua. Les trois demoiselles, fermement éduquées, apprirent d'abord à filer la quenouille, à coudre et à broder. Et puis aussi à monter à cheval, et un peu à lire, à écrire et à compter.

Elles seraient un jour des jeunes filles accomplies, bonnes pour la tâche à laquelle on les destinait.

Pourtant, dans le pays, on continuait de penser qu'il s'agissait d'une anomalie, voire d'une punition de Dieu pour quelque faute. Les trois sœurs, qui jamais ne se quittaient, faisaient vaguement peur, on se détournait ou on se signait sur leur passage.

Pour les rendre plus attrayantes, le baron leur demanda d'apprendre aussi à danser, à chanter, à dire des poèmes et à déclamer des récits épiques. Elles devaient faire des efforts pour s'habiller avec élégance, ne pas abuser des bijoux et se coiffer avec recherche, quand leur père recevait à Lorimont les seigneurs des environs. Il les montrait et guettait une opinion dans le regard de ses hôtes, qui s'étonnaient toujours de cette si troublante ressemblance. Aucun ne proposait un fils ou un neveu pour un mariage.

Leur père, déjà plus très jeune à leur naissance, prit de l'âge, des douleurs articulaires et des cheveux blancs. Quand elles eurent treize ans, le malheureux, pour avoir voulu se montrer encore fringant à un tournoi, fit une chute malheureuse et ne s'en remit pas. Après deux semaines entre la vie et la mort, il rendit l'âme.

Les jumelles étaient maintenant seules au monde, dans leur grand et beau château, dans leur fief bien tenu. Et elles savaient que cela ne pourrait durer.

Et bientôt arrivait à Lorimont Philibert des Losses, en compagnie de son écuyer, de ses valets dévoués, de sa petite troupe de soldats et même de sa maîtresse.

9

— Philibert des Losses, voulez-vous épouser Jeanne de Lorimont ?

— Et comment ! s'écria Philibert.

— Ce n'est pas la réponse demandée, fit fraîchement remarquer le chapelain de Lorimont, qui était toujours le père Fulbert. Dites seulement : « Je le veux. »

— Je le veux.

Philibert des Losses sourit de son sourire le plus éclatant et il se tourna triomphalement vers l'assemblée tout émue.

— Jeanne de Lorimont, voulez-vous épouser Philibert des Losses ?

Jeanne, vêtue de ses plus beaux vêtements, coiffée avec soin par les trois nourrices qu'elle avait toujours connues, ne savait ni où elle était, ni ce qu'il lui arrivait. Elle avait le teint blême, les yeux cernés, les lèvres décolorées. On l'avait conduite ici, dans ce lieu qu'elle connaissait pourtant bien, la chapelle de Lorimont, où l'évêque l'avait baptisée, où elle entendait la messe tous les dimanches, et elle avait le sentiment d'être en terre étrangère. Tout était distordu. Le père Fulbert s'adressait à elle et elle ne comprenait pas ce qu'il lui voulait. L'immonde Philibert était à son côté et lui emprisonnait la main. Elle aurait voulu se dérober, lui échapper, mais il la maintenait sans pitié.

— Jeanne ! Votre réponse ! grogna le père Fulbert.

— Quoi ? fit Jeanne, l'air de se réveiller d'un sommeil comateux.

— Votre réponse. Voulez-vous épouser Philibert des Losses ?

Épouser Philibert ? Pour rien au monde. Elles étaient bien résolues toutes les trois à ne jamais accorder leur main à cet homme. Que faisait-elle donc là ? Que voulaient ces gens qui murmuraient autour d'elle ? Elle ne pouvait épouser Philibert, toutes les trois avaient juré.

— Je ne peux, dit-elle.

— Elle a dit « je le veux », jubila Philibert se tournant de nouveau vers l'assemblée, triomphant comme le vainqueur d'un tournoi.

— Non, corrigea Jeanne d'un ton faible, je n'ai pas dit cela...

— Je vous déclare unis par les liens du mariage, précipita le père Fulbert.

Il expédia une bénédiction et une aspersion d'eau bénite.

— Vous pouvez embrasser votre épouse, messire Philibert.

Philibert ne se le fit pas dire deux fois. Il imposa à Jeanne de Lorimont, son épouse, un baiser féroce qui retourna le cœur de la jeune épouse tant il évoquait quelque chose d'immonde, une plongée dans un cloaque. Elle se déroba enfin et essuya ses lèvres avec le revers de sa manche.

Seule la maîtresse de Philibert, qui se tenait dans l'assemblée, fit une moue de dégoût et de jalousie. Elle s'appelait Adèle. Elle était cadette d'une famille de petite noblesse. Elle avait préféré une vie sans honneur au côté du si beau Philibert à la perspective de devoir s'enfermer à vie dans un couvent.

— Et me voilà maintenant seigneur de Lorimont, Lassogne, Mourzieux et autres lieux, proclama ce dernier.

Des vivats et des montjoies ponctuèrent sa déclaration. Ses amis, ses écuyers, ses fidèles, ses soldats joignirent leurs voix. S'y ajoutèrent celles, un peu indifférentes, de quelques invités de passage, et celles, plus forcées, moins sincères, des habitants de toujours du château. Les valets, les servantes, les palefreniers, les cuisiniers de messire Gaucelin. Quelques-uns – quelques-unes surtout – pleuraient à bas bruit. Deux de leurs trois colombes avaient été assassinées. Mais que pouvait-on y faire ? Certains allaient jusqu'à penser que Jeanne, la survivante, ne s'en tirait pas si mal, au fond.

Philibert entraîna son épouse. Un banquet était prévu pour la noce, auquel étaient conviés tous les fidèles du nouveau seigneur, des invités ramassés çà et là, des voyageurs qui s'étaient présentés par hasard ce jour-là.

On mangea et on but beaucoup. Philibert et Jeanne présidaient, et la maîtresse du nouveau seigneur, reléguée un peu plus loin, montrait un visage à la fois jaloux et consterné. Philibert, lui, rayonnait.

Ce qu'il avait guigné depuis des années tombait enfin dans son escarcelle. Ce n'était pas la mauvaise humeur d'une amante qui allait lui gâcher la fête.

Jeanne, elle, était une statue de bois. Parée comme une sainte d'église, mais privée de mouvement, de pensée, de sentiments, de souvenir, de désir, et même de haine. Elle n'était qu'une enveloppe de chair, vide de tout.

Deux sortes de pensées parvenaient de temps à autre à pénétrer son esprit, voletaient comme des papillons dans une lanterne, puis s'éloignaient sans laisser de traces : « Où sont mes sœurs ? » et « Ce mariage n'est pas valable, je n'ai pas dit *Je le veux.* » Elle ne parvenait pas à manger. Sa langue, son palais, son gosier, tout était également desséché comme un vieux parchemin. Ses yeux bleu-gris étaient morts et inertes. Ses oreilles n'entendaient pas les musiques des ménestrels et les airs de danse, ni même les conversations.

Tout à coup, Philibert pointa le doigt vers le père Fulbert, qui se régalait d'une part de chapon à la sauce verte :

— Vous n'oublierez pas nos enterrements, curé. Arrêtez de bâfrer et faites votre office.

Le père Fulbert abandonna son tranchoir, dit à son voisin :

— Gardez-moi ma part, je reviens bientôt.

Et il quitta la salle. Il attrapa au passage quelques servantes et quatre hommes d'armes, puis se dirigea vers une petite réserve où l'on avait déposé les corps de Catherine et de Marie sur des tables à tréteaux, à la seule garde d'un crucifix et de deux cierges. Nul n'avait songé à changer leurs vêtements. Subrepticement, un garde retira leurs bagues. Une des servantes lissa de la main les fronts des jeunes filles, masqués par des mèches désordonnées.

— Nous n'avons pas le temps d'aller chercher un peigne, dit le père Fulbert. Allons, il faut s'y mettre.

Il envoya les gardes creuser deux trous dans le petit clos qui jouxtait la chapelle.

— On l'a fait tout à l'heure, dit un des gardes.

Il en avait encore de la boue sur ses chausses.

— Bien. Ne traînons donc pas.

Le chapelain revint bientôt à la salle du banquet, se rassit et saisit le reste de son chapon, tout en poussant sa voix pour expliquer au nouveau seigneur :

— Ça y est. J'ai dit les prières et l'absoute. Vos hommes sont en train de les mettre en terre. Tout est réglé.

— Allons mes amis, tonitrua Philibert d'une voix avinée, buvons aux triplées qui ne sont plus qu'une. L'aberration est terminée, nous sommes tranquilles, mes amis. Et ma femme est à mes côtés pour se réjouir avec nous.

Il tourna de force le visage cireux et inexpressif de Jeanne vers lui. Il essaya de lui arracher un mot, un sourire, une connivence, un baiser. Elle flottait seule dans une sorte de cauchemar incompréhensible. Il renonça et reprit tout bonnement sa coupe qu'il leva à sa propre santé et à la prospérité nouvelle de Lorimont sous sa poigne.

Audouin de Rivelet avait trouvé sans difficulté Lorimont, sur les indications de l'homme qui puisait de l'eau à une mare fétide.

Il s'était présenté au pont-levis, avait appris qu'on célébrait le mariage du seigneur du lieu, avait été invité au banquet, et il se demandait sans relâche où pouvait bien être le fameux grimoire noir. Nul ici n'avait l'air de s'intéresser particulièrement au diable et à ses œuvres, bien que le chapelain lui ait paru bien trop désinvolte pour un homme de Dieu. Quant au livre, il devait être caché. Le château semblait immense. Audouin n'avait aucune idée de la façon dont il devait s'y prendre pour le trouver. Il aurait pourtant dû être content, il touchait au but.

Le mariage était sinistre, malgré les acclamations et les vivats. Il y avait très peu de femmes au banquet : la mariée, une jeune femme maussade, quelques matrones endimanchées un peu étonnées de se retrouver là, probablement la femme de l'intendant et quelques vieilles servantes tellement familières qu'elles méritaient leur place à la table de fête. Le vin coulait à flots, des petits os et des déchets du repas jonchaient déjà le sol et les nappes, la musique lui sembla criarde, essayant de se faire entendre dans le brouhaha. Son voisin, avec qui il partageait sa coupe et son tranchoir, était un lourdaud qui beuglait des chansons paillardes et répandait la sauce et le vin sur son pourpoint. S'il n'y avait pas ce grimoire à trouver, Audouin aurait fui à la première minute, quitte à chercher un abri de fortune, voire à dormir à la belle étoile, comme il l'avait fait depuis un mois qu'il était en quête. Un mois depuis la mort des trois moines et de la devineresse.

Tout dans ce château lui déplaisait. Pourtant, l'édifice était agréable, mais la liesse était frelatée, insincère. Peut-être tout cela était-il bien la preuve que le grimoire des ténèbres était dans ces lieux et les polluait ? Comment savoir ? Pas la moindre intuition, aucun sentiment particulier. Il avait trouvé Lorimont, certes, mais le livre ne s'était pas mystérieusement révélé à lui.

Le marié était un bel homme plein d'assurance, aux

vêtements luxueux, qui exultait manifestement, comme s'il se mariait au-dessus de sa condition et y gagnait un statut plus relevé. Sans doute le fief. La pauvre mariée, inerte et décomposée, lui rappela sa Milessant. Elle aussi était très jeune, et semblait avoir subi un mariage contre son gré. La jeune femme était pitoyable, malgré sa cotte de soie bleue sur une robe pourpre et ses cheveux tressés d'une manière raffinée.

S'il l'avait osé, il serait allé lui dire une parole gentille, en souvenir de son grand amour. Mais à quoi bon ? Que tirerait-elle d'une parole de sympathie ? Encore plus de regrets sans doute.

Le visage doux de Milessant s'imposa à lui, une fois de plus. Une telle douleur le submergea qu'il quitta la table et s'en fut prendre l'air dans la cour. Il pleuvait. Il n'avait pas arrêté de pleuvoir depuis un mois.

La vie était un enfer. Peut-être le livre maudit avait-il commencé à agir, pour que tout lui semble à ce point dégradé, triste, déprimant, abominable.

10

Le soir allait tomber, le festin battait encore son plein, il était temps d'y aller. Thomasine, qui avait été la nourrice de Marie la rousse, fit un signe à Johanin pour qu'il commence à préparer son cheval.

Elle entra dans la salle pleine de bruit, de fumée et d'odeurs de banquet, et s'adressa à la jeune mariée :

— Viens avec moi, ma tourterelle...

Jeanne se tourna vers elle, le visage toujours inexpressif, l'air de ne pas comprendre la langue qu'on lui parlait.

— Viens, répéta Thomasine, je vais te préparer pour la nuit.

La préparer ? Et pourquoi donc ?

— C'est ta nuit de noces, mon enfant. Tu verras, tout se passera bien.

Sur son visage passa une expression ambiguë.

Jeanne était incapable de prendre conscience de ce que cela voulait dire. La nourrice la prit par les épaules et l'aida à quitter son siège.

Jeanne la suivit, la démarche saccadée. Philibert eut un demi-sourire entendu.

Dès qu'elles furent hors de la salle, Thomasine entraîna Jeanne non pas vers la belle grande chambre de l'étage, mais vers une petite pièce près de la cuisine. Elle lui parla précipitamment :

— J'ai pensé à quelque chose, ma colombe. Tu ne peux rester ici ou il te tuera aussi, comme il a tué tes sœurs. Fuis !...

— Mais… quoi… balbutia Jeanne.

En même temps qu'elle parlait, Thomasine fit ôter à Jeanne ses beaux vêtements de soie et mettre une épaisse robe de laine bleu nuit. Puis elle la conduisit dehors, à la cour basse. Elles croisèrent quasiment sans le voir un des invités de la noce, un jeune homme brun et tourmenté, qui avait dû faire un tour et rentrait maintenant dans les bâtiments, sans doute pour ne rien rater du festin.

Thomasine poussa une Jeanne hébétée sous un préau où elles furent à l'abri de la pluie.

— Écoute-moi, fuis au lieu de rester à Lorimont, l'exhorta-t-elle d'un ton pressant. Fuis tout de suite. Tout est préparé. Johanin est en train de harnacher son cheval, il va t'emmener au loin, tu pourras chercher de l'aide ailleurs, louer une petite troupe de soldats pour revenir chez toi, ou vivre une belle vie ailleurs. Tu peux même chercher refuge auprès du duc, ou de l'évêque qui t'a baptisée. Je ne veux pas te laisser entre les mains de ce… de cet homme qui…

— Pourquoi n'est-ce pas Sigolène qui est là avec moi ?

Sigolène était sa propre nourrice. Chacune des filles avait eu la sienne, et Jeanne n'était pas tendrement attachée à Thomasine comme elle l'était avec la femme qui s'était occupée d'elle toute sa vie.

— Sigolène a été éloignée, ma colombe. Tout comme Margot. Tu dois échapper à cet usurpateur, à cet assassin. Je ne veux pas qu'il t'arrive la même chose qu'à tes sœurs. Ne reste pas ici.

Elle avait sur le bras le manteau de voyage de Jeanne et un baluchon. Elle montra à la jeune fille une bourse contenant six petites pièces d'argent.

— Regarde, c'est pour toi. Ça te permettra de voir venir un peu, je n'ai rien d'autre à t'offrir.

Elle la lui mit dans la main, puis drapa sa cape sur les épaules. Jeanne ne protesta pas, se contenta d'un vague merci.

Elle était incapable de prendre la moindre décision, c'était aussi bien que Thomasine s'en charge.

— Crois-moi, insista la nourrice, c'est la meilleure des solutions. Regarde, Johanin est avec nous.

C'était un des vieux gardes du château, un homme massif, taciturne, aux cheveux gris. Il arriva des écuries, tenant par la bride un gros cheval pommelé.

— Demoiselle, je vous emmène. Faites-moi confiance.

Il monta lourdement en selle, puis lui tendit la main.

— Appuyez-vous sur mon pied et mettez-vous derrière moi.

Jeanne, hébétée, obéit sans un mot. Il faisait presque nuit, la pluie n'avait pas de cesse depuis plusieurs jours, une petite pluie régulière, obstinée.

Elle s'installa aussi confortablement qu'elle le put derrière le cavalier, lui serra la taille, et le cheval partit. La herse n'avait pas encore été descendue. Le cheval traversa le pont-levis qui n'avait pas été remonté et s'en alla vers les bois. Serrée contre le dos de Johanin, Jeanne quitta Lorimont sans se retourner.

Thomasine rentra à l'abri dans le préau, triste et pensive.

— Où est ma femme ? hurla Philibert, chancelant à la fois de colère et de vin. Où est-elle ?

La grande chambre seigneuriale, en théorie la plus belle du château, à laquelle il avait maintenant droit était froide et vide. Elle sentait légèrement le moisi, depuis que Gaucelin était mort. Une chambre vide ! Pour sa nuit de noces ! Personne n'avait même pensé à entretenir le feu. Il n'y avait plus que quelques braises, et deux flambeaux. Philibert en décrocha un pour explorer tous les recoins de la pièce. Le grand lit à rideaux aurait à l'heure actuelle dû être garni d'une jeune épouse tremblante en chemise, prête à se plier aux désirs de son seigneur et maître. Il y avait bien trois ou quatre heures qu'elle était montée se préparer tandis que lui ne cessait de faire remplir sa coupe. En fait d'épouse, il ne dénicha dans toute la pièce que deux souris qui filèrent le long des parois et une douzaine d'araignées.

Il hurla dans le couloir :

— Thomasine !... Où est cette idiote ? Qu'on aille me chercher au plus tôt Thomasine la nourrice ! Thomasine !... Damnée sorcière, où es-tu donc ? Qu'as-tu fait de ma femme ?

Thomasine se présenta à lui quelques instants plus tard.

— Qu'as-tu fait de ma femme ? questionna Philibert.

— J'ai fait ce que vous m'aviez dit, fit la nourrice sans états d'âme.

— Tu me l'as pomponnée pour la nuit ?

— Non, je vous ai dit que j'ai fait ce que vous m'aviez demandé : je l'ai envoyée au loin avec Johanin.

— Quoi ?!

Philibert lui assena un coup qui l'envoya par terre, il la bourra de coups de pied et de coups de poing en hurlant :

— Idiote, tripe idiote, triple buse ! C'était *demain* qu'il fallait la faire déguerpir ! Pas ce soir !

Thomasine, roulée en boule, la tête rentrée, les dents serrées, encaissant stoïquement les coups, arriva à faire remarquer :

— Je ne vois pas ce que ça change...

— Mais ça change tout ! hurla de plus belle le nouveau seigneur en lui tirant les cheveux. Déjà qu'elle n'a pas franchement dit « je le veux » !

— Et alors ? grogna la femme.

— Et alors ? Mais tu es vraiment aussi bête que tu en as l'air ? Tu ne sais donc pas que si le mariage n'est pas consommé, il n'est pas valable ? Qu'il peut être cassé par l'Église ? Même sur la seule demande de la femme ? Tant que je n'ai pas couché avec elle, je ne suis pas légalement son mari. Et si ne suis pas son mari, je ne suis pas non plus seigneur de Lorimont !

—Vous pouvez faire comme si… suggéra Thomasine qui essayait de se relever, tandis que Philibert était plongé dans ces explications.

— Bien sûr que je vais faire comme si, dit-il en haussant les épaules. À la réflexion, je n'aurais pas dû faire tuer les deux autres, j'en aurais eu de rechange. N'empêche. C'est une menace suspendue au-dessus de ma tête. J'espère que Johanin aura la bonne idée de la tuer.

—Vous avez dit : « Lâchez-la dans les bois, à trois jours de cheval. Elle ne saura jamais revenir, ou les bêtes sauvages s'occuperont d'elle. »

C'était une des idées perverses dont Philibert était coutumier : avec une satisfaction implacable, il avait prévu que sa jeune épouse allait errer dans les bois, abandonnée de tous et paniquée, avant de mourir dans la solitude. Car nul ne peut survivre en forêt s'il n'est pas aguerri. Jeanne mourrait dans des affres plus cruelles encore que ses sœurs. Elles avaient été trop vite expédiées sur son coup de tête de la veille, avait-il réfléchi pendant que la noce se préparait. Mais il voulait agir différemment pour Jeanne, qu'il pensait maintenant être la plus coriace des trois. Tant pis pour elle.

— Il n'a jamais été question de la tuer, continua Thomasine de son ton maussade. Johanin a de la morale, il ne tue jamais si ce n'est pas nécessaire.

Philibert lui jeta un regard mauvais.

— Rends-moi les douze sous d'argent. Allez, plus vite que ça.

—Mais je ne peux pas ! Vous m'avez dit de les lui donner !

—Décidément, tu es encore plus bête que je ne le pensais… C'est comme ça que tu as dépensé ta récompense…

« Eh oui, messire… songea Thomasine, et vous n'y pouvez plus rien. Six pour elle, six pour Johanin. »

—Il faudra que tu me rembourses, sinon je trouverai bien un moyen de me payer sur toi ou sur tes enfants.

Thomasine savait ce que cela voulait dire. Néanmoins, elle avait fait ce qu'elle avait pu, en faisant semblant de se méprendre sur le bon moment de cette prétendue fuite. Et pour sauver Jeanne d'un assassinat programmé.

Philibert pensa un moment à envoyer une patrouille pour tenter de rattraper les fuyards, mais ils avaient déjà au moins trois heures d'avance, on ne savait pas dans quelle direction ils étaient partis, et de plus ç'aurait été un aveu que les nouveaux époux n'avaient encore eu aucun moment d'intimité et que le mariage n'était pas valide. Moins il y aurait de gens au courant, mieux ça vaudrait.

— J'irai tout à l'heure voir Adèle, ordonna-t-il. Je ne vais quand même pas passer ma nuit de noces tout seul.

Il dirait demain à la cantonade que sa jeune épouse s'était enfuie *après* la nuit de noces, il enverrait mollement une patrouille qui reviendrait bredouille, c'était aussi simple.

Thomasine s'éloigna sans un mot.

11

Ils avancèrent sans relâche malgré la nuit et le temps maussade. Johanin alluma une torche. Il n'avait pas peur des esprits de la nuit en maraude. Jeanne n'avait pas assez de ressort pour seulement se poser de questions.

Johanin ne s'arrêta que vers le milieu de la nuit. Il avait aperçu une bergerie vide – c'était la mauvaise saison, les troupeaux étaient rentrés dans les villages – et installa un couchage sommaire pour la jeune fille et pour lui. Il n'avait toujours rien dit.

Au matin, il la secoua à la pointe de l'aube, lui tendit un morceau de pain, une tranche d'une viande récupérée du banquet de noces et un cruchon d'eau fraîche.

– Je suis allé la chercher au ruisseau, là, expliqua-t-il.

Et il retomba dans son mutisme.

Une fois qu'elle eut mangé, Jeanne se leva, se fit deux tresses et balaya sa robe de la main pour en faire tomber les brins de paille, Johanin sella son cheval. Ils étaient repartis. Pendant trois jours, ce fut la même routine. Le garde ne s'arrêtait que pour qu'ils se dégourdissent les jambes, se soulagent, boivent et mangent un peu, et la nuit se reposent.

L'homme ne disait quasiment rien. Il avait hâte d'en avoir fini et de rentrer à Lorimont.

Dans la tête de Jeanne, peu à peu, des bouts d'idées, d'images, de sensations, de souvenirs reprirent forme. La mémoire lui revint par pans. Des pièces disjointes se rassemblèrent. Tout ce dont elle se rendait vraiment compte, c'est que jamais elle n'avait été dans une situation aussi terrifiante.

— Où allons-nous ? demanda-t-elle pourtant le deuxième matin.

— Je vous mets à l'abri, répondit laconiquement le garde.

Elle n'en sut pas davantage.

— Où sont mes sœurs ?

Cette fois, il ne répondit pas du tout.

Elle ne comprenait pas pourquoi Marie et Catherine n'étaient pas avec elle. À tout instant, elle faisait des gestes de la main – comme elle l'avait toujours fait – pour s'assurer de leur présence, et elle ne les trouvait pas, sa main n'attrapait que du vide. Elle tournait la tête et elles n'étaient pas dans son champ de vision. Elle ne les entendait pas parler, ne sentait pas leur présence. C'était totalement anormal, elle n'était plus que le tiers d'elle-même. Elle n'arrivait pas à penser, quand elle n'était pas avec les deux autres.

Elle cria leurs prénoms, au seul bénéfice des corbeaux et des lapins de la campagne qu'ils traversaient.

Elle entendit le cavalier grogner :

— Pas la peine de vous égosiller, demoiselle.

— Pourquoi dites-vous cela ?

— Pour rien. Vous ne vous rappelez vraiment rien ?

— Je dois fuir Lorimont. Je suis en danger. Il a déjà tué mes jumelles et…

Tout à coup elle réalisa. Il a tué mes sœurs. Elles sont mortes. Elles ont été assassinées. Égorgées. Elles ne reviendront jamais. Plus jamais. Je suis toute seule. Pour toujours. Toute seule. Le tiers de moi-même.

Elle poussa des cris déchirants, lança leurs prénoms de toute sa voix, sanglota.

— Non, non, revenez, ne soyez pas mortes, ne me laissez pas seule. Que vais-je devenir ?

Le garde, devant elle, continua à suivre les instructions données par Philibert, modifiées par Thomasine et les autres nourrices après mûre réflexion. Elles l'avaient choisi parce qu'il était le plus vieux des anciens habitants du château, un des plus fidèles à la mémoire du baron Gaucelin, et ne s'était pas trop laissé séduire par les manières pourtant habiles du chevalier des Losses. De plus, elles l'avaient payé de six pièces d'argent.

Jeanne se mit à pleurer doucement, muette, prostrée. Les larmes inondaient son visage et elle ne les retenait pas.

Elle se rappela tout, le maléfice dans la clairière pour se débarrasser de Philibert, son arrivée cavalcadante, juste alors qu'elles allaient prononcer les mots du sortilège. Sa belle allure, sur son cheval gris perle, ses rires méprisants.

Elle se rappela qu'il avait dit : « Tue-la », et Catherine était tombée sur ses genoux, les mains sur le cou, du sang partout. Et puis il avait encore dit : « Tue-la », et ç'avait été le tour de Marie. Elle les avait vues mourir, elle n'avait pu les rejoindre, ni les veiller. Avaient-elles été inhumées ? Où ? À Lorimont, oui, elle se rappelait. Le père Fulbert avait délaissé un instant le banquet de noces pour les prières indispensables lors de l'enterrement.

De noces ? Qu'est-ce que c'était que ce repas de noces ? Philibert l'embrassait. Elle avait dit : « Je ne peux. » C'était elle la mariée. Non, ce n'est pas possible, je ne suis pas mariée à ce monstre. Je ne veux pas. Je ne veux pas qu'il vole notre fief. Nous sommes toutes les trois seigneuresses de Lorimont. Le duc nous soutiendra. Mon Dieu, je suis mariée. Mariée malgré moi à l'homme je hais le plus au monde.

Elle ne se rappelait plus s'il l'avait traînée dans un lit ou non. Elle était sûre que maintenant qu'il avait eu le fief par mariage, il chercherait à l'assassiner à son tour.

La fuite était la meilleure des solutions. Grâces soient rendues à Thomasine et à l'homme qui était là devant elle, qui avaient eu l'idée de la faire s'échapper.

Elle tapa sur l'épaule de Johanin.

— Plus vite, je vous en supplie. Je ne veux rester dans ces parages...

Johanin mit sans un mot sa monture au petit galop. Où que soit Philibert des Losses, elle voulait mettre le plus de distance possible entre elle et lui.

Nous sommes punies. Nous avons voulu nous livrer à une opération de magie noire et voilà notre châtiment : nous sommes séparées. Elles dans la mort, moi toujours vivante, loin de tous ceux que je connais. J'ai le châtiment le plus dur, parce que je suis la plus coupable : c'est moi qui ai eu l'idée du maléfice.

J'ai tout perdu. Mes sœurs, mes parents, mon fief, ma demeure. Probablement aussi mon honneur. Je ne possède rien, je ne vaux rien. Je suis seule à jamais. Il pleut, il vente, il fait froid. Que vais-je devenir ?

Voilà ce qu'il en coûte d'appeler le diable à la rescousse.

Au bout de trois jours, Johanin la fit descendre de cheval. Il y avait là une clairière en plein taillis, entourée d'arbres touffus. Elle le regarda, étonnée.

— Demoiselle, dit-il, si vous marchez tout droit par là, vous verrez une grande ville. Dans les villes, il y a des lieux où vous trouverez asile, et des gens qui vous écouteront et prendront votre parti, en attendant que vos problèmes s'arrangent. Voilà, c'est ce qu'on m'a demandé de faire pour vous et je crois que c'est la meilleure des solutions.

Il lui laissa ce qu'il restait de victuailles dans son sac, et préleva d'ailleurs pour elle un de ses sous d'argent. Puis il fit faire volte-face à son cheval et repartit d'où il était venu.

Jeanne marcha droit devant elle, sur un sentier malaisé, dans la direction où elle devait trouver cette ville. Mais la forêt était immense, le chemin de plus en plus imprécis, la nuit tombait.

Elle était égarée. Et tout à coup elle comprit. Il ne l'avait pas égorgée, elle. Pas la peine de mettre davantage de sang sur ses mains ou celles de ses hommes. Par un dernier raffinement de cruauté, il lui suffisait de la faire perdre en forêt.

Dans la nuit qui tombait, elle eut l'impression qu'elle allait maintenant mourir de peur, là, toute seule dans une forêt hostile, à la merci des brigands et des bêtes sauvages. Elle se mit à appeler ses sœurs à pleins poumons, tout en sachant qu'elles ne répondraient plus jamais. Jamais encore, sa vie durant, elle n'avait été aussi solitaire et aussi terrorisée.

En désespoir de cause, elle se coucha sur la mousse humide, enroulée dans sa cape, et attendit de rejoindre ses sœurs. Mourir serait une douce délivrance.

Mais ni la mort ni les bêtes sauvages ne voulurent d'elle. Elle finit par se lever. Elle marcha droit devant elle. Elle avait trois objectifs maintenant : se nourrir, sortir de cette forêt, et préparer sa vengeance contre Philibert des Losses son mari.

12

La noce avait continué de façon bizarre. Tous les invités étaient saouls et se goinfraient malproprement. Le marié, hilare, levait sa coupe à tout propos et ne cessait de proclamer sur tous les tons que c'était maintenant lui, le maître de Lorimont, et que le vieux Gaucelin pouvait bien en penser ce qu'il voulait, du fin fond de sa tombe. À lui le domaine, maintenant, il le tiendrait d'une main de fer et profiterait de ses richesses. Et de nouveau, il riait, réjoui et aviné.

Audouin de Rivelet, en son for intérieur, le jugea sévèrement. Voilà un homme qui à tout le moins manquait de dignité, même si souvent les noces faisaient fi des bonnes manières. La jeune épouse avait disparu et le marié en avait profité pour faire des plaisanteries et des allusions salaces. La jeune femme joliment vêtue qu'il avait repérée, la seule jeune en dehors de la mariée, se tenait mieux que les autres convives, rigide, à la fois maussade et peinée, et rejetait avec humeur des gestes familiers des deux hommes qui l'encadraient.

Audouin avait l'impression que seuls elle et lui n'avaient pas bu à l'excès, en dehors de la mariée, naturellement, qui n'avait rien avalé. Il s'approcha d'elle pour lui faire un brin de conversation, mais elle le rembarra d'un mot sec. Il aurait mieux fait de rester dans la cour, où une servante avait entraîné la jeune femme, comme il l'avait vu quelques instants plus tôt. C'était curieux, d'ailleurs. Une jeune épousée n'a pas de raison d'aller dans une cour pluvieuse le soir de ses noces, elle doit se préparer dans sa chambre pour son mari.

De nouveau il quitta la salle. Plutôt que de perdre du temps à ces agapes sans plaisir, il se résolut à parcourir discrètement le château de Lorimont, pour le cas où le grimoire maudit lui tomberait directement dans les bras. Toute la maisonnée étant au festin, en dehors d'une poignée de gardes au châtelet, soit pour bâfrer, soit pour servir, on ne lui mit pas les bâtons dans les roues.

Mais, comme il aurait pu s'en douter, le grimoire ne se manifesta pas le moins du monde. Et ce n'est pas le genre d'objet sur lequel on peut demander des renseignements d'un ton détaché : « Excusez-moi, n'auriez-vous pas vu à Lorimont un grimoire maudit, noir comme l'enfer, qui dégage des flammèches et des fumées à l'odeur de soufre ? »

Il décrocha une torche et continua à explorer le château, la main frôlant les murs pour le cas où le livre, derrière une cache, lui aurait envoyé un gratouillis. Il regardait en l'air aussi, cherchant dans les petites sculptures des chapiteaux de colonnes des motifs diaboliques ou même simplement étranges, symboliques.

« Qu'est-ce que je fais là ? Pourquoi ai-je ainsi engagé ma foi ? Pourquoi Archambault pensait-il que j'avais un don pour repérer ces objets ? Ah, il m'a mis dans de sales draps... Archambault, mon frère moine, tu as vraiment eu une drôle d'idée de venir me chercher pour cela ! Mais enfin, comme j'y suis, je suis bien obligé de continuer. J'aurais au moins aimé que tu sois toujours vivant et, pourquoi pas, que nous fassions cette quête ensemble, toi le moine et moi l'homme de terrain... Car après tout, ces objets prétendument maudits, n'était-ce pas toujours en ta présence que je les ai trouvés ? Tu étais un bon frère pour moi... »

Il avait pensé que la noce ferait diversion dans ses pensées, or c'est le contraire qui se produisait. Il ressentait douloureusement sa solitude et il jugulait tant bien que mal une tenace mélancolie. Le fantôme de Milessant venait trop souvent chatouiller sa mémoire, et voilà que les fantômes des trois moines s'y ajoutaient, maintenant. Et de plus le temps était épouvantable, comme toujours en novembre.

« Si le grimoire ne s'impose pas à moi en... disons une douzaine de jours, c'est soit qu'il n'est pas à Lorimont, soit que je n'ai pas les capacités pour le trouver. Il faudra alors que je parte à l'aventure, en espérant que mes pas me conduiront tout seuls au but. »

Là encore, la perspective n'était pas très réjouissante. Combien de temps devrait-il vivre la vie d'un chevalier errant, sans foyer, sans famille, loin de chez lui et de son lignage, cherchant des indices qui se déroberaient toujours ? Il aimait mieux ne pas trop creuser cette pensée.

La nuit était maintenant bien avancée et, dans la grande salle du château, les serviteurs commençaient à démonter les tables et à disposer les ballots de paille pour faire dormir tous les invités. Les braillements s'étaient faits moins tapageurs quand il rentra, et certains ronflaient déjà, étalés et débraillés, sur leur couche rustique. Il trouva un endroit qui lui convenait dans une encoignure, sous une fresque représentant une ronde de jeunes femmes autour d'un arbre de mai, et il pensa que la peinture lui donnerait peut-être quelques rêves moins moroses que ses pensées diurnes. Il s'enroula dans sa cape et s'endormit.

Le lendemain d'une telle beuverie, la journée était déjà bien entamée quand les hôtes du seigneur de Lorimont commencèrent à émerger, pas bien frais, encore un peu vacillants sur leurs jambes, la bouche pâteuse, réclamant une coupe.

« Douze jours, se dit Audouin en s'étirant. Pas un de plus, et encore, à condition que le seigneur d'ici me garde dans son entourage. Après, je pars... »

Il en était là de ses pensées quand Philibert des Losses fit une entrée fracassante et tonitruante.

— Ma femme a disparu ! s'écria-t-il en faisant de grands gestes. Ce matin à l'aube, après notre première nuit ! Personne ne l'a vue ?

Les hommes s'entre-regardèrent en disant : « Non, non, messire, nous ne l'avons pas vue depuis hier soir. »

La femme qui avait fait lever la jeune épouse la veille entra alors, alla vers Philibert et lui dit assez haut pour que tout le monde entende :

— J'ai prévenu les valets et les servantes, messire. Tout le monde l'a cherchée de haut en bas, personne ne l'a vue.

— Ah, mon Dieu, où est-elle ? Qui l'a vue en dernier ?

— Moi, répondit Thomasine. Je veillais près de la porte. Notre jeune dame a quitté la chambre à l'aube.

— Où allait-elle ?

— Comment le saurais-je, messire ? J'ai supposé qu'elle descendait aux cuisines, elle savait que nous lui avions préparé un blanc-manger pour reprendre des forces après... après votre nuit.

— Il faut monter une patrouille pour ratisser les environs et la retrouver ! décida Philibert. Tous en selle ! Tout de suite !

Ah, une agréable diversion en perspective. Impatient, Audouin fut le premier aux écuries pour harnacher sa monture.

— Voilà qui va nous changer les idées, mon brave Dariolet, dit-il en flattant l'encolure du cheval. Non que je tienne à ramener cette pauvre petite à ce goujat, mais enfin... Par les reliques de tous les saints, qui t'a affublé d'un nom pareil ! Ces moines ont décidément de drôles d'idées[8] !

— Eh bien, messire, vous voilà prompt à rendre service, remarqua Philibert qui pénétra aux écuries en le suivant de près.

8. Dariole : petite pâtisserie au flan et à la cannelle.

—Vous m'avez accueilli généreusement à votre table et à vos noces, répondit Audouin. Je serais bien malotru si je ne me mettais pas aussitôt à votre disposition.

—Que voilà un courtois chevalier, dit Philibert avec une pointe d'ironie.

Il ne semblait pas tellement inquiet pour sa femme, ni même préoccupé.

—Comment devons-nous opérer ? demanda encore Audouin. C'est que je ne connais pas le pays.

Les autres invités et les hommes d'armes arrivaient eux aussi. Tous les hommes tirèrent leur cheval par la bride dans la cour basse, se mirent en selle et attendirent les instructions, tandis que les gardes relevaient la herse et abaissaient le pont-levis.

—Nous ferons quatre patrouilles, décida Philibert en faisant caracoler son cheval. Chacune ira dans le sens des points cardinaux. Fouillez bien les bois, parcourez les routes, entrez dans toutes les maisons de tous les villages, et dans toutes les églises aussi. Soyez armés et méfiants, elle a peut-être été enlevée. Ramenez-la-moi saine et sauve, ma gentille petite épouse, que j'ai hâte de serrer de nouveau sur mon cœur, comme cette nuit...

Il espérait bien que Johanin était loin déjà, il avait au moins douze à quinze heures d'avance. Ces patrouilles n'avaient aucune chance. Il sourit intérieurement. Enfin, à quelque chose malheur est bon : cette petite expédition lui donnait une belle occasion de parader sur son beau cheval gris d'argent.

—Venez avec moi dans ma patrouille, messire courtois, dit-il encore à Audouin. Nous irons vers le nord. Comment vous nomme-t-on, au fait ?

Philibert servit à son invité une conversation aimable et de bon ton, à mille lieues de son attitude de goujat et d'ivrogne de la veille. Il lui demanda d'où il venait, quels étaient sa province, sa généalogie et son lignage. La patrouille du nord avançait au petit galop ou au pas, la conversation n'en était guère troublée, et il ne fut jamais question de la jeune femme. Tout cela avait bien plus l'air d'une promenade pour le plaisir que d'une traque à la femme disparue, qu'elle ait été enlevée ou se soit enfuie.

Tandis qu'il répondait, l'esprit d'Audouin n'en fonctionnait pas moins. Il y avait quelque chose qui ne collait pas, et qui tournait dans sa tête. Une évidence, bien plus qu'un détail. Qu'est-ce qui le gênait tant dans cette expédition ? Que Philibert et ses hommes ne cherchent que mollement, sans méthode ? Oui, bien sûr, mais il y avait autre chose.

La herse. Abaissée dans la nuit, probablement, vers la fin du festin. Relevée sous ses yeux ce matin. Le pont-levis aussi avait été fermé hier soir, rouvert ce matin. La jeune dame n'avait pu quitter le château cette nuit. Soit elle était partie dès hier soir, et Philibert n'avait pas passé la nuit avec elle, soit elle était encore au château.

— Messire… fit-il pour attirer l'attention du seigneur qui faisait mine de percer les fougères du regard.

— Oui ? dit Philbert en se retournant.

— Je viens de me dire que…

Et tout à coup, Audouin vit quelque chose de trouble et de calculateur sur le visage de messire des Losses, seigneur de Lorimont. Il ravala les mots qu'il allait dire.

— Eh bien ?

— Non, rien, une pensée qui m'a traversé l'esprit.

Il improvisa à toute vitesse.

— Nous aurions dû demander à sa servante comment elle était habillée, nous aurions ainsi pu la repérer plus facilement.

Philibert lui lança un regard aigu, suspicieux.

— Elle porte toujours un manteau brun, dit-il.

— Ah, dommage. Il va se confondre avec les sous-bois. Il nous faudra être attentifs.

— C'est ça, dit Philibert, contrarié il ne savait pourquoi.

Le soir venu, les quatre patrouilles étaient revenues bredouilles à Lorimont, et la vie du château reprit alors comme si de rien n'était, comme si deux jeunes filles n'avaient pas été assassinées l'avant-veille, comme si une épouse fraîchement mariée n'avait pas mystérieusement disparu.

Philibert des Losses, seigneur de Lorimont, Lassogne, Mourzieux et autres lieux, fit venir l'intendant d'abord, les sergents de sa garnison ensuite, pour leur donner des ordres. Il convenait maintenant de passer aux choses sérieuses : réorganiser de fond en comble l'ensemble du fief. Et pour cela il devait lever des nouveaux impôts.

Audouin se débrouilla pour rester encore quelques jours à Lorimont. Plus personne ne parlait de la jeune femme dont il ne savait même pas le prénom. Et le grimoire maudit ne se manifestait toujours pas.

Au bout de sept ou huit jours, Philibert, traînant derrière lui quatre hommes d'armes, le coinça dans une petite pièce qui avait servi d'oratoire à l'ancienne châtelaine.

— Je trouve que vous fouinez un peu trop dans mon beau château, messire l'indiscret, susurra-t-il.

— C'est vrai, avoua immédiatement Audouin. Je suis à la recherche d'un livre étrange dont on m'a dit qu'il pourrait être dans vos murs.

— Un livre. Allons bon. Mais savez-vous que tout ce qui est à Lorimont m'appartient ? Vous vouliez me le voler ?

— Mais pas du tout, protesta Audouin.

— De toute façon, je ne sais pas lire, conclut Philibert comme si c'était un argument. Je vais donc m'en désintéresser aussitôt. En revanche, je trouve bon que vous passiez quelque temps dans nos geôles.

Un instant saisi par l'étonnement, Audouin se reprit vite, empoigna sa dague et se ramassa, prêt à frapper. Il devait défendre non seulement sa liberté, sa vie peut-être, mais il ne pouvait abandonner sa mission sans combattre. Le sort du monde était en jeu.

— Comment ! Vous porteriez la main sur un hôte généreux, messire Audouin ?

Philibert se retourna vers ses hommes.

— Flanquez-le-moi au trou, dit-il.

13

Il y avait un chemin par là, et quelqu'un sur ce chemin. Jeanne entendait les pas de chevaux et des cliquetis métalliques, les premiers depuis quatre jours qu'elle errait dans cette forêt comme une sauvageonne.

Elle se plaqua au sol, un pan de sa cape ramené sur ses cheveux pour les cacher. Jadis, elle avait eu de beaux cheveux d'un blond lumineux. Ils étaient maintenant d'une saleté répugnante, emmêlés, entortillés de brindilles et de feuilles mortes, mais leur couleur risquait tout de même de se voir. Elle était devenue maligne. Elle ne voulait surtout pas se faire repérer. Il fallait qu'elle voie d'abord à qui elle avait affaire.

Elle leva prudemment la tête. Un cavalier s'avançait sur le chemin, traînant par la bride un cheval de bât – un roncin – et une autre monture de guerre. Il était bizarrement revêtu d'une armure incomplète, tête nue. Il mangeait une pomme. Jeanne saliva, déglutit et crut s'évanouir de faim à cette vision. Elle n'avait mangé que de vieilles mûres racornies trouvées dans les ronces et quelques champignons qu'elle avait croqués crus avec défiance. Puis elle s'était dit : « Bah, s'ils sont vénéneux, je mourrai, la belle affaire, au point où j'en suis. »

Le cavalier jeta son trognon derrière lui.

Il restait beaucoup de chair à cette pomme, une chair blanc ivoire, nacrée, appétissante. Le trognon semblait faire signe à Jeanne. Elle le fixait avec convoitise et se rendit compte qu'elle continuait à saliver, tellement qu'un peu de bave lui coula sur le menton. Elle passa sa manche sur sa bouche. Elle n'avait qu'un goût d'amertume depuis sept jours qu'elle avait fui Lorimont. Elle n'avait aucune idée de l'endroit où elle était, et voilà que ce cavalier lui faisait cadeau d'un trognon de pomme.

Elle s'avança prudemment, à demi dissimulée par les frondes des grandes fougères. Le trognon n'était qu'à quelques pas. Elle jaillit sur le chemin, attrapa le reste de pomme et retourna prestement sous le couvert, les mains refermées sur son précieux trésor.

Le cavalier entamait un autre fruit, croquant à pleines dents, le bruit de ce croquement semblait résonner dans la forêt, et dans l'estomac de Jeanne. Sans quitter des yeux le cavalier qui entamait sa deuxième pomme, elle rongea ce qu'il restait de la première. Béni soit ce cavalier en armure, elle avait l'impression de n'avoir rien mangé d'aussi bon depuis sa naissance. Oubliés les volailles rôties au miel, les blancs-mangers, les sauces à la cannelle, la cretonnée de pois au gingembre, les poissons en escabèche de verjus. Rien n'était meilleur que ces quelques onces de pomme. Elle se rendit compte qu'elle suivait le cavalier de loin, sur le côté d'un sentier à peine tracé, sans plus prendre la précaution de bien se dissimuler. Elle voyait la main de l'homme qui se portait à sa bouche, elle voyait la pomme rouge entamée de grandes zones blanches, arrondies, là où il avait mordu, Elle voyait la mâchoire du mangeur mastiquer, elle voyait surtout le volume de chair de pomme qui diminuait, et elle salivait encore et encore.

Une deuxième fois, le cavalier laissa tomber derrière lui le reste de son fruit et Jeanne se jeta quasiment sur le trognon. Il en restait davantage, quelle chance. Elle dévora le fruit en essayant de bien le savourer et de faire durer le plaisir.

Le cavalier puisa dans une besace de toile qu'il portait attachée à l'arçon de sa selle et en sortit une troisième pomme, dans laquelle il mordit à peine deux bouchées. Comme les autres, il la jeta derrière son épaule d'un geste désinvolte et Jeanne perdit sa prudence pour de nouveau se jeter sur ce fruit offert, cette merveilleuse gourmandise. À l'instant où elle quitta le couvert des fougères pour faire un bond en direction de la pomme, le cavalier se retourna et la toisa.

— Je t'ai vu, dit-il. Les trois fois. Tu ne sais pas te cacher. Tu ne sais pas être discret.

Puis il regarda mieux, penché en avant.

— Ah, non, discrète… corrigea-t-il.

Hagarde, Jeanne, la pomme à la main, tomba à genoux. Elle sentit au plus profond de ses entrailles comme un immense trou noir. La peur en elle le disputait à l'épuisement. Elle n'osait plus porter le trognon à sa bouche.

— Vas-y. Mange. C'est pour toi.

Pendant un instant, elle ne comprit pas ce qu'il venait de dire. Elle le fixait d'un regard atone. Peu à peu, les paroles de l'homme parvinrent à sa conscience. Elle regarda la pomme, puis le cavalier.

— Merci, murmura-t-elle. J'ai faim.

Elle dévora précipitamment ce qu'il restait du fruit, de peur que son bienfaiteur ne change d'avis et ne vienne le lui reprendre.

— Tu vis ici, dans les bois ? demanda-t-il.

— Je suis égarée, dit seulement Jeanne. Je ne peux rentrer chez moi.

Il décela chez elle une façon de parler raffinée. Ce n'était pas une paysanne ou une sauvageonne qui ne vit que dans la forêt.

— Viens m'aider, dit-il.

Il avait arrêté son cheval près d'un rocher envahi de mousse et se servit de ce marchepied pour descendre précautionneusement. Il attacha la bride du premier cheval à un arbre. Les deux autres étaient retenus par des longes à la selle du premier.

—Viens. Approche-toi.

Il dégageait une telle autorité et une telle assurance que Jeanne, qui avait un instant été tentée par une fuite à toutes jambes dans les taillis, obéit lentement.

—Défais ma cuirasse. Je suis blessé, je ne peux y arriver moi-même.

Il tendit le bras en arrière pour montrer qu'il ne parvenait pas à toucher les boucles, puis il se tourna pour qu'elle s'exécute.

—Dépêche-toi un peu. Je n'en peux plus.

—Bien, messire, fit-elle d'une voix étranglée.

Elle tremblait de tous ses membres. Quand il aurait été délivré de sa carapace, il la tuerait probablement.

—Alors ? Tu te décides ?

Et pour l'allécher, plus doucement, il dit :

—Tu auras une autre pomme.

Docilement, elle passa ses doigts sous les plates métalliques pour accéder aux boucles. Jamais elle n'avait eu l'occasion de faire quelque chose de ce genre. Le cuir était raide et épais, elle se sentait malhabile et intimidée.

—D'abord les épaules, dit le cavalier en la guidant. Puis le corselet.

Une des spallières[9] fut enfin libre. Elle la posa sur le sol de feuilles mortes et s'attaqua à la deuxième. Les pièces de l'armure étaient d'un poids effrayant. Comment pouvait-on porter un tel équipement sur le dos, et se battre en plus ?

—J'ai quelque chose au coude, expliqua le soldat pendant ce temps. Je ne peux pas mettre le bras en arrière. J'ai pu dégager mes bras et mes jambes de ce tas de ferraille, mais pas ce sacré bon sang de corselet. Ça fait trois jours que je vis avec, que je dors avec.

---

9. Pièces d'armure protégeant les épaules.

Le cheval de bât portait le reste de l'équipement de plates. Les solerets et les jambières pendaient d'un côté, le heaume, les brassards, les cubitières et les gantelets de fer de l'autre.

Le dos et le devant de la cuirasse rejoignirent les autres pièces au sol.

— Voilà, messire, fit-elle d'une voix timide.

— Dis « capitaine ». Va prendre une autre pomme dans le sac et reviens m'aider encore.

Jeanne ne se le fit pas dire deux fois. Elle plongea la main dans la musette. Elle contenait une bonne provende de fruits. Elle aurait voulu les manger tous.

— Une seule ! ordonna le capitaine. Comment t'appelles-tu ?

— Jeanne de Lorimont, répondit-elle à voix basse.

— Je suis le capitaine Bardaillon, dit le cavalier. Je suis en route pour rejoindre les troupes du comte de Vaudémont. J'ai perdu ma compagnie, mais je peux encore me battre.

Un mercenaire.

Un être sans pitié et assoiffé de sang, un soldat à la solde du plus généreux. Mais Jeanne n'avait plus le courage de courir pour lui échapper. Elle se sentait tellement faible. La faim était trop forte. Elle se contenta de faire deux pas en arrière et regarda le mercenaire par en dessous tandis qu'elle mordait dans la pomme.

Le capitaine Bardaillon essayait de faire des petits moulinets avec ses bras, mais il n'y parvenait qu'à moitié, en serrant les dents. Il y avait du sang séché sur la manche gauche de son vêtement.

— Retire-moi ça aussi. Je n'y arriverai jamais sans aide.

Jeanne défit les boucles du gamboison renforcé, rembourré, qui engonçait tout le torse et les bras du cavalier. Elle tira doucement sur la manche pour dégager son bras blessé.

— Tu peux tirer franchement, je suis dur au mal.

Sans un mot, elle y alla plus fort et le gamboison tomba à son tour à terre, avec les restes de l'armure.

Le capitaine Bardaillon soutint machinalement son coude. C'était un homme d'une trentaine d'années, aux cheveux noirs longs jusqu'aux épaules et bouclés, aux yeux cernés de bistre mais d'un beau bleu pur, un soldat à l'air épuisé.

Qu'est-ce qu'un capitaine de compagnie blessé, isolé, faisait dans la forêt, seul avec ses pommes et ses trois chevaux ? Il revenait de guerre, d'une bataille sans doute. Mais quelle guerre, pour quel parti, sur quel champ de bataille ? Son parti avait-il gagné ou perdu ?

Il remonta la manche de sa chemise pour évaluer le mal. Il avait dû beaucoup saigner, la manche était toute brune de sang séché. Il vit une plaie profonde aux bords noirâtres, aux chairs enflées. Il appuya doucement dessus et fit entendre un grognement de contrariété.

—Tu sais où il y a de l'eau ?

—Par là, répondit Jeanne en désignant l'endroit d'où elle venait. Il y a un ruisseau.

Elle y avait trébuché tout à l'heure et avait trempé ses chaussures, ses bas et l'ourlet de sa robe. Elle en avait pleuré de rage et de désespoir. Ses pieds étaient encore mouillés et glacés.

—Ça fait des jours que je ne me suis pas lavé, dit le capitaine en retirant ses bottes et ses chausses. Je n'en peux plus. Et puis il faut que je nettoie ça. Tu vas garder les chevaux. Ne mange plus de pommes ou tu seras malade.

Sans savoir pourquoi, elle obéit et se mit en poste près du cheval sellé.

Le capitaine s'éloigna, le pas lourd et contracté, il s'enfonça dans la futaie à la recherche du ruisseau et elle attendit, flattant de la main l'encolure de la monture, un magnifique destrier noir comme l'enfer.

—As-tu un nom, toi ? fit-elle d'une voix étranglée.

Le cheval dansa et renâcla un moment, mais Jeanne n'avait jamais eu peur des chevaux et elle continua à lui parler et à le caresser. Elle entremêla ses doigts dans la crinière et finit par poser sa tête sur le sombre pelage. Le cheval tourna un peu la tête vers elle, la regardant de ses gros yeux noirs d'abord surpris, presque en colère, puis bienveillants. Elle eut envie de pleurer.

« Qu'est-ce que je fais là ! Mais qu'est-ce que je fais là ! »

Le visage enfoui contre l'encolure de la bête, elle murmura : « Marie, Catherine… »

Les souvenirs remontèrent en flots amers. Elle se rappela que toutes les trois montaient ensemble et faisaient des courses mémorables autour du château. Mais Lorimont, c'était fini maintenant, il fallait survivre.

Elle serra les dents. Il n'y avait que sept jours qu'elle avait quitté Lorimont, quatre jours que Johanin l'avait plantée en plein milieu de cette forêt. Il s'était enfui au petit trot, la laissant à la merci des loups, des sangliers et des fantômes des suicidés enterrés à la sauvette.

Elle était à la fois terrorisée et furieuse. Quand elle s'était mise à marcher droit devant elle à travers les taillis, elle ne rencontra rien ni personne d'autre que des oiseaux et des écureuils – Dieu merci, aucune bête féroce – jusqu'à entendre ce cavalier et les bruits brinquebalants de son armure.

Mais sept jours, ce n'est rien. Elle retrouverait son domaine. Elle se vengerait de Philibert. Dieu seul savait quand et comment, parce qu'elle n'avait pas beaucoup de ressource. Les pommes lui avaient fait le plus grand bien. Un peu de vitalité lui revenait, mais ce n'était sûrement pas suffisant pour mener la bataille contre son… eh oui, son mari.

Machinalement, elle ramassa les pièces d'armure qui avaient été posées à terre et les assujettit tant bien que mal sur le cheval de bât. Elle ramassa aussi le gamboison et le secoua pour en faire tomber les brindilles, dégageant à la fois de la poussière et une infecte odeur de sang, de fumée et de transpiration rancie.

Le vêtement de protection n'était pas neuf. Sa grosse toile portait des déchirures reprisées et de nombreuses taches de sang séché.

Il lui vint une idée : et si elle détachait les chevaux et s'enfuyait, tout droit, laissant le capitaine à demi nu, sans armes, seul dans la forêt ? Elle garderait le cheval noir, vendrait les autres, vendrait aussi les armes et retrouverait le chemin de Lorimont. Puis elle mettrait au point sa vengeance.

Elle saisit la bride du destrier et commença à la défaire à petits gestes mal assurés, tout en se demandant si le cheval de bât pourrait galoper, chargé comme il l'était.

— Qu'est-ce que tu fais ? Tu essayais de me voler ?

Elle sursauta et se retourna brusquement. Le capitaine était à trois pas d'elle, tout humide, un peu grelottant, seulement vêtu de ses braies, ses autres vêtements à la main. Elle n'avait pas entendu le moindre bruit.

— Rendez service aux pauvres filles égarées et affamées ! fit-il sévèrement. Un bienfait n'est jamais perdu : tôt ou tard, vous avez affaire à l'ingratitude. J'aurais dû te laisser mourir de faim.

— Je ne voulais pas vous voler, messire capitaine, se défendit-elle maladroitement. Je suis perdue et misérable, mais pas sotte. Moi qui ne suis qu'une pauvre fille, comment pourrais-je échapper à un soldat comme vous ?

— Eh bien au moins, tu as l'esprit de repartie.

Il fouilla dans les fontes de sa selle et en sortit des chausses, un pourpoint rouge bordeaux à parements jaunes et une épaisse veste de cuir. Il enfila ses courtes bottes, roula ses vêtements sales et remonta en selle, laissant Jeanne abasourdie, seule toute droite au milieu du sentier.

Elle se sentit abandonnée.

Qu'allait-elle croire, pourtant ? Que le mercenaire lui ferait un brin de conduite ? La raccompagnerait à Lorimont ?

— Au revoir, la belle, et que le diable protège ta route, si Dieu n'y parvient pas.

Le diable. Allons bon.

Le cheval noir se mit en branle, et le reste du convoi suivit.

— Ne parlez pas du diable ! hurla Jeanne tandis qu'il s'éloignait. Je n'ai pas peur de lui. Ni de vous, messire capitaine. Le diable ne fait que vous trahir.

Le cavalier se retourna sur sa selle, amusé. La fille blonde, échevelée, dépenaillée, se tenait toute droite dans sa cape au rebord mouillé. Elle serrait les poings et semblait désespérée.

— Parce que tu t'y connais en diableries !

Oh oui, elle s'y connaissait ! Et depuis quelques jours n'avait pas eu de mal à conclure que le diable trahit même ceux qui cherchent à être ses adeptes. Elle jeta au capitaine un regard orageux.

— Cours, ma fille, lui lança-t-il. Si tu arrives à monter sur le bai, je t'emmène avec moi. Tu ne mourras pas de faim.

Le mercenaire avait pris un bon petit trot. Sans réfléchir davantage à la proposition, plutôt que de rester seule et démunie dans ce bois hostile, Jeanne courut de toutes ses forces, dans ses souliers mouillés et sa robe qui l'entravait, pour le rattraper. Le cavalier n'augmenta pas la cadence, mais ne ralentit pas non plus. Elle haletait. « Aidez-moi… » fit-elle à l'esprit de ses sœurs. Elle se sentait en état de faiblesse extrême, encore tenaillée par la faim, et désespérée. Cours plus vite… Elle réussit à attraper la bride du cheval bai qui trottinait, indifférent. En manquant vingt fois s'étaler sur le sentier, elle finit par décoincer l'étrivière. Ce satané cheval, entraîné par le capitaine qui la lorgnait du coin de l'œil, ne modérait pas son allure. En sautant sur son pied droit, elle réussit à passer le gauche dans l'étrier. Sauvée. Elle s'enleva d'un coup de reins. S'installer sur la selle n'était rien, en comparaison de cette courte course. Toute fière de son exploit, elle arrangea sa robe pour que les plis du drap de laine ne la gênent pas.

« Eh oui, messire mercenaire, je sais monter à cheval, même quand la monture est en mouvement. »

— Tu peux être mon valet, dit le capitaine Bardaillon. Celui que j'avais est mort il y a trois jours. Il me servait bien. Tu as intérêt à faire aussi bien que lui.

14

Jeanne ne demanda pas où ils allaient. Le capitaine Bardaillon avait détaché le cheval bai du sien, ne gardant en longe que le roncin. Si elle avait voulu lui fausser compagnie, il lui aurait suffi de prendre le galop jusqu'à ce qu'il se lasse de la poursuivre. Cela ne lui vint même pas à l'idée.

Le capitaine n'avait eu aucun mal à sortir de la forêt. Maintenant, ils longeaient des champs labourés et déjà semés, voyaient des villages d'où s'échappaient des fumées toutes droites. Il avait l'air de savoir où il allait.

— Je croyais que ce n'était pas la saison de la guerre, fit remarquer Jeanne tout à coup.

Bardaillon se retourna à demi. Il soutenait son coude gauche de la main droite.

— C'est toujours la saison de la guerre, répondit-il. Quand on ne la fait pas encore, on la prépare. Quand on l'a finie, on panse ses blessures et on compte son butin pour mieux le dépenser. L'hiver, on a deux ou trois petits contrats pour des hobereaux qui ont des affaires à régler ou des garnisons à réorganiser, à entraîner.

— Et comment vous êtes-vous fait ça ? fit-elle en désignant son bras au capitaine.

— Une échauffourée qui a mal tourné, répondit-il laconiquement.

— Et vous y avez perdu votre valet ?

— Eh oui. Et j'ai été obligé de m'enfuir. Au moins ai-je pu

récupérer son cheval. Je comptais le vendre. Et dire que ces vermines ne m'ont même pas payé pour ma peine !

—Ah bon ?

—J'ai mis le feu à leur fenil et j'ai fait partir les chevaux. C'est ce qui m'a permis de m'enfuir. Le seigneur de Curciat était bien trop occupé pour prendre le temps de me courir après, fit-il avec une sorte de rire sans joie. J'ai hâte que mars arrive et que les campagnes reprennent. Je vais remonter une lance[10] et tu vas m'aider.

—Moi ? s'étonna Jeanne. Mais je ne connais rien à la guerre !...

—Tu apprendras.

Il se retourna sur sa selle et ne dit plus rien.

Au soir tombant, ils arrivèrent à une ville juste avant la fermeture des portes et le capitaine chercha d'abord une auberge pour la nuit, puis un barbier pour soigner son bras[11].

—Toi, dit-il, tu viens avec moi. Je veux que tu voies comment il s'y prend pour que tu saches me soigner, par la suite.

Jeanne se contenta de lui lancer un regard médusé.

Il lança une piécette à un gamin pour lui faire garder les chevaux et les bagages, dans l'écurie de l'auberge.

—Ce sera la seule fois, expliqua-t-il encore. Ensuite, ce sera toi qui auras cette charge, tu dormiras à l'écurie.

La blessure du capitaine avait été faite malgré le solide gamboison et l'armure articulée. Un des hommes du baron de Curciat, sur les ordres de son maître, s'était rué sur lui et avait cherché à l'atteindre. Faute de trouver le défaut de la gorge, de

---

10. Dans les compagnies de mercenaires, un soldat n'est jamais seul, il embauche avec lui entre quatre et dix hommes combattant à pied, fantassins, archers, et aussi ses valets. Cette petite troupe forme une lance – du nom de l'arme d'hast : un fer emmanché dans une longue hampe. Une centaine de lances forment une compagnie.

11. À cette époque, ce sont les barbiers qui se chargent de soigner les plaies, de faire de la petite chirurgie, les cautérisations et les amputations. Les médecins sont au-dessus de ces basses besognes.

l'aine ou de l'aisselle, il avait réussi à faire pénétrer entre les pièces du bras une longue et fine dague qui avait transpercé la chair et touché l'os. L'homme ne s'en était pas tiré vivant, tant pis pour lui.

Mains sur les hanches, le barbier considéra sans tendresse le mercenaire. Il était habitué à une clientèle bourgeoise, propre et parfumée. Un soldat amoché risquait de rabaisser le prestige de son échoppe. Comme il faisait nuit, il alluma une chandelle et examina le blessé. Il n'eut pas besoin d'y regarder bien longtemps.

— Faut couper, dit-il. Au-dessus de la blessure. Je prépare les outils ?

Il désigna dans un coin des scies et des cautères.

— Je ne veux pas qu'on me coupe le bras, fit le capitaine.

— Comme vous voudrez. Vous aurez la gangrène et vous mourrez. J'ampute très bien. Il n'y a jamais d'infection.

— Soignez-moi ça sans me mutiler.

— On ne peut pas, soldat. C'est tout bleu et noirâtre, ça ne reviendra jamais comme avant. Vous avez donc pas des médecins, à votre compagnie ? Comment vous faites, après les batailles ?

— Je suis loin de ma compagnie. J'ai vu des pires blessures bien arrangées. Soignez-moi ça, et vite.

Depuis trois jours, il souffrait en serrant les dents. Le barbier fit non de la tête.

— Vous voulez que je foute le feu à votre...

— Et à toute la ville ? C'est ça que vous voulez ? s'écria le barbier. Allez-y, brûlez tout ! Pour ce que vous servez ! Toujours à vivre sur le dos des pauvres gens, quand vous ne vous amusez pas à les étriper après avoir violé leurs femmes !

Le barbier prenait des risques. Il n'est jamais bon d'énerver les hommes de guerre, qui ont la dague chatouilleuse. Pourtant il continua :

— Bons à rien d'autre qu'à faire des guerres inutiles qui

saccagent tout et qu'on nous demande de payer de notre poche en impôts, comme si tout le reste suffisait pas !

Une femme descendit, un bébé dans les bras, un petit enfant accroché à sa jupe. Il y avait deux autres mioches derrière elle.

— Qu'est-ce qui se passe ? demanda-t-elle, effrayée.

— Encore un de ces soudards sans foi ni loi, tout puants de sang et de fumée, qui entrent tout arrogants chez vous, vous insultent et vous paient jamais.

La femme s'essaya à des excuses précipitées tandis que le capitaine prenait l'homme à la gorge.

— Tu vas au moins me cautériser sinon tu peux dire adieu à…

Il se tourna alors vers la femme.

— Remontez, vous, fit-il. Pendant que je m'occupe de votre homme.

— Ah… je… non… balbutia-t-elle. Pitié, messire capitaine. Comment nourrirai-je mes petits sans mon homme ?

— Remontez ! hurla le capitaine.

La femme disparut aussitôt, épouvantée.

Jeanne était morte de peur. Le capitaine, qui s'était montré plutôt courtois avec elle, était en train de faire un mauvais parti à ce pauvre barbier qui n'avait rien demandé.

— Allons, toi. Un cautère. Fais chauffer un feu d'enfer et prépare ton matériel. Je te tiendrai quitte.

— Ça sert à rien, soldat. C'est déjà trop tard, je t'ai dit, fit l'autre sans varier de ligne de conduite. La seule chose à faire, c'est d'amputer.

— Je… je connais peut-être un moyen, fit alors Jeanne, qui jusqu'alors s'était discrètement tenue à l'écart.

Bardaillon se retourna d'un bloc.

— Tu saurais me recoudre ? Me cautériser ?

Elle avala sa salive et fit non de la tête.

— Alors quoi ? Qu'est-ce que tu viens nous déranger ? rugit le capitaine.

— Dans mon pays, fit-elle d'une toute petite voix, il y a eu un homme qui est passé, un jour. Il avait été en Languedoc. Là-bas, ils font un cataplasme avec du fromage.

— Quoi ! fit le capitaine Bardaillon.

Pour le coup, il éclata de rire.

— Pas n'importe quel fromage, continua Jeanne. Il faut qu'il soit moisi. Bien bleu. Le fromage mange l'infection.

— T'as intérêt à pas te tromper, petite, fit le capitaine. (Puis au barbier :) Qu'est-ce que t'attends, toi ? Trouve-moi ce fromage.

— Capitaine, c'est le couvre-feu. On ne peut pas sortir la nuit.

— Qu'est-ce que j'en ai à faire ? Débrouille-toi. Y a bien des marchands de fromage, dans cette ville. Réveille-les tous. Trouve-moi ce fromage, du bleu, et reviens sans tarder, sinon je m'occupe de ta femme et de tes mouflets.

— Faudrait tous les pendre... gémit le barbier en mettant un manteau sur ses épaules et en disparaissant dans la nuit.

En attendant qu'il revienne, le capitaine Bardaillon se laissa tomber sur un escabeau, l'air pas très frais.

— T'es une drôle de fille, dit-il à Jeanne. Du fromage, faut dire... Qu'est-ce que tu sais faire, sinon ?

— Je... j'ai appris à filer et à coudre. Je sais lire et écrire.

Il hocha longuement la tête.

— Pas grand-chose d'utile, hein ?

De nouveau, il se frotta machinalement le bras, et étouffa une grimace, l'endroit était douloureux et il savait que le mal empirait. Bientôt, il aurait la fièvre et on ne pourrait plus sauver ni son bras, ni le reste de son corps. Et probablement pas son âme non plus.

— Si tu sauves mon bras, dit-il, je... je te serai redevable. Penses-y.

Un homme de guerre. Redevable. Elle eut tout de suite en tête qu'il pourrait l'aider, pour sa vengeance, pour leur vengeance à toutes les trois.

— J'y penserai, dit-elle d'une voix étranglée.

S'il sauvait son bras, le capitaine Bardaillon ferait vraiment d'elle son valet et non sa maîtresse, une fille à soldats, comme il en avait eu l'intention. En dépit des apparences, c'était un homme d'honneur. Si elle empêchait qu'il soit amputé, il ne la toucherait pas, et lui vivant, dans sa compagnie, nul ne la toucherait jamais.

Au cours des trois jours que le blessé dévoré de fièvre passa à geindre dans son lit, à l'auberge, Jeanne renouvela ses pansements et ses emplâtres de fromage, elle lui tamponna le front, le fit boire et alla même jusqu'à chanter à son chevet. S'occuper du blessé tenait en lisière ses pensées amères et sa douleur.

« Si c'étaient mes sœurs... se disait-elle souvent. Je les aurais soignées, je les aurais sauvées... »

Elle demanda même à la patronne de l'auberge si elle avait un travail de couture à lui confier, tandis qu'elle veillait le mercenaire, car on lui avait appris que l'inactivité mène à la paresse, et la paresse aux pensées pernicieuses. La femme lui donna à retailler dans une vieille robe des vêtements pour ses enfants.

Au bout de trois jours, la fièvre du capitaine baissa, et son bras était moins enflé.

— Qu'est-ce que tu fais là ? dit-il en voyant Jeanne qui tirait l'aiguille à son chevet.

— Je vous veille, dit-elle.

Il releva sa manche et vit son coude proprement emmailloté. Il arracha le bandage qu'elle lui avait fait et le cataplasme qui empestait comme dans une laiterie. Il considéra attentivement sa blessure saine, son bras qu'il pouvait plier et déplier.

Il se tourna vers Jeanne et lui dit :

— Je ne serai pas un ingrat.

15

Audouin de Rivelet croupit plus d'un an dans un cachot glacial, humide et pénombreux du château de Lorimont.

Tous les deux ou trois jours, un garde venait lui apporter à manger, et Philibert des Losses passait de temps à autre voir l'état de son prisonnier.

Il l'avait soumis à plusieurs reprises à la question, pour savoir exactement ce qu'Audouin venait faire à Lorimont et s'il savait où était sa femme, mais il n'obtint aucun résultat. Audouin n'avait jamais vu Jeanne avant le jour de ses noces, et quant à cette histoire de livre maudit qui répandait le mal autour de lui, Philibert trouvait l'explication ridicule.

Le premier hiver passa, et Audouin crut mourir de froid. Le cachot ne possédait qu'une toute petite imposte, trop haute pour qu'il s'y hisse, donnant sur la cour, mais le froid y pénétrait autant que s'il avait été en plein vent.

Saisie par une étrange pitié, une femme du nom de Thomasine lui apporta un jour, en même temps que son pain et sa soupe de prisonnier, la cape noire à motif vert qu'il avait toujours gardée roulée à l'arrière de sa selle. Audouin crut qu'il allait l'embrasser.

—J'ai des choses à me faire pardonner par le ciel, bougonna-t-elle.

Audouin s'en moquait. La cape le préserva du froid, mais ni de l'ennui, ni de sa mélancolie, ni de sa fureur. Il se traitait de tous les noms, s'irritait de sa sottise. Que pensaient les moines de Gardefoy, pendant ce temps-là ? Continuaient-ils à prier pour la réussite de sa mission? Avaient-ils élu un nouvel abbé ? S'inquiétaient-ils de son silence ? Et Amaury, le chef de famille, se demandait-il ce qu'il était advenu de lui ?

La vie était une abomination. Audouin passait son temps recroquevillé contre le mur, enfoui dans le manteau noir, à taper sa tête contre le mur, dans l'ennui, la honte, le désarroi et, le plus souvent, le pur désespoir. De temps à autre, il croyait voir Milessant qui ouvrait la porte, l'entourait de ses bras doux et blancs, et l'emmenait loin de toute cette fange, mais ce n'était qu'une chimère et il en était encore plus malheureux.

— Je prends bien soin de ton cheval, ne t'inquiète pas, lui dit Philibert un jour qu'il était venu le narguer, ce qui rassura Audouin sur le sort de Dariolet.

Il aurait mieux fait de se préoccuper du sort du monde et des ravages que devait procurer le grimoire des ténèbres. Il y pensait de moins en moins. Cette incarcération sans motif était peut-être une des manifestations de ce malheur universel qui lui était tombé sur le dos ? Non, sûrement pas. Les mises en geôle sans motif autre que le bon plaisir du seigneur étaient monnaie courante.

— Y a-t-il quelque chose qui te ferait plaisir, jeune chevalier ?

— Ma liberté.

— Ah, pas tout de suite, pas tout de suite, mon ami. Je veux être bien sûr d'abord que tu n'es plus dangereux pour moi.

— Je vous ai dit ce que je venais faire à Lorimont, j'ai donné tous les détails. Il n'y avait même pas besoin de me torturer pour ça. Qu'est-ce que vous voulez encore, messire des Losses ? Pourquoi ne me laissez-vous pas partir ?

— Autre chose, sinon ?

— Sortir d'ici ! hurla Audouin. Je deviens fou ! Je suis un chevalier, je n'ai jamais fait de mal, je n'ai attenté ni à votre vie, ni à vos biens, ni à votre honneur. Je suis Audouin de Rivelet. Je suis en mission pour l'abbaye de Gardefoy. Libérez-moi, que je finisse ce pour quoi je me suis engagé !

—Ne t'énerve pas, jeune chevalier. Allons, prépare ta demande pour la prochaine fois. Je te reposerai la question.

Audouin finit par demander à se laver et à se raser.

Philibert fit descendre dans son cachot une cuve de bois emplie d'eau du torrent si froide qu'elle contenait des glaçons. Pour l'honneur, Audouin s'y trempa et s'y décrassa, non sans plaisir en fin de compte, ensuite il eut la fièvre pendant plusieurs jours. Le barbier du château vint le raser et lui couper les cheveux. Philibert envoya le jour de Noël un chapon gras et une assiettée de compote de prunes. Il les fit disposer dans le couloir, juste hors de sa portée, il ne s'en fallait que d'un bout de phalange. Les mets délectables restèrent dans le couloir jusqu'à ce qu'ils moisissent, alors qu'Audouin mourait de faim de n'avoir d'un demi-pain tous les deux jours.

—Je finirai par savoir ce que tu cherchais exactement à Lorimont…

—Je vous l'ai déjà dit cent fois. Le grimoire des ténèbres.

—Ne m'énerve pas avec cette sottise. Dis-moi la vérité : qu'as-tu fait de ma jeune femme, qui a disparu le matin de mes noces ?

Audouin se garda bien de lui dire que si la demoiselle de Lorimont avait disparu, c'était la veille, avant qu'il ne passe la nuit avec elle, ou bien c'est qu'il l'avait tuée et jetée dans les douves. Mais il pensait plutôt qu'elle était partie, avec des complicités parmi les domestiques.

Après l'hiver vint le printemps, le cachot souterrain devint non seulement froid, mais humide à cause des cours d'eau qui grossissaient et s'infiltraient sous les dalles. Le niveau variait, tantôt quelques flaques, tantôt un demi-pouce d'eau sur toute la surface. Audouin ne pouvait plus s'asseoir ou se coucher sans être trempé. Plus d'une fois il toussa et eut la fièvre, une fièvre qui lui fit voir Milessant de plus en plus proche, de plus en plus attentive. La fièvre le faisait dangereusement délirer. Philibert lui fit donner des repas plus consistants.

À l'été, Audouin se sentit mieux. Les gardes lui avaient dit que dehors, c'était la grosse canicule et que les moissonneurs, dans les champs, tombaient comme des mouches à cause de la chaleur. Ils lui disaient aussi qu'il avait bien de la chance d'être au frais dans son cachot.

— De la chance ? s'étonna Audouin.

Il se sentait faible et mou. Pour le cas où il sortirait un jour, afin de ne pas perdre la main, il fit chaque jour les gestes de maniement d'une arme, sans instrument, dans le vide. À sa grande surprise, il reprit un peu de muscle. Il parvint à détacher une grosse pierre du sol et continua des exercices avec ce poids entre les mains.

Avec l'automne revinrent le froid et l'humidité. Philibert des Losses, toujours intrigué par l'énigme du grimoire des ténèbres et par les réponses d'Audouin qui ne variaient jamais, le soumit encore deux ou trois fois aux brodequins, mais jamais le prisonnier ne révéla quoi que ce soit d'autre.

Vint le deuxième Noël.

Une fois de plus, Philibert descendit aux geôles.

— J'ai entendu la messe, dit-il. J'ai décidé d'être bon avec toi.

Encore une volaille hors de portée de sa faim ? Une nouvelle séance de torture ?

— Je ne tirerai rien de plus de toi, il me semble.

Ce serait donc une nouvelle montée dans la salle où il subissait ces horreurs, se dit Audouin en serrant les dents, tremblant d'appréhension. Après chaque séance, il mettait des jours à remarcher normalement, alors même qu'il avait résolu de marcher aussi longtemps qu'il le pouvait dans sa cellule, pour que ses muscles ne s'atrophient pas trop.

– J'ai fait fouiller le château pouce par pouce. J'ai interrogé tous les serviteurs du temps du vieux baron, avant que je ne reprenne le fief. J'ai même convoqué un sorcier des environs. Personne n'a jamais entendu parler de ton bouquin. À mon avis, tu es fou, tout simplement. Tu n'as pas l'air d'un sorcier, ni même d'un étudiant qui passe sa vie dans les livres. Je crois donc que cet ouvrage n'existe pas.

Audouin lui lança un regard troublé, car c'est une pensée qui lui était souvent venue ces derniers temps. Il y avait une sorte d'absurdité à être enfermé pour une chimère.

Mais en fait, qu'en savait-il ? Archambault n'était pas un imbécile, pas plus que les autres moines de Gardefoy et leur abbé si tranchant. Après tout, il existait des reliques à foison, elles étaient bien banales avant qu'on ne les découvre et les identifie, ensuite, on leur trouvait une valeur incommensurable. N'en était-il pas de même pour les reliques de l'enfer ?

– Si je l'avais déniché, je te l'aurais revendu à prix d'or. Ou plutôt je t'aurai demandé de me le lire et de m'apprendre à m'en servir. Car tu sais lire, n'est-ce pas ?

– Oui, messire.

– Un grimoire. Des recettes maléfiques. J'aurais beaucoup aimé essayer ça. Enfin, n'y pensons plus, puisqu'il n'existe pas.

Il y eut un moment de silence. Philibert, la torche haut brandie, regardait attentivement son prisonnier qui baissait la tête, crasseux, amaigri, tremblant, les yeux caves, les cheveux trop longs – le barbier ne venait que de loin en loin.

– Je te libère, messire Audouin de Rivelet. C'est Noël. Tu peux partir.

Il tourna les talons, sortit d'un pas vif et remonta le petit escalier de pierre qui tournicotait jusqu'à la salle d'armes où Audouin avait subi la question, salle d'armes qui donnait contre le rempart sud, encadrée par une forge d'un côté et un atelier de bourrelier de l'autre.

La grosse grille de bois et de fer du cachot resta grande ouverte.

Alors Audouin, très lentement, ajusta sur ses épaules la cape noire à motif vert et les mains en avant, parce qu'il ne voyait pas très clair, se mit en marche, doucement, pas après pas. Il franchit le couloir bas et voûté où s'ouvraient deux autres cachots – vides – et monta l'escalier avec difficulté, car ses jambes le portaient à peine.

Il traversa la salle d'armes. Dans une encoignure, les chaînes, les fers et les brodequins étaient posés en désordre sur une sorte d'établi qui servait à étendre les prisonniers. Il n'y avait personne dans la salle. Il ne put s'empêcher de faire un détour l'éloignant de l'endroit où il avait tant souffert.

Il déboucha dans la cour haute où des gens affairés couraient çà et là, des valets charriant des brouettes de bûches, des servantes par deux ou trois, portant des couffins pleins de victuailles, des soldats arpentant nonchalamment le chemin de ronde ou faisant un brin de conversation aux filles.

Il avait neigé et Audouin mit sa main devant ses yeux. La lumière froide et blanche lui blessait les prunelles et il fut tenté de retourner dans la pénombre de l'intérieur.

Personne ne semblait faire attention à lui. Il avança vers la grande porte, le pas toujours aussi lent et incertain, abritant ses yeux. La herse était relevée et le pont-levis descendu.

« Suis-je vraiment libre ? se dit-il. Ne va-t-il pas me donner cet espoir pour mieux me remettre au cachot ? » Les gardes le laissèrent passer. Le pont-levis avait été déblayé et ses pas résonnèrent sur le bois. « Je n'ai plus rien », se dit-il encore. Il jeta un coup d'œil en direction des écuries. Dariolet y était-il encore ? Ou Philibert l'avait-il vendu ? « Pauvre Dariolet. Ton nouveau maître n'est pas un homme d'honneur. »

Il n'avait plus ni Dariolet ni rien. Il ne possédait plus rien d'autre que les vêtements qu'il portait sur le dos, et cette grande cape noire, surtout, qui lui avait permis de tenir le coup dans le froid glacial du cachot.

À mi-chemin du pont, quelqu'un s'approcha par-derrière et lui toucha le bras.

« Ça y est. Ils vont m'y remettre. C'était trop beau. »

Paralysé, il cessa de marcher mais ne se retourna pas.

— Pour vous, messire.

C'était une voix de femme. Il tourna la tête. La femme qui lui avait porté sa cape, au début de l'hiver dernier. La femme qui avait dit à la jeune mariée de la suivre, le soir des noces. Thomasine la nourrice.

Elle lui tendit un sac de toile.

— J'ai rassemblé ce que j'ai pu avant que notre sire n'ait l'idée de mettre la main dessus, dit-elle. Et un peu de vivres. Ne pleurez pas, messire. C'est fini, rentrez chez vous.

Pleurer ? Il ne pleurait pas. Ce devait être le froid. Ou la luminosité cruelle de la neige alentour.

— Merci, dit-il en empoignant le sac qu'il jeta sur son épaule comme un colporteur.

— Ne gardez pas un trop mauvais souvenir de Lorimont, dit-elle. C'était un beau domaine. Mais notre nouveau seigneur est impulsif et ambitieux. Nous aussi, nous souffrons.

Qu'est-ce que c'était que ce Lorimont ? Il ne savait même plus. Le nom lui disait quelque chose. C'était important. De grands pans de sa mémoire avaient disparu, comme absorbés par les murs noirs et humides du cachot.

— Savez-vous où est le domaine de Rivelet ? demanda-t-il.

La femme fit un geste de dénégation.

— Et avez-vous retrouvé la jeune dame ?

De nouveau elle fit non de la tête, puis précisa :

— J'espère pour elle qu'elle ne reviendra jamais. Peut-être est-elle encore vivante, mais j'en doute. Notre pauvre petite

Jeanne. Ses sœurs n'ont pas eu sa chance. Il les a assassinées, vous savez... Pour avoir le fief en épousant la dernière des Lorimont.

À son tour, la femme écrasa deux larmes. Les trois jeunes filles lui manquaient terriblement. Mais que pouvait-elle faire d'autre que ce qu'elle avait fait ? Au fond, n'avait-elle pas sauvé la vie et l'honneur de Jeanne, faute d'avoir pu aider les autres ?

Jeanne. C'est la première fois qu'Audouin entendait le nom de la jeune femme. Mais qu'est-ce que ça pouvait faire ? Quelle importance cela pouvait-il bien avoir ?

— Avez-vous des nouvelles de mon cheval ? fit-il sur une impulsion.

— Il est là, aux écuries. Il a été mieux traité que vous, vous pouvez me croire.

Évidemment. Un beau cheval comme Dariolet méritait quelques égards, et de toute façon plus que son maître.

Audouin se remit en marche, de sa démarche hésitante. Le sac de toile lui semblait lourd. Il n'y avait pas de vent, un petit soleil illuminait la neige. Il respira à pleins poumons, se disant que cette glaciale pureté allait nettoyer les miasmes de treize mois de geôle. L'air glacé lui fit mal dans la poitrine et il se plia en deux en toussant.

La femme lui fit quelques pas de conduite sur le pont-levis.

— Peut-être que vous disparaîtrez par là, dit-elle en désignant vaguement le sud-est. Et peut-être que vers l'heure du zénith votre cheval trouvera le moyen de vous rejoindre, qui sait...

Elle retourna vers le château.

À petits pas précautionneux, Audouin suivit la direction indiquée par la femme, laissant Lorimont derrière lui. Il redoutait de s'être trompé sur l'allusion qu'elle avait faite, mais au fond, le seul moyen de savoir, c'était de continuer tout droit.

Il marcha jusqu'à parvenir à un gros bosquet. Il s'assit sur une pierre, ses jambes ne le portaient déjà plus et il était hors d'haleine. Il ne voyait plus de Lorimont que le haut des tourelles et du donjon, au loin, et un étendard noir à motifs rouges. Il était trop loin pour distinguer ce qu'ils représentaient, et ignorait s'il s'agissait des couleurs de Philibert des Losses ou de celles des Lorimont.

Il fouilla dans le sac de toile. À sa grande surprise, il y vit non seulement des vivres enveloppés d'un torchon, mais sa dague, ses vêtements de rechange et la bourse d'or confiée par l'abbé Ernoul. La bourse était allégée, probablement par la femme qui l'avait mise de côté, mais il en restait tout de même. Une belle petite fortune.

« Ça alors ! Il est passé à côté de la bourse d'or ! » s'étonna Audouin. Et il se mit à rire. Seuls deux corbeaux relevèrent la tête d'un festin de lapin mort qu'ils étaient en train d'entamer. Lui aussi se mit à manger avec frénésie une tranche de pain aux noix, un pâté de venaison, un taillis[12] aux fruits secs, il n'avait jamais rien mangé de si bon, pourtant, il ne parvenait pas à déguster tant il était affamé. Il se désaltéra d'une poignée de neige. C'est au milieu de ce repas qu'il entendit un bruit de galopade.

« Ça y est, cette fois. Ils m'ont retrouvé. Je n'étais pas difficile à suivre, dans la neige. »

Inutile de se dissimuler. Il se leva, tête basse, résigné, désespéré, le cœur affolé dans sa poitrine.

Ce n'était même pas une patrouille. Ce n'était qu'un homme, un des gardes du château qui, une ou deux fois, lui avait porté son brouet le jour où il était de corvée. Un homme, mais deux chevaux. Le premier, sur lequel il était monté, était une bête solide et épaisse, pommelée. L'autre était Dariolet. Dariolet tout harnaché, les fontes rebondies, et l'épée

12. Sorte de cake.

d'Audouin pendait même à l'avant de la selle, comme était sa place.

Pour le coup, Audouin retomba assis sur sa pierre, abasourdi, jambes coupées.

— Je vous l'ai amené, messire. J'avais des choses à me faire pardonner, et notre seigneur n'a pas été juste avec vous.

Les mêmes paroles que Thomasine.

— Oui, fit Audouin en attrapant les rênes que l'autre lui lançait.

— Priez le ciel pour qu'il ne sache jamais que c'est moi. Si vous voyez un jour Jeanne de Lorimont, dites-lui que Johanin a fait ce qu'il a pu, et qu'il regrette de n'avoir pas été plus courtois. Et maintenant, montez en selle et disparaissez au grand galop.

Mais Audouin n'en finissait pas de caresser les naseaux de Dariolet et d'enfouir son visage dans sa crinière.

— Montez donc sans tarder ! Il ripaille pour Noël, mais qui sait ce qu'il pourrait arriver s'il s'aperçoit de la disparition du cheval ?

— Joyeux Noël, murmura Audouin pour lui-même.

Il s'efforça de chausser l'étrier, mais il n'y parvenait absolument pas. Son état de faiblesse lui jouait des tours et il en était mortifié. Johanin sauta au sol, l'aida à se mettre en selle et ramassa le sac de toile qu'il lui tendit.

— Ça ira comme ça ? Vous êtes sûr ? Bon, eh bien il est temps de filer.

Il flanqua une grande tape à la croupe de Dariolet qui se mit instantanément au galop, et il tourna bride pour s'en retourner comme si de rien n'était à Lorimont.

Audouin ne cessait de retrouver ses sensations de chevalier sur le dos de son Dariolet. Il passa près d'une heure à lui flatter l'encolure tandis que la monture suivait sa route sans faiblir.

— Tu vaux bien mieux que moi, mon ami, soupira Audoin. Ce n'est pas moi qui pourrais courir ainsi lieue après lieue.

Deux jours plus tard, il avait retrouvé la route de Rivelet, où il arriva fourbu de courbatures le jour des Saints-Innocents.

16

Dariolet passa le pont et la herse de Rivelet, et quand il fut dans la cour, Audouin poussa un soupir de soulagement et se laissa tomber de sa selle, directement sur la couche de neige sillonnée de nombreux pas.

— Eh ben messire ?… fit un sergent en le retournant pour lui donner quelques claques.

Il fronça les sourcils et demanda l'aide d'un autre garde.

— Dis donc, y r'semblerait pas à not' jeune seigneur Audouin, çui-là ?

— Ça s' pourrait, dit l'autre, et il courut prévenir dame Bérengère.

— Audouin, mon Dieu, dans quel état… s'écria la jeune femme en s'agenouillant près de son beau-frère.

Elle le fit porter dans le logis. Quand il fut au chaud, débarrassé de ses vêtements sales et mouillés, Audouin ouvrit vaguement un œil.

— Je suis arrivé ?

— Si tu veux parler de Rivelet, c'est oui, dit Bérengère. Que s'est-il passé, Audouin ? Pourquoi es-tu dans cet état ?

— Je vais repartir, dit-il.

— Ne dis pas de sottises. On est en train de faire chauffer un feu d'enfer pour de l'eau chaude. Tu dois te laver et te retaper. Regarde-moi ça ! Tu as dû perdre vingt ou trente livres !

Bérengère de Rivelet était une maîtresse de maison

énergique et diligente. Une heure plus tard, Audouin était plus présentable et on l'avait attablé devant un assortiment d'écuelles bien garnies. Bérengère avait envoyé chercher Amaury, qui faisait la tournée des villages, car il y avait eu des attaques de loups et il vérifiait les défenses.

Audouin prit du temps pour raconter à son frère et à sa maisonnée comment il avait dû se mettre en quête du grimoire des ténèbres, et comment Archambault était mort, tout comme les autres moines, probablement par manœuvre magique.

— Bah, commenta seulement Amaury. Magique !

— Je suppose que c'est vrai, cependant, répliqua Audouin. N'avons-nous pas, à l'église Sainte-Audegonde, à Ramèze, un os de doigt de la sainte qui fait des merveilles ?

— Ce n'est pas pareil, objecta Amaury. Les reliques sont les reliques. Tu ne vas pas comparer avec des objets maudits.

— De toute façon, dit Audouin, je me suis engagé sur ma vie et sur mon honneur à le retrouver. Je dois recouvrer mes forces, messire mon frère, mais ensuite, je repartirai.

Bérengère lui mit la main sur le bras.

— Nous sommes heureux que, dans ta détresse, tu te sois tourné vers ta famille.

— Je serai toujours fidèle à notre lignage, dit Audouin avant de continuer son récit.

Il y eut encore des attaques de loups, cet hiver-là, et Amaury organisa des battues dans tous les environs. Les peaux, aussitôt prélevées et tannées, feraient de belles et chaudes couvertures. Audouin se sentait un peu incertain sur sa selle, et peu habile à l'épieu. L'épreuve de la geôle était encore trop fraîche, il avait l'impression d'être impuissant comme un enfant au berceau. Peu à peu cependant, parce que dame Bérengère s'occupait attentivement de lui et parce que Amaury le forçait à s'entraîner chaque jour comme un écuyer débutant, il recouvra ses forces et le désir de ne pas s'attarder à Rivelet plus que nécessaire.

Bien plus grave que les loups, une troupe dépenaillée de soldats errants entra sur les terres du seigneur de Rivelet, loin du château, et ces soudards s'en furent rançonner les paysans. Un garçon d'une douzaine d'années, tout pleurant et hors d'haleine, parvint à leur échapper et donna l'alerte au château. En moins de temps qu'il n'en faut pour le dire, Amaury entraîna Audouin et une petite troupe bien armée sus à l'ennemi.

Des granges brûlaient. Une douzaine de moutons gisaient, ventre ouvert, pattes en l'air, sur le chemin. On entendait des cris atroces. Les déserteurs, la plupart descendus de cheval, s'amusaient à faire courir en tous sens dans la neige des paysans nus en les piquant du bout de leur arme. Les femmes essayaient de se cacher sous leurs longs cheveux. Les enfants hurlaient.

Les soldats riaient à gorge déployée. Ils se déplacèrent de façon à rabattre tout le monde vers le centre du village, où ils comptaient commencer le massacre, comme ils le faisaient toujours, et ils avaient l'intention de prolonger le plaisir. Ils avaient une riche imagination…

Quand ils entendirent la cavalcade des soldats du château, ils abandonnèrent instantanément leurs jeux et, en alerte, cherchèrent des yeux leurs chevaux, attachés un peu plus loin. Mais il était trop tard, ils n'auraient pas le temps de sauter en selle. Ils se mirent immédiatement en garde, piques et masses d'armes en position, sans la moindre appréhension. On aurait dit un monstrueux hérisson.

— Bougez pas, paysans ! cria l'un d'eux. On en finit avec ceux-là et on recommence à s'amuser.

De nouveau, tous les mercenaires rirent à cette saillie. L'un des villageois pourtant, se payant d'audace, se baissa sans geste brusque, ramassa un vêtement et en couvrit un petit garçon transi et hurlant. Les autres l'imitèrent, lentement d'abord, puis de plus en plus précipitamment.

Tous ces pauvres gens, épouvantés, frigorifiés, claquant des dents, s'enfuirent alors maladroitement dans la forêt au milieu des cris et des pleurs. Plusieurs étaient blessés et saignaient. Ils n'entendaient plus maintenant que le feu qui grondait en anéantissant leurs récoltes et les assauts fer contre fer des soldats du seigneur contre les soldats errants. Ils ne cherchèrent pas à voir ce qui se passait, leur seul objectif était de s'échapper.

Il y avait cinq morts parmi les villageois : deux filles qui avaient tenté de s'enfuir avant d'être molestées et qui avaient reçu chacune une pique si violemment et habilement lancée dans leur dos qu'elle était ressortie au milieu de la poitrine, un vieillard qui avait tenté de parlementer et qui avait été aussitôt pendu, un homme, resté dans une grange au moment de l'attaque, qui avait grillé parce qu'on l'avait empêché d'en sortir, et un petit enfant qui n'avait pas couru assez vite et qui avait été écrasé sous les pas des chevaux à l'arrivée de la petite troupe.

Les mercenaires n'étaient qu'une quinzaine. Les hommes d'Amaury de Rivelet n'eurent pas besoin d'ordres ni d'instructions. D'un mouvement naturel, ils encerclèrent la petite troupe d'étrangers qui s'étaient mis sur un genou, lances brandies, et ils parvinrent, non sans mal, à percer ce mur de pointes. Les intrus perdirent leur avantage défensif et en quelques minutes tous furent tués. Amaury ordonna de les dépouiller et de pendre leurs cadavres, en chemise, à la croisée des chemins, pour bien montrer que dans le domaine de Rivelet, le seigneur ne laissait pas ses paysans sans protection.

Ledit seigneur y gagna du reste des chevaux, des armes et tout l'équipement des malfaiteurs. À tout prendre, l'opération se révélait fructueuse.

—Comment peux-tu dire cela ? lui reprocha Audouin

quand ils furent de retour au château. Il y a eu des victimes, et je ne parle pas des soldats errants.

—J'ai fait dépendre le vieil homme, protesta Amaury. J'ai dit au curé que je paierai des messes pour leur âme.

—Crois-tu que c'est suffisant ? Tu leur dois aide et sécurité.

Tous ces pauvres gens humiliés avaient failli y laisser leur vie, et si les soldats errants étaient allés au bout de leur idée, ils auraient tous supplié pour que la mort vienne vite.

—Eh bien, ne sommes-nous pas justement arrivés à temps, comme il se doit ?

—Certes. Mais aujourd'hui ils n'ont plus rien. Tous leurs vivres et leurs biens sont partis en fumée. J'espère que tu vas les dispenser d'impôts pour l'année à venir.

—Les dispenser ? Mais je ne peux pas ! Le domaine a besoin de cet argent !

—Ils n'ont plus rien, répéta Audouin avec force. Ils n'ont plus de maison, plus de réserves. Comment mangeront-ils seulement cet hiver ?

—Tu as raison. Je vais organiser une corvée avec les paysans des autres villages pour qu'ils aident à rebâtir les maisons. Il n'y a pas besoin de plus de trois ou quatre jours pour cela, ce ne sont que des masures. J'enverrai cinq ou six hommes de la troupe pour qu'ils surveillent.

—Vends les chevaux et les armes que tu y as gagnés et épargne-leur les impôts, dit Audouin, enflammé. Tout ce butin te remboursera largement. Tu pourrais même leur laisser une partie de l'argent. Et Dieu te le rendra au centuple.

—Tu es fou… murmura Amaury. Tu ne sais pas ce que c'est que de gérer un domaine. C'est parce que je peux me payer des hommes d'armes compétents et bien équipés et des chevaux rapides que nous pouvons réagir dès le début d'une attaque. Tu sais bien que je suis un bon seigneur.

—Oui, probablement, murmura Audouin en baissant la tête, peu convaincu cependant.

« J'ai le cœur trop tendre, se dit-il. Je sais bien que mon frère a raison. Je suppose que c'est aussi bien que je ne sois pas seigneur, je ne saurais jamais gérer un fief. »

La discussion était close.

— Allons, tu t'es bien battu, fit Amaury en donnant une grande bourrade à son cadet. Tu vois, tu n'as pas eu besoin de beaucoup de temps pour être de nouveau plein d'ardeur au combat. À peine une estafilade…

Audouin avait senti la pointe d'une pique pénétrer dans sa manche gauche et il avait une plaie d'un demi-pied de long, assez profonde, sur laquelle la fille aînée de Bérengère, sous les directives de sa mère, avait posé une épaisse pommade de millepertuis, d'achillée millefeuille et de souci, puis un bandage. Les filles n'étaient jamais trop tôt formées à soigner ces petits maux habituels aux hommes. Audouin serra les dents, sa nièce avait onze ans, elle tâtonnait et était impressionnée, si bien qu'elle faisait des faux mouvements.

— Je vous fais mal, mon oncle ?

— Non, ça ira. Mais si tu pouvais te dépêcher. Pour que ça guérisse vite, vois-tu…

La blessure d'Audouin étant au bras gauche, cela ne l'avait donc pas empêché de continuer à se battre.

— Je voudrais que tu ne repartes pas, lui dit encore Amaury tandis qu'ils devisaient devant le feu. Tu te bats bien, tu es hardi et vaillant. J'ai besoin d'un homme comme toi, ici, à Rivelet.

— Je ne peux pas, répondit Audouin, contracté. Je me suis engagé et j'ai juré sur la croix.

— Je pourrais te forcer.

— Nul autre que l'abbé de Gardefoy ne peut me relever de mon vœu, et d'ailleurs je ne le désire pas. J'irai rechercher ce maudit grimoire noir. À chaque instant, je pense que le mal se répand un peu plus et…

Amaury haussa les épaules.

— « Le mal se répand »... L'attaque de tout à l'heure n'avait rien d'exceptionnel !

— Je sais, et je ne parlais pas spécialement de cette attaque de soudards. Mais trouves-tu cela normal que des hommes s'amusent à des jeux aussi pervers ? Ne crois-tu pas que le diable pourrait bien y être pour quelque chose ?

— Tu sais bien qu'il en a toujours été ainsi.

— Je n'en suis pas sûr. Jadis, il me semble que les guerres étaient plus propres.

— Plus propres ! Comment une guerre peut-elle être propre ! Et de toute façon, qu'est-ce que tu y connais ?

— Rien, je le reconnais. Mais cette pensée du grimoire maudit ne cesse de me tourner dans la tête. Voilà quasiment un an et demi que j'ai accepté cette mission, et qu'est-ce que j'ai fait ?

— Ne m'as-tu pas dit que tu avais une piste ?

— Oui. Le nom de Lorimont.

Il n'y retournerait pour rien au monde. Se jeter dans la gueule du loup pour une dernière recherche ? Il ne ferait pas cette imprudence. Il sentit lui tomber sur les épaules l'impression du cul-de-basse-fosse où il avait passé plus d'un an. Le froid, l'humidité, la crasse, l'ennui, les regrets... Plus jamais.

— Mais le grimoire n'y est pas, et Philibert des Losses me l'a confirmé. Il aurait bien aimé le garder pour son propre profit. De toute façon, la piste n'était pas bonne.

Il y eut un long silence. Audouin soutenait son bras en fixant le feu, Amaury flattait son chien, les dames chantonnaient, une broderie à la main ou un enfant entre les bras.

— Dès que mon bras ira mieux, je repartirai, fit Audouin.

— Comment t'y prendras-tu ?

— Je ne sais pas encore.

Il attendrait d'être parfaitement remis de son incarcération et de sa blessure, car il avait besoin de tous ses moyens. Dans un mois ou deux, quand l'hiver donnerait des signes d'affaiblissement et que les bourgeons commenceraient à se montrer au bout des branches, encore tout pointus et coriaces, il serait prêt.

— Et dans quelle direction iras-tu ?

— Je ne sais pas.

Il partirait avec la bourse d'or, le manteau noir à motif vert et Dariolet. Il était sûr que ses pas le mèneraient exactement où il le fallait. Ça prendrait le temps que ça prendrait. Il avait la vie devant lui.

— Bon courage, mon frère... murmura Amaury.

Cependant, tandis que les jours passaient, Amaury s'appuyait de plus en plus sur son jeune frère.

— Je ne m'étais pas rendu compte à quel point tu m'étais utile, et tu ne sais pas à quel point tu m'as manqué. Laisse donc ces moines à leurs problèmes. Tu dois bien te douter que tu ne retrouveras jamais ce livre, après tout ce temps.

— Je suis sûr que si.

— Et tu es plus utile ici qu'ailleurs ! Audouin, j'ai besoin que tu restes à mes côtés.

— Tu sais bien que ce n'est pas possible.

— Je t'interdis de repartir pour aller risquer ta vie sur des leurres.

— Tu m'interdis ?... Tu te doutes de ce que je pense de ton interdiction, j'imagine.

— Je pourrai confisquer ton précieux cheval, fit cauteleusement Amaury.

Il n'avait que ce seul recours possible, question chantage, pour retenir son frère à Rivelet.

— Comme tu voudras, fit Audouin d'un ton presque indifférent, malgré la fureur qui commença à bouillonner en lui. J'en trouverai sûrement un autre.

— Audouin, si tu quittes Rivelet, ce ne sera plus jamais la peine de chercher à y revenir.

— Me détestes-tu à ce point, Amaury ?

— Je déteste que tu poursuives les chimères d'Archambault. Il s'est fait moine, il a donné dans ces folies, il en est mort, c'est entendu. Mais pour… pour une telle sottise !

— N'as-tu pas fait arrêter une femme, à Landart, juste après les Rois ? Une femme qu'on croyait sorcière ?

— Eh bien ? De toute façon, les juges l'ont reconnue innocente.

— Coup de chance pour elle… Si elle avait cédé à la torture… Et elle en est revenue estropiée. Mais ce n'est pas de cela qu'il s'agit : en faisant arrêter cette femme, tu as reconnu que le diable cherche à établir son emprise sur le monde.

— Comme il l'a toujours fait, Audouin. Ne te fais pas plus bête que tu n'es. Chercher ce livre, c'est comme vouloir emprisonner le vent entre ses deux mains. Ce que je ne supporte pas, c'est que tu sois si bête, et que tu me prives de ton renfort quand j'en ai tant besoin.

— Pour des raisons égoïstes donc…

Au fil des semaines, les relations entre les deux frères se dégradèrent, et Bérengère regardait alternativement son mari et son beau-frère d'un air désolé. Tout était tendu entre eux, et Amaury surveillait son cadet de près. Si Audouin n'avait pas connu l'épreuve de la geôle à Lorimont, il l'aurait bel et bien bouclé pour quelques mois, afin de lui faire entendre raison et de lui faire abandonner cette quête absurde. Mais par un reste d'affection fraternelle, il renonça, en tout cas pour un temps. Mal lui en prit. Lors d'une chasse, Audouin s'éloigna du gros des rabatteurs, sur son beau cheval pain brûlé, vêtu de sa grande cape noire à motif vert, et jamais on ne le revit à Rivelet.

17

Durant tout le temps où elle fut au service du capitaine Bardaillon, jamais Jeanne ne participa à des combats. Jamais elle ne vit des batailles fer contre fer, des volées de flèches, des incendies, des villes mises à sac.

Avec l'arrière-garde de l'armée, les vieux soldats qu'on gardait par compassion, les laveuses de linge, les petits valets de moins de treize ans, elle restait dans les camps de toile édifiés à distance des champs de bataille. Elle était un valet, mais pas tout à fait comme les autres. Elle était le valet du capitaine Bardaillon et, comme le capitaine l'avait abondamment fait comprendre dans le camp, celui qui se serait risqué à poser la main sur elle pour la culbuter sur un tas de paille l'aurait fait au péril de son nez et de ses oreilles.

Jeanne de Lorimont était si loin, maintenant… Trois ans s'étaient écoulés depuis qu'elle avait sauvé le bras du capitaine. Elle avait beaucoup pleuré, parce que l'homme était exigeant. Son armure n'était jamais assez bien entretenue, et elle devait polir et repolir l'acier, en traquant les moindres points de rouille. Ses bains n'étaient jamais assez chauds, et elle devait aller au ruisseau puiser de l'eau, ramasser des bûches et entretenir le feu pour la faire chauffer, la déverser dans son cuveau, tandis qu'il riait et parlait fort avec ses hommes sans s'occuper d'elle en attendant de se plonger dans l'eau bienfaisante. Ses chevaux n'étaient jamais assez étrillés et elle se levait avant l'aube, saisissait une brosse dure et la passait et la repassait sur la robe noire de sa belle monture, et même sur le bai qu'il lui avait confié et sur son cheval de bât.

Et quand elle en avait fini et qu'elle était épuisée, le capitaine l'appelait, lui mettait une arme entre les mains et lui disait :

— Défends-toi.

Les soldats faisaient cercle autour d'eux et riaient, l'épée pesait un poids effroyable, mais pourtant, elle finit par ne plus lui sembler si lourde. Elle apprit aussi à tirer à l'arc et à manier la dague.

Quand elle disait au capitaine : « Emmène-moi à Lorimont, que je puisse accomplir ma vengeance », il répondait : « Tu n'es pas encore prête. » Puis il l'entraînait en lui faisant tuer les poulets du souper, et bientôt des chevreaux et des jeunes porcs. Avoir du sang sur les mains ne la gênait plus.

Elle avait appris à recoudre ses blessures avec une aiguille et du fil de soie, comme une bonne ménagère, mais complétait toujours ce traitement avec le fromage qu'elle gardait précieusement en réserve pour ce seul usage. Elle achetait les tomes pour leur moisi dans toutes les villes où elle passait, et même dans les bergeries de campagne. Elle avait oublié comment on file, se rappelait à peine comment on faisait pour lire. Elle parlait comme les soldats, laissant échapper autant de jurons qu'eux, et chantait leurs chansons dont certaines étaient assez paillardes. Elle savait jouer aux dés et aux cartes, et ne perdait pas souvent sa mise.

Sa vie était tissée de longues chevauchées sur des terres inconnues, surtout du côté de la Lorraine et de la Comté, mais aussi vers Lyon ou vers l'Auvergne. Puis il y avait le montage de camps, les soins à son maître et l'entretien de l'équipement, et surtout d'interminables attentes tandis que les hommes se battaient et qu'on ne savait qui rentrerait au camp, et dans quel état. Elle avait vu des blessures plus qu'il n'en fallait, et en avait soigné un certain nombre.

Elle avait compris une leçon que le capitaine lui avait posément expliquée, un soir de calme avant une grande bataille, assis côte à côte en haut d'une colline, face au soleil couchant : « Retiens bien cela, Jeanne, je n'aurai peut-être pas l'occasion de te le répéter : avoir peur ne sert à rien. La peur n'éloigne ni n'évite le danger. La seule façon de lutter contre le danger, c'est d'attaquer le premier. Il n'y a pas d'autre moyen. Tu te rendras vite compte alors que tu as échappé à la peur. » Elle n'avait jamais oublié cela. La peur se combat comme un ennemi : les armes à la main.

Elle ressemblait de moins en moins à la fille terrorisée que le capitaine Bardaillon avait ramassée dans la forêt en l'attirant avec des trognons de pomme. Elle portait des chausses et un pourpoint parce que c'était plus pratique que sa cotte et sa robe. Elle était plutôt grande, déliée, un peu osseuse, le teint hâlé, les cheveux toujours aussi blonds, qu'elle nattait en une grosse tresse qui pendait dans son dos. Elle n'avait ni douceur, ni rien de moelleux, et ses défauts d'adolescente – la silhouette pataude et disgracieuse, le regard en dessous, le teint brouillé – étaient maintenant loin derrière elle. Elle avait de magnifiques yeux bleu-gris à paillettes sombres et de longs cils noirs, mais personne n'aurait pensé à lui dire qu'elle était jolie. Les manières brusques lui étaient devenues habituelles, elle ne s'en laissait pas conter. Elle avait assez vite compris qu'être le valet du capitaine Bardaillon était aussi un poste de prestige.

Elle n'était plus une douce héritière, élevée dans un château pour un mariage avantageux pour sa lignée.

Mais elle était toujours la sœur de ses jumelles et appelait leur fantôme à la rescousse chaque fois qu'elle était éreintée par la vie que lui faisait mener le capitaine, chaque fois que les difficultés lui semblaient insurmontables, chaque fois qu'elle avait vu trop de sang, de mutilations et de blessures. Elle les voyait souvent qui l'accompagnaient avec bienveillance. Elle avait l'impression d'entendre vingt fois par jour les voix de ses sœurs lui dire : « Courage, Jeanne, ce n'est qu'un mauvais moment à passer, bientôt tout changera. » Qu'est-ce qu'elles entendaient donc par « bientôt », à l'aune de leur éternité ?

De temps à autre, quand elle s'asseyait près du feu, le soir, au campement, et qu'elle n'écoutait pas les bavardages et les gros rires de ses compagnons, elle avait une pensée troublante : « Si ça se trouve, me retrouver seule sans mes sœurs et quitter Lorimont, ça aura été la grande chance de ma vie. »

Que serait-elle, sinon ? L'épouse maltraitée et cloîtrée d'un homme qu'elle détestait, ayant perdu tout droit sur son propre domaine. Ou bien elle serait morte. Qui aurait cru que la vie d'un campement de soldats lui plairait ? Ce n'était pas le bonheur, non, loin de là. Ça n'y ressemblait pas, en aucune façon. Mais elle ne s'ennuyait pas et avait acquis de nouvelles compétences. Les affrontements, la guerre elle-même, les blessures, les brigandages, elle ne les voyait que de loin, parce que cela l'arrangeait aussi bien comme cela. De la vie de mercenaire, elle avait les avantages et aucun des inconvénients.

Un soir, au sortir d'une sanglante bataille, alors qu'elle attendait son capitaine à l'entrée de sa tente, le bain fumant, les aiguilles à recoudre toutes prêtes et enfilées, le capitaine Bardaillon, du haut de son cheval, lui lança un paquet enveloppé d'étoffe. C'était tout petit, ça tenait dans le creux de sa main.

— Pour toi, dit-il sobrement.

Elle déplia le linge, qui contenait trois grosses bagues d'argent : deux anneaux ornés de frises en forme de guirlande, et le troisième avec un chaton représentant une petite rose entre deux myosotis. Elle adressa au capitaine un regard interrogateur.

— Prise de guerre, dit-il. C'est ta part de butin.

Elle mit un anneau au pouce gauche, un autre à l'annulaire gauche, et la bague aux fleurs au majeur droit, et ne les quitta plus jamais. C'était la première fois qu'on lui offrait un présent.

— Tu vas pas te mettre à pleurer, non ? aboya le capitaine. Qui est-ce qui va me défaire les boucles de cette satanée armure ?

Elle s'essuya les yeux de sa manche et s'attaqua aux boucles de cuir. C'était un travail qu'elle faisait maintenant avec aisance et sans être le moins du monde intimidée.

Au fil du temps, d'autres pièces de butin tombèrent dans son coffre – car elle avait aussi un coffre, maintenant. Une miséricorde, qui était une grande dague d'un pied de long environ. Une paire de belles bottines qui n'étaient même pas éraflées. Quelques vêtements, dont une ceinture de dame avec une épaisse boucle d'orfèvrerie. Une douzaine de pots de terre qui contenaient des épices volées dans une riche cuisine. Elle ne se lassait pas de plonger le nez dans la cannelle, le gingembre, le cumin, la muscade et les autres. Les brouets qui formaient l'ordinaire de la troupe étaient abominablement fades à son goût, mais elle ne dilapidait son trésor qu'avec parcimonie.

Lors de la dernière bataille, après la mise à sac de Bligny, elle ne prit guère garde au lot de butin qui lui était échu. Elle avait bien d'autres soucis en tête que d'évaluer sa part. Le capitaine Bardaillon, cette fois, avait été sérieusement blessé.

18

Héribaud Hébert possédait un nombre conséquent de grimoires, sur les tables et les étagères de sa demeure de Bligny. Il y avait en bonne place son premier ouvrage, écrit avec la concentration du débutant, alors qu'il venait tout juste de passer de l'honnête philosophie à l'intérêt pour les domaines les plus obscurs de la pensée. Il possédait aussi, pêle-mêle, des livres de bonne vieille magie alchimique, des traités de satanisme, des grimoires volés à des confrères, le recueil de ses conversations avec les démons. Mais cette bibliothèque fournie était maintenant éclipsée par le grimoire des ténèbres orgueilleusement posé sur le lutrin de son cabinet de travail, à la place d'honneur.

Héribaud Hébert avait non seulement voué son âme au diable depuis belle lurette, mais il se flattait d'être le plus fidèle et le plus compétent de ses adeptes. Nul au monde n'avait réussi jusqu'à présent à dérober aux moines de Gardefoy le grand livre noir de Satan. Et c'est lui, lui seul, après des années de travail acharné, qui y était parvenu. Il en tirait orgueil et même vanité. Hélas, nul au monde n'avait connaissance de cet exploit, ce qui rendait le mage quelque peu amer. Il aurait aimé que tous les sorciers, tous les mages noirs, tous les satanistes, toutes les folles qui se prétendent sorcières et vont danser au sabbat reconnaissent son génie et se prosternent devant lui. Les adeptes du diable ne forment pas une confrérie, aussi Hébert se sentait-il souvent isolé, en la seule compagnie du grimoire des ténèbres et de son orgueil démesuré.

« J'ai encore besoin de temps, se dit-il. Mais quand le monde sera sens dessus dessous de par mon œuvre, quand tous gémiront de se trouver sur la férule du diable, je clamerai bien haut et fort que c'est à moi qu'ils doivent leurs malheurs, c'est de mon fait qu'ils invoqueront Satan, faute de pouvoir invoquer l'Autre, qui est toujours si indifférent, c'est de mon fait qu'ils geindront et supplieront pour signer le pacte, afin de soulager leurs souffrances. Ah, mon cher maître, je ne suis pas du genre à m'amuser à ces petites sauteries ridicules qu'ils appellent des sabbats, moi. Je transforme le monde. Mais que c'est long, par les chaudrons de l'enfer, que c'est long… »

Il fallait à peu près un an pour mettre en œuvre un maléfice d'envergure, précis comme une mécanique, calculé dans ses moindres détails. « L'enfer est pavé de bonnes intentions… » Comme c'était drôle, quand on y pensait. À partir d'un immense progrès de l'humanité, il introduirait méthodiquement le minuscule détail qui fausserait tout l'ensemble et conduirait à d'amusantes catastrophes, aussi inévitables que gigantesques.

Il en avait déjà monté et lancé deux, et était en train de mettre le point final à la troisième.

La première ? Le jeune Geinsflesch – qui se ferait bientôt appeler Gutenberg – n'allait pas tarder à se faire prêter une grosse somme d'argent pour mettre au point une invention dont il avait l'idée : l'imprimerie. On pourrait écrire beaucoup plus vite, avec des caractères mobiles en métal. Finie la bonne vieille écriture à la plume. Hébert laissa éclater un rire homérique. Non seulement Gutenberg se ferait escroquer par son banquier, mais sa belle invention serait à l'origine de bien des horreurs. Les livres répandraient à toute vitesse des doctrines perverses ou absurdes et des modes d'emploi pour traquer les pauvres gens. Il y aurait beaucoup de bûchers d'innocents, grâce à l'imprimerie. Le sataniste s'en pourléchait d'avance. Voilà pour commencer.

Ensuite, il avait lancé un autre maléfice. Le deuxième. Oh, attaquer l'Église elle-même, quel plaisir suprême ! L'Église avait besoin d'être assainie et réformée, c'est certain. Mais il introduirait le ver dans le fruit. Les réformateurs susciteraient malgré eux de longues vagues de violences. On appellerait cela le protestantisme, ou la religion réformée. Et voilà : non seulement des discussions théologiques et des querelles de factions, mais d'interminables et féroces guerres religieuses, assorties d'injustices, de mauvaise foi, de massacres, de bûchers encore, d'envoi aux galères, de prison, d'exil. Au nom de l'Autre ! Ah vraiment oui, c'était trop drôle !

Et puis il y avait l'autre grand projet, le troisième, sur lequel il planchait depuis un an. Quelque chose de vraiment grandiose : la découverte d'une terre nouvelle. Des explorateurs ne voyant pas plus loin que le bout du nez de leur figure de proue croiraient parvenir aux Indes. Oh, que d'or, dans cette terre nouvelle, que d'or et que de massacres en perspective, et d'esclavage, et d'exactions. Le monde désorganisé pour cent ans, à cause de cette soudaine fortune qui donnait des envies de conquêtes et d'autres guerres encore. Il faudrait des centaines d'années pour réparer ce qui pourrait l'être, si jamais c'était possible, et Héribaud Hébert veillerait à ce que ce ne le soit pas.

Tout à l'heure, quand Saturne serait en exact carré à la Lune et à Mars, il mettrait la dernière main à ce troisième maléfice, mais en attendant, il devait choisir quel serait le quatrième. Il s'en régalait d'avance.

Il ouvrit de nouveau le livre et les lettres rouges flamboyèrent sur les pages noires. C'était un spectacle hallucinant, dont il ne se lassait pas. Des flammèches s'élevaient, de petits panaches de fumée nauséabonde se formaient, mais

Hébert s'efforçait de ne pas en remarquer l'odeur. Il feuilleta les pages çà et là.

J'ai la haine de l'Autre, la haine des hommes, la haine du bien, du beau, du juste, de l'honnête. L'Autre m'a châtié avec son habituelle malveillance perverse. Quoi qu'on en pense, Il n'est pas bon, oh, loin de là. Il m'avait fait beau ? Il me précipita vers l'abîme en me faisant perdre ma silhouette souple et déliée, ma peau fine et tendre, mon visage régulier et noble. Voilà ce qu'il a fait de moi : un monstre cornu à la peau écailleuse, au corps difforme, au visage repoussant. Je me dégoûte moi-même. Comment ne le haïrais-je pas ? Comment ne haïrais-je pas l'univers entier ? Je voudrais que les hommes souffrent tous à chaque instant de leur vie, qu'ils se couvrent de ridicule en acceptant de faire pour moi des cérémonies grotesques. Je voudrais qu'ils souffrent non seulement à chaque instant de leur vie, mais aussi à chaque instant de leur mort.

Au fil de sa lecture, Héribaud Hébert nota les idées qui lui venaient à cette intéressante lecture. Il pouvait activer l'invention d'armes plus meurtrières encore que les arbalètes et même que ces couleuvrines et autres bombardes qui dégageaient bruit, flammes, fumée et mort, oui, déjà un concentré d'enfer. Mais on pouvait faire mieux. Beaucoup mieux.

Et puis il se débrouillerait pour développer le goût pour des loisirs plus abrutissants encore que le jeu ou les cartes. Il allait aussi limiter les droits et les libertés des femmes, voilà qui leur ferait le plus grand bien. Et l'amour ? Frapper l'amour d'une maladie terrifiante, ça aussi c'était une bonne idée. On finirait même par regretter la peste. Il griffonnait, frénétique. Et pourquoi pas des dictatures, sans âme, sans chef, uniquement organisées par des principes absurdes ? Et pourquoi pas des famines, des tempêtes, des épidémies, d'autres guerres ? Non, tout cela, c'était trop facile, trop connu, il fallait trouver autre chose. Pire.

Il entendit sonner les cloches de la ville et consulta du coin de l'œil ses tables astrologiques. Bon, c'était l'heure de boucler son troisième sortilège.

Il referma le livre, pointa ses index et récita une formule compliquée. Et tout en dévidant la litanie incompréhensible, il fronça les sourcils, distrait, ce qui était rarissime, par le monde extérieur. Il y avait en ville un tumulte comme il n'en avait encore jamais entendu. Des cris, des chocs de métal, des galopades, le tocsin, des hurlements, des grondements d'incendie, des maisons qui s'effondraient. Mais que se passait-il donc ?

Héribaud Hébert n'était pas du genre à se préoccuper de ce qui se déroulait hors des murs de sa maison. Il faisait deux fois par mois rentrer suffisamment de victuailles et ne se souciait pas du reste. Il ignorait donc que la ville avait subi une attaque de soldats après un court siège, et que la ville était ce soir livrée aux pillards.

Alors il sourit. Dans sa propre ville, le mal absolu était en marche. Cela lui sembla un merveilleux présage. Les mercenaires égorgeaient les enfants, massacraient les hommes, poursuivaient les femmes, enfermaient les vieux dans les églises avant d'y mettre le feu. Partout dans la ville, se mêlant aux cris de panique, on entendait des exclamations réjouies : « Eh, les gars, regardez ce que j'ai trouvé... »

Le sataniste eut une pensée émue pour le grimoire des ténèbres qui le faisait être témoin d'un tel événement. Puis il conclut sa longue litanie, qu'il n'avait pas interrompue pour autant, d'un « Qu'il en soit ainsi », et se laissa tomber sur son siège, satisfait de la tâche accomplie. Un an pour parvenir à cette conclusion ! Il était content.

Les flammèches autour du grimoire disparurent, au contraire des flammes qui sortaient de cent maisons. Il était si satisfait qu'il alla jusqu'à écarter les pans de sa houppelande pour être plus à l'aise. Il se pencha en arrière sur sa cathèdre et mit les pieds sur son bureau, parmi un fatras de vieilles paperasses et de parchemins inutiles. Ainsi savourait-il doublement le moment : il avait bouclé le troisième maléfice et la ville était la proie des soudards.

Tout à coup, il entendit des coups et des craquements de bois tout proches. Il se leva, mais s'embrouilla un peu, à cause de ses talons sur la table et des plis de sa houppelande, et il s'étala de tout son long. L'épaisse porte de bois donnant sur la rue avait cédé sous les coups de hache.

— Que… que se passe-t-il ? bredouilla-t-il, réalisant tout à coup qu'il était en danger et qu'il n'avait préparé aucun sortilège protecteur pour ce genre de circonstance.

— Tu ne t'attendais pas à ça, hein ? fit une voix aigre et moqueuse.

Un être d'une laideur confondante se matérialisait devant lui, d'abord transparent comme une fumée, puis prenant peu à peu de la consistance. Les mains aux hanches, il adressait au mage un sourire mauvais montrant des dents gâtées. Il avait un nez aplati aux larges narines, les oreilles velues, les yeux vitreux et froids. Sa peau était granuleuse et verdâtre et il était nu comme un ver.

— Ô grand Grignolas, prince des démons, général des légions infernales, viens à mon secours ! hurla le vieux sataniste, qui l'avait tout de suite reconnu.

Mais le grand Grignolas se contenta de regarder l'adepte avec des ricanements tandis qu'il se tordait par terre, car, empêtré dans sa grande houppelande et ses rhumatismes, il ne parvenait toujours pas à se relever.

D'autres grands coups ébranlèrent la maison et, cette fois, c'est la porte du cabinet qui vola en éclats. Des soldats hilares, couverts de sang, apparurent. L'un d'eux avait à la main une hache, tous les autres des poignards, des piques, des épées, des coutelas, mais Hébert les aperçut à peine, tout à sa supplique au démon.

—J'ai demandé un supplément de vie ! protesta-t-il.

—Il est épuisé. Tu as eu cent cinquante ans de prolongation, tu ne vas quand même pas te plaindre. Il est temps de venir avec moi.

—Mais... mais... mais que va-t-il advenir de mon grimoire des ténèbres ?

—Ne t'inquiète pas de ça, nous nous en occupons. Alors ? Prêt pour la suite ?

Héribaud Hébert eut alors l'impression qu'un couloir cylindrique, tourbillonnant, se formait comme un tunnel dans le mur, par où l'entraînait le grand Grignolas. Au bout de ce couloir, il eut la vision terrifiante de ce qui l'attendait de l'autre côté, lui qui avait signé pour que le diable s'empare de son âme au moment de sa mort.

Il hurla de terreur. Non, non, pas ça, pas cette horreur éternelle. Le soldat qui lui enfonça sa dague dans les boyaux et la tourna en tous sens crut que c'était à cause de lui.

Avant qu'ils ne mettent le feu à la maison, les soldats de la lance du capitaine Bardaillon s'emparèrent de tout ce qui semblait intéressant, les chandeliers d'argent, le tapis de table, une cassette de bois noir et d'ivoire qu'ils vidèrent de ses flacons de poudre, et ce gros livre noir qui, sait-on jamais, pourrait peut-être plaire à Jeanne, leur petite fromagère, puisqu'elle savait lire. Du moins c'est ce qu'elle prétendait.

✦ ✦ ✦

—Eeehhh... que va devenir le grimoire des ténèbres, maintenant ? s'inquiéta un être d'une laideur infâme, qui appartenait à un autre monde, un autre temps. Nous avons eu assez de mal à le faire sortir de Gardefoy !

Il lorgnait l'affaire dans un Miroir de l'Ailleurs, tout en

préparant distraitement des poudres maléfiques qui seraient distribuées lors d'un sabbat.

—Ah, c'est tout simple, mon cher Atziniel, répondit un de ses commensaux, aussi laid mais beaucoup plus chevronné, du nom de Negmos. Il ne sera pas très difficile de mettre sur la piste au moins cinq ou six des rivaux d'Héribaud Hébert. Il l'avait assez bien protégé de ses concurrents, et dire qu'il n'a pas pensé du tout aux pillards ! Mais nous allons nous débrouiller pour faire passer l'information auprès des meilleurs de nos adeptes.

— Oui mais en attendant ?

—Oh, le livre va certainement passer entre quelques mains. *A priori*, rien de dangereux tant qu'il est entre des mains ignorantes. Vous allez rire, j'allais dire « innocentes »...

À ces mots, tous deux s'esclaffèrent un long moment.

Atziniel, le premier démon, ferma d'un lien un sachet de poudre et s'essuya les yeux.

—Quel dommage, continua-t-il, que nous ne puissions le récupérer nous-mêmes...

—C'est là un des inconvénients d'être un démon, mon cher. Nous ne pouvons agir directement sur les objets matériels, mais seulement avec l'aide d'intermédiaires. Mais, bah, ce n'est pas si difficile. L'essentiel sera surtout de le protéger de ces immondes moines de Gardefoy. Mais voilà plus d'un an qu'ils passent leur temps à protéger des objets de bien moindre valeur satanique, quasiment des broutilles. Qu'ils s'occupent donc, ils n'ont pas de temps à consacrer au reste.

—Je me rappelle. Hébert était venu facilement à bout des trois moines de Gardefoy lancés aux trousses du grimoire.

—Vous voyez bien. Les autres du monastère – qu'il soit mille fois maudit – ont perdu l'affaire, ou ne s'y intéressent plus. Allons, tout cela s'annonce assez bien. Il ne suffira que de quelques semaines, quelques mois de temps humain pour que notre grimoire des ténèbres soit de nouveau entre les mains d'adeptes chevronnés.

— Ah bon. J'avais eu un instant d'inquiétude.

— Notre Maître nous a assez appris à susciter exactement ce que nous voulions pour que son emprise s'exerce de plus en plus.

— Et si j'allais me manifester dans le livre, pour inciter son détenteur à perdre son âme, au passage ? proposa Atziniel.

— Bonne idée ! renchérit Negmos. Ainsi il se trouvera en butte à la fois à notre persuasion infernale et aux sorciers qui vont lui tomber dessus.

— Il faudrait lui proposer de réaliser sans peine ses rêves les plus fous.

— Fortune, vengeance, passion d'amour, puissance, haine, connaissance, les rêves des humains sont si multiples, si prégnants...

— Et à la fois si ordinaires.

— ... qu'il est impossible que le possesseur provisoire du grimoire n'y succombe pas !

— Et voilà comment on gagne une âme de plus. Ah, beau travail !

— Ha ha, la liste des damnés s'allonge, s'allonge...

Tous deux recommencèrent à lancer des rires grinçants et particulièrement enthousiastes à ces belles idées qui naissaient.

— Et en plus il fera des vœux en se fiant au livre des ténèbres pour échapper aux satanistes que nous allons lancer sur la piste !

— De bien belles batailles d'influence en perspective...

— Oui, notre Maître sera content.

Les deux démons se mirent à entamer une gigue bizarre, à contretemps, tandis que s'élevait une musique discordante venue d'on ne sait où. Ils psalmodièrent :

— La danse des démons... la danse du sabbat... Sautez,

adeptes, dansez, sorcières… Perdez vos âmes… Adorez le diable, il saura bien vous remercier.

Sur terre, dans un lointain ailleurs, le bruit courait de plus en plus que des étrangers cherchaient à étendre l'empire de Satan sur le monde, à l'aide d'une sorcellerie non pas de petits maléfices de fond de chaudron, mais avec des pactes maudits et des sabbats.

Les deux démons dansèrent et sautèrent encore plus frénétiquement. Tandis que les sorcières occuperaient les esprits et les bûchers pour peu, si peu, les vrais adeptes s'attaqueraient à bien plus gros sans que jamais personne les soupçonne. Le monde des humains était vraiment trop drôle. Dansez, sorcières, sautez en l'air, au bal du sabbat, Satan vous regarde et il rit à gorge déployée.

19

Audouin avait pris la route sans illusions, et même sans beaucoup de foi, après avoir fui Rivelet. Il n'avait pas besoin de grand-chose : son cheval, son chaud manteau noir, ses armes, sa bourse d'or encore assez pleine, un peu de vêtements de rechange, des vivres pour deux ou trois jours.

« Amaury pense sans doute que je resterai toujours le cadet juste assez bon pour lui obéir et lui servir d'adjoint, dans le confort du château. Mais tant qu'il y aura cette mission… »

Il redécouvrit la solitude, en la seule compagnie de Dariolet et sans savoir où il allait. Il se laissait un peu mener. Il se disait que son cheval, dressé à Gardefoy, avait peut-être des intuitions plus fines que les siennes, car pour sa part, il ne ressentait rien. Pas d'appel de noirceur, pas d'impression diffuse le menant tout droit à l'objet maléfique. Il faut croire que le livre maudit était sacrément bien défendu contre les fuites d'effets étranges.

Néanmoins, il acheta les services d'un écrivain public à qui il fit envoyer une lettre aux moines de Gardefoy, signifiant qu'il était toujours à la recherche du livre. Il ne savait si sa missive parviendrait jamais aux moines, car en ces temps troublés, les messagers risquaient souvent leur peau, et parfois gardaient l'argent, jetaient la lettre et s'estimaient quittes.

Puis il repartit et le temps passa. Il dut bien finir par s'avouer, après plusieurs mois de cette errance, qu'il cheminait pour rien.

« Je vais rentrer, finit-il par se dire. Tout cela ne rime à rien d'autre qu'à m'emplir de mélancolie. Je vais cesser cette quête inutile, je vais retourner à Rivelet, faire amende honorable auprès de mon frère et lui demander de me confier un petit domaine, une grosse ferme fortifiée, ou quelque chose de ce genre, et de me trouver une épouse. La première malédiction du grimoire noir doit bien être là : ne pas se laisser retrouver. »

Il en était à peine là de ses pensées qu'il crut entendre un rire très proche et extrêmement ironique derrière lui. Il se retourna. Personne, sinon des paysans à la fenaison dans les champs, dont il entendait les cris d'appel et des lambeaux de conversations ou de chansons, mais rien d'aussi proche que ce qu'il avait perçu.

« De toute façon, ça ne change rien. Je rentre à Rivelet. Qui le saura, à Gardefoy, que j'ai non pas échoué, mais renoncé ? »

« Ha ha ha », fit encore le rire sardonique derrière lui.

C'était le rire du diable, il n'en doutait pas. Le rire du grimoire. Il se mordit les lèvres. Si le diable se réjouissait de sa défection, c'était mauvais signe. Signe que le mal gagnait du terrain.

— Mais je ne peux pas faire autrement ! s'écria-t-il à mi-chemin entre la colère et l'accablement. Je suis tout seul, je n'ai aucune piste, je ne sais même pas pour quelle mystérieuse raison j'ai été choisi ! Je ne connais rien à ces sujets maléfiques ! Qu'est-ce que je peux faire, moi ?

Il devait bien se dire cependant que se dérober à la parole donnée ferait une tache irrémédiable sur son honneur. Et un chevalier peut-il vivre sans honneur ?

« Il le peut très bien, et les exemples ne manquent pas chez les plus grands », grinça la voix sardonique dans son dos.

— Eh bien, je ne sais pas si c'est vraiment un démon ou si ce sont les moines de Gardefoy qui ont trouvé un moyen de me faire honte, mais je dois dire que… eh bien, que maintenant, j'hésite…

Pour son honneur et la parole donnée.

Comme il arrivait en vue d'une ville, il se dit qu'il attendrait un signe. Il resterait une pleine journée dans cette ville et, si rien de particulier ne se passait, il rentrerait à Rivelet, comme il se l'était proposé. Sans dignité mais, comme l'avait dit Amaury, sans poursuivre en vain des chimères.

Il passa les portes de la cité comme il avait passé celles des autres cités depuis plusieurs mois, à la fois blasé et attentif au moindre frémissement de quelque chose à l'intérieur de lui. Mais le fourmillement qu'il attendait – qu'il attendait peut-être un peu trop – ne se manifestant pas, il se contenta d'un passage aux étuves, où il se fit raser, et d'un bon repas dans une auberge.

Propre et repu, il se prépara à continuer sa route, tirant Dariolet par la bride dans les petites rues mal pavées, quand un garçon de six ou sept ans toucha sa manche.

—Venez avec moi, s'il vous plaît, messire, dit le gamin.

—Je ne veux pas de ce que tu vends, dit Audouin.

—C'est à propos d'un gros livre noir maléfique, fit l'enfant comme s'il avait appris une leçon.

—Quoi ? !

Serait-ce enfin le signe qu'il attendait ? Comment le garçon aurait-il pu être au courant, sinon par un des étranges procédés des vieux sorciers et des sages confits dans leurs recherches ?

—Je te suis, fit Audouin avec empressement.

Le gamin partit en avant dans un dédale de ruelles de plus en plus sales et encombrées de détritus.

—Pas si vite ! s'écria Audouin, je ne vais plus pouvoir te suivre !

Mais l'enfant maintenait toujours la distance, se retournant de temps à autre pour être sûr qu'il était suivi.

— On se rapproche, annonça-t-il.

Il prit le tournant d'une venelle et quand Audouin le rejoignit, il avait disparu.

— Hé ho ! Où es-tu passé ?

Mais nul ne répondit.

— C'est malin, se dit Audouin.

Quelqu'un attrapa subrepticement la bride de Dariolet qui hennit vigoureusement et se cabra. Audouin se retourna d'un bloc, sa dague à la main, prêt à éventrer le voleur. Catastrophe ! Il y avait autour de lui une demi-douzaine de jeunes gars à la mine patibulaire, armés jusqu'aux dents de lames de fortune, avides de profiter d'un riche voyageur. « Quel imbécile, se dit-il. Aller tout droit me faire trucider dans une rue sombre, attiré par un jeune rabatteur à l'air innocent… » Décidément, il avait l'esprit et les réflexes bien rouillés. Cependant, il se demanda pourquoi l'enfant avait évoqué le gros livre noir. Comment avait-il pu savoir ? Enfin, ce n'était pas trop le moment de se poser des questions. Il fallait agir, et il était seul contre six. Il s'approcha doucement de Dariolet et commença à faire passer sa dague dans sa main gauche pour décrocher son épée de la droite.

— N'essaie même pas, voyageur, lui dit un de ces brigands, probablement le chef de cette troupe dépenaillée. Donne-nous ta bourse, ton manteau, tes armes, ton cheval et nous te laissons la vie. Que dis-tu de ce partage équitable ?

« Ne compte avoir ni les uns ni les autres, gredin », se dit Audouin en s'adossant à Dariolet. Il savait que les truands ne prendraient pas le risque d'abîmer un si beau cheval. Une fois de plus, il se maudit pour son manque de prévoyance.

Ils étaient six, bien répartis autour de lui, goguenards. Non loin de là, il y avait des échoppes, des habitations, des passants, des ménagères qui mettaient le nez à la fenêtre, des enfants qui jouaient dans la rue et il était là, dans l'ombre épaisse de cette ruelle, entre les murs branlants de hauts taudis aveugles, à chercher une faille pour pouvoir s'en tirer, et tirer Dariolet de leurs griffes. Le regard bas, les sourcils froncés, la main crispée sur sa trop maigre dague, les dents serrées, il attendait l'ouverture.

Quand, tout à coup, la frimousse du traître gamin apparut au coin d'une maison.

— Tu m'as pas suivi assez vite, dit le garçon sur un ton de reproche.

Le bref coup d'œil qu'Audouin jeta dans sa direction suffit au chef des truands pour tenter de lui placer un coup de couteau au bras, qu'Audouin para sans trop de mal. Ainsi, ça avait commencé. Il sentit son cœur battre plus vite. Il était prêt.

À la place de la tête du gamin apparut une autre tête bien plus chenue. Un homme d'une soixantaine d'années s'approcha à petits pas, sans crainte, au milieu du groupe, le petit garçon le suivant à quelques pas.

— Je n'aime pas beaucoup que vous veniez attaquer des voyageurs juste sous mes fenêtres, dit fermement le vieillard chenu.

— Ben faites escuse, messire, mais y a longtemps qu'on en a pas eu un beau comme ça à portée de main.

— Vous savez que vous finirez pendus, naturellement, dit le vieillard.

— Ouais, mais c'est passqu'on sait rien faire d'autre, argumenta le truand.

Abasourdi, Audouin observait cet incroyable dialogue entre un vieux sans défense et une bande de malfaiteurs sans foi ni loi. Pourtant, le vieil homme semblait n'avoir aucun mal à se faire respecter, et tout cela sans même un cri, sans même une menace.

— Vous allez laisser mon voyageur tranquille, pour commencer, continua le vieil homme. Et puis chercher quelque chose de plus intelligent à faire pour gagner votre vie.

— Ouais mais...

— Mais quoi ? Je ne vous ai pas proposé dix fois des besognes plus honnêtes ? Bon, allez donc un peu réfléchir à ça.

Puis l'homme pointa un doigt noueux et parcheminé vers la poitrine d'Audouin.

— Et vous, vous venez avec moi.

Il se retourna et s'en alla tout bonnement, sans s'inquiéter si Audouin le suivait et si les autres étaient retournés dans leurs ruelles sordides et leurs trous à rats.

Audouin tirait Dariolet par la bride, mais tenait toujours sa dague à la main, par mesure de précaution. L'enfant avait mis sa main dans celle de l'homme qui se retourna et fit d'un ton complice :

— Je connais deux ou trois petites choses pour les faire tenir tranquilles, vous seriez étonné si vous saviez.

Ils arrivèrent tous les trois, sans compter le cheval, dans une rue un peu mieux tenue où des artisans travaillaient dur dans leurs échoppes. Il y avait là, entre autres, un atelier de bourrelier où le vieillard et l'enfant s'arrêtèrent.

— Bon, j'avoue, ce n'était pas tout à fait sous mes fenêtres, dit le vieil homme.

— J'ai voulu passer par un raccourci, s'excusa alors vaguement le garçon. Je garderai votre cheval, messire, si vous voulez.

Audouin lui confia les rênes.

L'échoppe sentait le cuir et la colle. Il y avait un maître, un apprenti et deux compagnons qui découpaient des peaux.

Le maître releva un instant la tête quand Audouin entra et lui fit un signe de tête tandis que le vieux l'emmenait vers le fond où un raide escalier montait à l'étage.

En haut, l'homme s'assit aussitôt pour reprendre son souffle. Il prit un livre sur ses genoux et dit :

— Vous êtes bien à la recherche du livre des ténèbres, n'est-ce pas ?

— Oui, acquiesça Audouin, de plus en plus dérouté.

— Bon. Il ne sera pas facile à trouver, mais ça, vous le saviez déjà. Il faut le temps pour ce genre d'opération.

— Mais… mais comment…

— Comment je sais cela ? Oh, c'est grâce au grimoire.

— Vous l'avez donc ?!

Sa quête allait-elle se terminer de façon aussi incongrue et facile à la fois ?

— Non. Je parle d'un autre grimoire. Un héritage précieux.

Il désigna le livre sur ses genoux.

— Il peut donner des indications. Je savais que vous viendriez. Mon seul rôle est de vous dire de ne pas perdre courage.

— Oh… euh… merci, balbutia Audouin.

— Ce genre de quête, ce n'est jamais facile, je sais. Vous avez eu des déboires, hein ? Je le sais, ne niez pas. Vous en aurez probablement d'autres. Et vous vouliez abandonner. Ne vous laissez pas aller à cette facilité, ce serait trop dommage, et pour votre honneur, et pour la marche du monde. Mais le grimoire au rubis est plutôt optimiste. Je tenais à ce que vous le sachiez.

— Le grimoire au rubis… ?

C'était sans doute ce grand livre dont la pierre rouge, au milieu de la couverture, palpitait doucement, chaleureuse.

— Voilà. Vous passez dans notre ville, j'en profite pour vous signaler que les puissances bénéfiques ne vous abandonnent pas. Vous avez fait un serment…

— Je n'ai rien d'autre à faire dans la vie que m'efforcer de le tenir, dit Audouin avec une nette pointe de tristesse dans la voix et sans relever ce que l'homme avait deviné : son envie d'abandonner la tâche.

— Rien d'autre à faire dans la vie ? Vous plaisantez, j'espère, jeune chevalier. Vous ne savez donc pas que la tristesse est un péché aussi grave que les sept autres ? Être en quête du livre maudit devrait vous rendre plus heureux, car vous accomplissez une tâche exaltante.

— Hum.

— Ouvrez les yeux et les oreilles. Montrez-vous preux. Découvrez les beautés que Dieu aura mises sur votre route. Découvrez l'amour.

— L'amour ?

Une fois de plus, Audouin avait été décontenancé. Qu'est-ce que l'amour venait faire dans sa mission ? Et il y avait Milessant, dont le doux souvenir ne le quittait jamais.

— Elle est morte, dit le vieil homme avec une certaine douceur. Il faut la laisser s'enfoncer doucement dans les limbes de votre esprit. D'autres choses sont à vivre, vous savez. Allons, courage.

Une femme entra, un bol de bouillon à la main, qu'elle tendit au vieil homme tout en lui retirant le grimoire, pour qu'il boive plus à l'aise.

— Allons bon, mon mari, te voilà encore avec ce gros ouvrage ?

Elle le posa avec délicatesse sur une table de gros bois encombrée de rouleaux et de paperasses diverses.

— Le grimoire au rubis a parlé, ma mie Élisabeth. Ce jeune homme va éviter au monde beaucoup de catastrophes.

— Et tu ne l'as pas invité à s'asseoir ? Tu ne lui as pas proposé une coupe de cidre ou un lait de chèvre ? Excusez-le, messire. Quand le grimoire au rubis l'accapare et qu'il joue à faire son vieux sage, on ne peut plus rien tirer d'autre de lui.

— Que dois-je faire ? demanda alors Audouin. Je ne sais plus où aller, je ne sais plus où chercher.

La femme lui prépara une coupe et il la remercia d'un sourire.

— Retournez à Lorimont, intima le vieil homme comme s'il n'y avait rien de plus naturel que de connaître ce lieu.

Audouin s'étrangla et crut que le cidre allait lui sortir par le nez.

— Jamais ! s'écria-t-il.

—Vous ne pourrez faire autrement. Le grimoire l'a dit. C'est à partir de là que vous serez remis sur la bonne piste.

—J'y suis allé et je n'ai jamais trouvé le livre. Je n'ai pas senti le moindre frémissement annonciateur d'une trouvaille.

—Je sais. Mais il faut y retourner.

Lorimont. Marganne l'avait dit, elle aussi. Il était pourtant sûr que le grimoire ne s'y trouvait pas, sinon Philibert l'aurait probablement trouvé, pendant qu'il se languissait dans son cachot.

Il frémit d'appréhension. S'approcher de Lorimont lui semblait au-dessus de ses forces.

—Vous verrez, dit le vieux sage. Vous ne le regretterez pas, croyez-moi.

Audouin lui jeta un drôle de regard. Puis il remercia l'homme pour ses bons conseils et la femme pour le coup à boire, et il partit, à la fois intrigué et vaguement revigoré, vers la mission.

20

Le camp était presque silencieux depuis deux jours, quand Jeanne entendit un brouhaha de cris et de chevaux qui se rapprochait. Sur ses gardes, elle saisit sa miséricorde, car si c'était l'ennemi, il pillerait le camp et son compte était bon. Néanmoins elle se défendrait.

Mais la troupe qui s'avança, avec ses chevaux fourbus, ses hommes ensanglantés, n'était pas une troupe vaincue. Il y avait des sourires sur les lèvres, des chansons braillées, du butin brandi, et surtout beaucoup de tohu-bohu et de bruit.

Elle attendit, mains aux hanches, à l'entrée de la tente du capitaine.

Mais le cortège qu'elle vit arriver n'était pas celui qu'elle attendait. Le grand cheval noir était tenu en bride par Othon, qui était pour le capitaine une sorte d'écuyer. Deux autres hommes de sa lance tenaient un brancard de fortune. Jeanne se précipita quand ils le posèrent devant sa tente.

— Que se passe-t-il ?

— Ben… le capitaine est blessé. Mais on l'a quand même ramené.

Jeanne se pencha vers Bardaillon. Il était tête nue, couvert de sang et méconnaissable, la moitié du visage fracassée, et totalement inconscient.

Elle leva les yeux vers les hommes, sans un mot, son regard interrogatif parlant pour elle.

— On s'est bien battus, dit un archer.

— C'est pas ça qui m'intéresse. C'était pendant l'assaut ?

— Ben non. Quand même. Y retirerait pas son armet[13] pendant l'assaut.

Elle bouillait et cet imbécile qui n'expliquait rien.

— Vous avez pris la ville ? C'était à ce moment ?

— Ben ouais, quoi, on pillait, comme on fait d'habitude. On a des belles prises, et y en a même pour toi.

— Je me fiche de vos prises ! s'écria Jeanne.

— On s' met à l'aise, hein, pour tout ça. Le pillage, les prises de guerre. Le capitaine a ôté son armet et l'a mis sous l' bras et voilà c' qu'est arrivé : dans une maison, des bourgeois ont attendu qu'on soit bien entrés chez eux et y z'ont fait tomber les poutres. Et c'est l' capitaine qu'a pris. Direct sur la tête. Même pas dans la bataille. Estourbi par des bourgeois, tu t' rends compte... Après, y z'ont voulu le larder, mais on en a eu vite fini avec eux. Y z'ont dégusté, tu peux l' croire.

Mais Jeanne n'écoutait plus. Elle se rendit compte qu'elle ressentait tout à coup une peine immense, les boyaux tout tordus à l'intérieur d'elle. Si par hasard il survivait, le capitaine ne retrouverait jamais son visage, et ce serait un miracle si on arrivait à sauver un seul de ses yeux bleu dur.

— Filez chercher Guirandet, ordonna-t-elle.

— Tu t' doutes bien qu'il est occupé.

— Ouais, et alors ? fit Jeanne. Ramenez-le ici en le poussant au cul à coups de lardoire s'il le faut. Le capitaine d'abord, tous les autres peuvent attendre.

— Ouais mais moi, j'ai la jambe en charpie.

— Et moi, t'as vu ma main ? J' peux même plus serrer ma lance.

— On s'en fout ! hurla Jeanne. Je m'occuperai de vous après. Allez me chercher ce maudit chirurgien.

Deux hommes s'éloignèrent en boitillant et elle se retrouva

13. Forme de casque en usage à l'époque, avec le bacinet et la salade.

accroupie près de la civière du capitaine. Elle souleva un peu ses cheveux, mais les replaça bien vite sur la plaie où l'on voyait des esquilles d'os brisés. Son geste lui avait mis le cœur au bord des lèvres. Des fourmes entières de fromage ne pourraient rien pour ça. Il faudrait le trépaner, supposait-elle.

Elle se rappela ces jours où, toute jeune et toute timide, elle avait veillé le soldat et changé les cataplasmes de son coude. Elle l'avait guéri, elle y avait même acquis une certaine réputation dans la troupe, on l'appelait parfois « la petite fromagère » et elle jetait furieusement des projectiles aux plaisantins.

Mais là, vraiment, c'était ce genre de cas auxquels elle ne touchait pour rien au monde.

Faute de mieux, elle saisit la main de l'homme. C'était un geste d'intimité nouveau pour elle. D'ailleurs, Dieu merci, il était inconscient.

— On va te soigner, capitaine, fit-elle entre haut et bas. Probable que de tes deux jolies mirettes, y en aura plus qu'une pour voir le monde, mais bon, tu le connais déjà, le monde. Mais meurs pas, hein. Tu te rappelles ? Tu dois me conduire à Lorimont avec tous les hommes de ta lance, après la campagne, pour qu'on aille foutre une bonne peignée à mon mari. Tu me lâches pas, hein, capitaine ? T'as dit que j'étais prête, maintenant. Alors tiens ta promesse.

Elle sentit des larmes sur ses joues et se dit : « Allons bon. Ils vont encore tous se fiche de moi. » Elle balaya son visage de sa manche.

— Moi, je sais même plus où c'est, Lorimont. Tu m'as dit que tu m'aiderais à trouver. Tu connais plus le monde que moi, non ?

Elle parlait sans cesse, à petites phrases hachées et décousues, et des larmes tombaient çà et là sur l'armure du capitaine Bardaillon, il allait encore râler que ça allait foutre la rouille.

Il s'agita un peu. Jeanne sentit son cœur faire un bond et rapprocha son visage.

— Jeanne ? fit-il avec un maigre filet de voix, à peine audible.

— Oui, capitaine, je suis là, dit-elle fièrement, en bon petit soldat fidèle au poste.

— Tu veux pas arrêter de jacasser tes stupides fadaises ?

Eh bien ! Il n'était donc pas aussi atteint qu'il en avait l'air. Elle eut une grande envie de le planter là, mais il tenta de serrer sa main pour attirer encore son attention.

— Tu vas rassembler mes hommes. Il faut que je leur parle.

— Guirandet va venir t'examiner d'abord. Ça a l'air grave.

— Oui, je sais. Je n'aurai peut-être pas beaucoup de temps. Il faut que je reste conscient. Va les chercher.

— Mais je ne vais pas te laisser tout seul…

— Bon sang, qu'elle est bête, fit-il faiblement. Dépêche-toi.

Elle mit un petit quart d'heure à rassembler tout son monde autour du brancard qui était resté là, sur l'herbe piétinée devant la tente, en plein milieu du passage où à chaque instant il risquait de se faire bousculer par les soldats qui fêtaient la victoire en perçant à foison des tonneaux volés lors du sac de la ville.

Les hommes se rassemblèrent enfin en rond, un peu gênés, dansant d'un pied sur l'autre, encore garnis de leurs glorieuses blessures de l'attaque et tous déjà copieusement imbibés.

— Tout le monde est là ? demanda le capitaine qui ne cherchait plus trop à y voir.

— Oui, tous les sept.

— Reste à côté de moi et dis à Escrousaille de venir aussi tout près.

Sur un signe de Jeanne, l'archer s'avança.

— Je ne peux pas parler fort, dit le capitaine à Escrousaille. Tu vas leur répéter ce que je dis.

— Bien, capitaine.

— Si je suis longtemps hors d'état, c'est Brillanceau qui

prend le commandement de la lance, mais Jeanne n'est pas obligée d'être son valet.

Escrousaille répéta tout cela à la cantonade.

— Si je meurs, vous vous embauchez auprès de qui vous voulez et…

— Vous voulez pas qu'on garde la lance à votre nom autour de Brillanceau, capitaine ? l'interrompit Escrousaille.

— M'en fous. Je serai mort, alors vous pouvez bien faire ce que vous voulez.

Il s'interrompit un long moment pour reprendre son souffle et ses forces.

— Si je meurs, vous partagez mes biens entre vous, sauf mes chevaux avec leur harnois qui vont à Jeanne mon valet, qui m'a fidèlement servi depuis trois ans. Tu pourras les vendre, Jeanne. Prends aussi toute ma part de butin d'aujourd'hui.

De nouveau, le porte-parole répéta les directives.

— Les autres, continua le capitaine, vous aurez la tente, toutes les armes et armures, mon coffre, mes vêtements, l'argent, tous les butins des assauts précédents. Mais celui d'aujourd'hui, c'est pour mon valet. Allez pas lui voler. Défends-toi, Jeanne, s'ils essaient de t'entourlouper.

Il dit tout cela avec difficulté, d'une voix faible mais convaincue, encore autoritaire.

— Va pas mourir, capitaine, murmura Jeanne, j'ai encore besoin de toi.

— Là où je vais, j'aurais pas besoin de toi, crois-moi, et je ne te souhaite pas de m'y retrouver. Et puis maintenant, tu sais bien te débrouiller toute seule.

— Pas encore assez. Par pitié, meurs pas, t'es trop jeune.

Pas si jeune pour un soldat, en fait. Il devait avoir bien dépassé la trentaine. Ce n'était pas fréquent, dans ce métier.

— Les laisse pas faire de toi une fille à soldats, dit-il encore.

— Pas de danger.

— À croire que tu les connais pas.

Le chirurgien mandé un peu plus tôt arriva, irrité d'avoir dû expédier un peu vite ses précédents clients. Et dire qu'il y en avait encore tant ! Il ne pourrait pas dormir avant au moins deux nuits.

— Ah, dit-il dès qu'il aperçut Bardaillon, voilà le capitaine Trompe-la-Mort qui s'en est pris une bonne.

Il soupira.

— C'est pas bien beau. Tu sais ce que tu risques ?

Le capitaine ne prit même pas la peine de répondre. Guirandet donna ses directives. Du reste, tout le monde dans le camp connaissait la musique.

— Mettez-le-moi dans la tente, allez chercher une planche et posez-la sur des tréteaux, allumez des torches, faut qu'on y voie clair. Et je veux quatre hommes pour le tenir. Toi, dit-il à Jeanne, tu lui retires son armure sans trop le remuer.

Là-dessus, il but un bon coup pour s'aider à avoir la main plus sûre.

Jeanne s'exécuta en serrant les dents. Elle ne se faisait pas d'illusions. Le capitaine n'avait que peu de chances de survie.

Il darda sur elle son œil valide et essaya encore de parler.

— Garde tes forces, capitaine, lui dit-elle d'une voix brisée. Tu en auras drôlement besoin.

— Tu veux un conseil ? Ne reste pas dans le camp. Dès que j'aurais rendu mon dernier soupir, ce qui ne saurait tarder, quitte le camp à tout jamais.

Contre toute attente, l'opération réussit plutôt, en ce sens que le capitaine Bardaillon ne mourut pas sur le coup. Guirandet parvint à le trépaner et lui entoura la tête de linges noirs, pour qu'on ne voie pas le sang qui le tachait. Puis il commit Jeanne à sa garde, car il se rappelait qu'elle savait y faire, avec les blessés.

Le capitaine réussit à tenir trois jours. Il souffrait terriblement et lançait des hurlements furieux. De temps à autre, bourré de jus de pavot pour atténuer la douleur, il parvenait tout de même à parler à Jeanne, d'une voix mal assurée, hésitante.

— Quitte le camp. Ils te respectent parce que je t'ai protégée.

— Je sais. Merci.

— Mais quand j'aurai passé, ils ne te feront pas de cadeaux. Tu n'as rien signé, tu ne dois rien à personne. Alors file à toute allure. Ne reviens pas.

— Je verrai.

— Rappelle-toi mon conseil : n'aie jamais peur, ça ne sert à rien.

— J'ai bien retenu la leçon.

— Redeviens une demoiselle. Tue ton mari et reprends ta vie d'avant.

Elle secoua la tête. Jamais elle ne ferait cela. Il faudrait qu'elle se débarrasse de Philibert, qu'elle l'évince de Lorimont et qu'elle fasse casser le mariage, mais elle ne serait pas une meurtrière.

Pour l'instant, ce n'était plus son souci. Pendant trois ans, elle avait mis la question de côté, elle n'allait pas commencer en ce moment à se mettre martel en tête pour ça.

Et puis, comme il l'avait dit, le capitaine Bardaillon expira.

Jeanne n'attendit pas une seconde de trop. Elle prit tout son bien, son coffre, les trois chevaux, les parts de butin qui lui revenaient et monta en selle sur le bai.

— Où vas-tu ? lui demanda Brillanceau.

— Je quitte le camp. Je vais reprendre ma vie d'avant, et essayer de me démarier d'avec mon époux.

— T'es sûre que tu veux pas rester ? T'auras une belle vie, ici avec nous tous.

— Sans doute. Mais tout le temps que j'ai passé avec la compagnie, c'était pour le capitaine. Maintenant qu'il n'y est plus, je n'ai pas de raison de rester, et il m'a laissé un bel héritage.

— T'étais amoureuse de lui ?

La question de Brillanceau lui sembla incongrue. Jamais elle n'avait pensé à ça.

— Pas une minute, dit-elle.

— Tiens, dit-il en lui tendant un objet enveloppé d'une sorte de couverture, en fait plutôt un tapis de table.

Elle attrapa le gros paquet d'une main et faillit le laisser choir tant c'était lourd. Elle le posa devant elle, appuyé au pommeau.

— Qu'est-ce que c'est ?

— Ben, la dernière part de butin à laquelle t'as droit. Avec tout ça, le capitaine, la blessure, on avait un peu oublié. Mais ça te revient.

— Bon, dit Jeanne. Merci. J'essaierai d'en faire bon usage.

Elle fit un vague signe de la main et s'éloigna au pas avec ses trois chevaux.

Pendant ce temps, les sept hommes de la lance commençaient à se partager les biens du capitaine, qu'ils enterreraient plus tard, comme et où ils le pourraient, probablement à la croisée des chemins. Il ne fallait pas avoir de regrets. Ce n'était jamais que son corps qui reposerait en terre non consacrée, et un corps salement abîmé, éborgné, au crâne ouvert. Pas de regrets. Mais une fois de plus, elle se surprit elle-même en constatant qu'elle laissait couler ses larmes.

Elle fit une lieue ou deux, sans hâte, dans une campagne dévastée par la guerre. Tout à coup, il lui vint à l'idée de regarder son dernier butin, qu'elle avait gardé contre elle.

Elle déplia un bout du tissu ouvragé pour voir de quoi il s'agissait. Un gros livre, pesant, à l'épaisse couverture de cuir noir.

« Qu'est-ce que je vais faire de ça ? » se dit-elle en repliant le pan de tissu sans même avoir la curiosité d'ouvrir l'ouvrage. Sans descendre de sa selle, elle se pencha vers le cheval de bât et fixa le livre avec une sangle au reste des bagages.

21

Après la mort du capitaine Bardaillon, Jeanne chevaucha toute la journée, laissant derrière elle des paysages dévastés et des granges brûlées. On était en septembre. Elle croisa quelques soldats de la compagnie auxquels elle adressait des signes de la main, se faisant reconnaître comme l'une des leurs.

Elle vit partout des cadavres d'hommes et d'animaux, et par-ci par-là quelques pendus, il y avait belle lurette qu'elle n'y prenait plus garde. De temps à autre, elle s'essuyait le visage du revers de la main et se rendait compte qu'elle avait pleuré.

— Bon sang, capitaine, tu aurais pu tenir ta promesse de m'aider ! J'espère que tu donnes au diable du fil à retordre, là où tu es. Sacrebleu, t'es un sacré lâcheur, quand même. Ventrebleu ! tu me manques déjà…

Elle se rappelait pourtant avec acuité tous les moments où elle aurait aimé le hacher menu tant il était exigeant et dur avec elle, ne la laissant jamais en repos. Elle se revoyait roulée en boule, s'endormant d'épuisement, et le capitaine lui flanquait des coups de pied dans les côtes pour la réveiller, c'était déjà le matin, elle devait le servir, comme un bon valet.

— Un bon valet ne dort jamais que d'un œil, lui jetait-il.

Mais il avait toujours veillé à ce que lui seul la tourmente. Ses hommes n'y avaient pas droit. Il avait veillé à ce qu'elle ait toujours à manger à sa faim, et à ce qu'elle bénéficie du partage du butin. C'était un très bon maître.

— Bon sang, t'étais beau, quand même. Dommage que la dernière image que j'ai eue de toi soit plutôt amochée. Et dire que j'ai jamais été seulement amoureuse de toi, comme pensait Brillanceau. T'étais bien balancé et t'avais des beaux yeux. Mais bon, de toute façon, je sais même pas ce que ça veut dire, être amoureuse, même si je me rappelle avoir entendu des histoires qui parlaient de ça.

C'était il y a si longtemps... Du temps de Lorimont, à la veillée, quand elle avait appris qui étaient Tristan et Iseut, Arthur, Guenièvre et le vaillant Lancelot, et quelques autres dont elle avait oublié les noms. Mais depuis ce temps-là, Philibert des Losses était passé, puis deux assassinats, puis trois ans en campagne dans l'ombre du capitaine.

Jamais elle n'avait pleuré autant pour ses sœurs. Mais peut-être était-ce parce qu'elles n'étaient pas tout à fait mortes. Tandis qu'elle chevauchait, elle savait bien que Marie était juchée sur le cheval de bât, et Catherine sur le grand noir du capitaine, qu'elle traînait tous les deux en longe. Elle avait l'impression que ses sœurs lui faisaient escorte, elle les entendait derrière elle, d'une voix à peine audible, légère comme un voile. Mais elle savait que si elle se retournait, Marie et Catherine disparaîtraient, glissant prestement hors de sa vue.

— Drôle d'escorte, dit-elle tout haut. Je pense que vous ne savez pas vous défendre, n'est-ce pas ? Vous êtes restées des filles de château sans doute. Manier une épée, un gourdin, une masse d'armes, un poignard, vous ne sauriez pas. Enfin, je suppose que vous m'avez protégée, de là-haut. Sinon, je serais morte, hein ? Alors merci.

Elle fit une demi-lieue sans plus parler, aux aguets tout de même, mais la vie semblait s'être arrêtée autour d'elle.

— Et maintenant, j'ai besoin de conseils, les filles. Que dois-je faire ? Comment reprendre Lorimont à l'immonde Philibert des Losses ? Je ne sais même plus où c'est. Si vous m'aidez à y aller, je pourrai aller prier sur vos tombes.

Elle eut la faiblesse de se retourner au petit babil indéchiffrable, dans son dos. Ses sœurs se dérobèrent.

— Bon sang, dit-elle. Je m'y suis encore laissé prendre. Je suis toute seule.

C'était une ritournelle qui ne la quittait pas. Je suis toute seule, toute seule, toute seule.

Donc en danger. Elle avait beau savoir manier les armes, et garder la main sur la poignée de sa miséricorde, elle n'ignorait pas que mille périls menacent le voyageur isolé. Elle n'avait pas l'aisance des hommes du métier, et de toute façon, si elle devait affronter un groupe mal intentionné, elle ne faisait évidemment pas le poids. Elle serait taillée en pièces, d'abord pour les chevaux qui constituaient une superbe prise, ensuite parce qu'elle était une fille et par-dessus tout parce que les temps étaient impitoyables.

— Dans le temps, il paraît qu'il existait des preux chevaliers et qu'ils mettaient leur point d'honneur à défendre les faibles et les dames, mais je crois bien qu'il n'y en a plus, soupira-t-elle.

Ah, Lancelot, Tristan, Perceval… Ah, que ne revenez-vous parmi nous…

Elle aimait bien la miséricorde, parce que c'est une arme maniable et légère, qui a tout de même une bonne allonge. La sienne avait une poignée juste à sa main, un pommeau et une garde ciselés, et venait sans doute de quelque excellent atelier de l'autre côté du Rhin, où les forgerons font un travail inégalable. C'est ce que lui avait dit le capitaine. Naturellement, sinon comment l'aurait-elle su ?

Elle eut de la chance dans sa longue chevauchée. Elle ne rencontra que des paysans épouvantés qu'elle toisa, des enfants qui conduisaient les porcs à la glandée et qui reculèrent devant elle, médusés, et deux femmes claudicantes, apparemment la mère et la fille, qui mendiaient sur le chemin de leur pèlerinage. Elle leur lança une poignée de piécettes et s'attira des volées de bénédictions et de remerciements.

— Priez pour moi, leur dit-elle. Priez pour la pauvre Jeanne de Lorimont, qui a bien besoin que Dieu la soutienne.

Les femmes la regardèrent un peu bizarrement, mais assurèrent qu'elles n'y manqueraient pas, pour l'amour de Dieu et de Notre-Dame. À ce moment, le cheval de bât broncha et protesta en reculant de deux pas, comme si un taon venait cruellement de le piquer.

— Calme, toi, fit Jeanne en rajustant la sangle de son récent butin qui en avait profité pour glisser.

Le livre était curieusement chaud sous le tissu qui l'enveloppait et sentait presque encore le brûlé. Jeanne pensa que c'étaient les derniers relents de la mise à sac de Bligny.

Elle regarda les deux femmes qui s'éloignaient en s'appuyant l'une sur l'autre.

— Eho, vous les pèlerines ! cria-t-elle comme si elle avait oublié quelque chose d'important.

Les femmes se retournèrent et elle s'approcha d'elles.

— Quand vous serez arrivées à votre lieu de pèlerinage...

— Nous allons à Conques prier sainte Foy, dit la plus vieille.

— Très bien. Priez pour la pauvre Jeanne de Lorimont, et priez aussi pour le brave capitaine Bardaillon. Vous n'oublierez pas ?

— Nous devons prier pour beaucoup de gens, dit la plus jeune qui avait à peu près l'âge de Jeanne. Nous nous répétons la liste tout au long de notre marche, pour n'en oublier aucun.

— Alors c'est bien, priez pour Jeanne de Lorimont et pour ses pauvres sœurs assassinées, et aussi pour le capitaine Bardaillon.

Et Jeanne reprit sa route, droit devant elle.

Vers le soir, elle arriva dans un bourg. Ni villageois, ni bruit, ni lumière nulle part. Le bourg était totalement désert.

Elle descendit prudemment de sa monture, jetant de longs regards méfiants autour d'elle, et, miséricorde en main, ramassa un gros bâton pour se faire une torche, qu'elle alluma grâce au briquet qu'elle gardait dans une bourse à sa taille. Elle remonta en selle, circonspecte, cherchant elle ne savait quoi, peut-être une fumée, une lumière, un signe de vie. Elle continua à avancer, regardant de tous côtés, paupières plissées, tandis que l'ombre de la nuit gagnait rapidement. Elle arriva à la sortie du village et sentit une puanteur qu'elle connaissait : celle des champs de bataille.

« Il y a eu des morts, ici », se dit-elle. Juste à ce moment, elle fut face à un grand fossé, à quelques toises des dernières maisons. Elle tendit sa torche. Le fossé était empli de corps. Les corbeaux et les loups avaient déjà fait leur office, depuis quelque temps déjà, car de cette masse indistincte on voyait surtout des os.

— Ah, bigre. Les Écorcheurs[14] sont passés, il faut croire.

Elle rebroussa chemin. Elle allait chercher la demeure la plus confortable comportant une écurie, si possible encore remplie de paille et de foin, pour y passer la nuit.

Elle s'arrêta devant le plus joli des logis de la rue principale et attacha les chevaux à un anneau du mur, redoutant peu de se les faire voler : tous les habitants étaient morts, sans aucun doute.

La porte de gros bois noir et ciré, finement sculptée à plis, était grande ouverte, fracassée et à demi dégondée. C'était l'habitation d'un paysan enrichi ou d'un bourgeois. Elle entra, brandissant sa torche. La demeure avait des pavés de terre cuite au sol et des fenêtres à carreaux de verre, dont beaucoup avaient été cassés. Les murs étaient maculés de noir de fumée à cause d'un début d'incendie. Tout cela devait être assez ancien, parce que la pièce ne sentait même pas la fumée. Dans la grande salle, les meubles étaient éventrés, renversés. De lourdes tapisseries, que les voleurs n'avaient pas pu emporter, gisaient en tas au sol.

---

14. Bandes armées d'anciens soldats, particulièrement féroces.

— Quel dommage… fit-elle devant ce gâchis.

C'était le plus bel intérieur qu'elle voyait depuis qu'elle avait quitté Lorimont.

Elle releva une cathèdre et s'effondra dessus, désespérée. Elle resta là un long moment, comme privée de mouvement et de volonté. Elle se rendit compte qu'elle tremblait. Elle se leva, accablée comme si elle avait quatre-vingt-quinze ans, et, à petits gestes, elle remplit la cheminée des débris de bois qu'elle trouva çà et là pour faire une grosse flambée.

Puis elle repensa aux chevaux. Tenant toujours une torche d'une main, sa miséricorde de l'autre, elle fit le tour des lieux. Il y avait une belle écurie de pierre de l'autre côté de la cour. Le feu ne l'avait même pas attaquée et il restait de la vieille paille et une bonne quantité de foin.

Elle alla chercher les trois chevaux et les tira par la bride vers leur nouveau logis.

— Voilà, dit-elle. Vous serez bien, là.

Comme on le lui avait appris, elle rangea soigneusement les selles et les harnais dans une soupente qui jouxtait l'écurie, vérifia que les bêtes étaient en bonne forme et les caressa un long moment.

Puis, remisant provisoirement la miséricorde dans sa ceinture, elle emporta tout son fourniment dans la salle où le feu ronflait.

Elle chercha encore le bûcher. Les réserves de bois de la maison avaient en grande partie brûlé, mais il restait suffisamment de bûches pour plusieurs jours. De l'eau, maintenant. Un puits occupait le centre de la cour, elle remonta un seau. Méfiante, elle renifla longuement l'eau, de peur de la trouver altérée. Les pillards jetaient souvent les habitants dans les puits, et l'eau était ensuite inutilisable. Celle-là avait l'air d'être bonne et elle en rentra un plein seau dans la maison.

Et voilà. Elle était chez elle, dans une belle maison dévastée, avec ses chevaux à l'écurie, du bois et de l'eau. Les mains aux hanches, elle refit le tour de son nouveau royaume et, distraitement, redressa les bancs et les petits meubles, aligna quelques pièces de vaisselle qui avaient survécu et entassa dans un coin les tapisseries.

Il y avait au milieu de la pièce une grande table que les voleurs n'avaient même pas pu bouger.

— Eh bien, mais il faut que je mange, moi !

Elle disposa sur la table une écuelle et une coupe, sortit un petit couteau et une cuiller de ses bagages, ainsi que quelques vivres qu'elle avait emportés du camp ce matin. Elle trouva par terre des bougies de cire qui n'avaient été qu'à moitié écrasées dans la tourmente et en alluma autant qu'elle put. Puis réflexion faite, elle prit trois autres écuelles et trois coupes et les aligna en face d'elle.

Elle remplit les coupes d'eau fraîche et mit un bout de jambon dans chaque écuelle.

— Bienvenue à ma table, capitaine, dit-elle d'une voix folle et brisée à la fois. Asseyez-vous là, en face de moi. Je pense que vous avez remarqué que vous êtes ce soir en charmante compagnie. À votre droite est ma sœur Marie, et à votre gauche ma sœur Catherine. Je pense que vous veillerez à ne pas vous conduire en soudard à ma table et en présence de ma famille, capitaine.

Elle passa une heure à manger cérémonieusement en faisant la conversation à ses trois fantômes qu'elle voyait trembloter dans la lumière jaune des bougies qui dansait dans un courant d'air. Et puis, tout à coup, elle posa ses coudes sur la table, le visage dans ses mains et se remit à pleurer.

Ensuite, elle parcourut la maison, enveloppée dans sa cape, silencieuse et triste comme un revenant. Quand elle revint dans la grande pièce, ses fantômes avaient disparu. Elle se fit devant le feu un petit nid avec les tentures accumulées et finit par s'endormir.

✦ ✦ ✦

Les pèlerins se moquaient des saisons, du beau et du mauvais temps. En général, ils partaient à Pâques, en longues colonies bruissantes de prières, mais parfois voyageaient des isolés qui s'étaient mis en retard, si bien que cet automne-là, deux femmes, une jeune fille et une vieille qui devait être sa mère, faisaient la route seules, chantant et priant.

Audouin de Rivelet les dépassa et les salua, mais elles semblèrent ne le voir ni ne l'entendre et continuèrent à dévider une litanie qui leur permettait de rythmer leur marche, la longue liste de ceux pour qui elles devaient prier à Conques : « … et pour Isabelle la Rousse qui est tisserande de soie, et pour Martin le vielleux, et pour Jeanne de Lorimont et ses sœurs assassinées, et pour le capitaine Bardaillon, et pour Marguerite la vieille regrattière, et pour Samson le porteur d'eau… »

— Quoi ! sursauta Audouin en entendant la litanie.

Il descendit de cheval et les interrogea. Elles lui expliquèrent où et quand elles avaient vu Jeanne.

« Je me rapproche ! songea Audouin. Je me rapproche de Jeanne de Lorimont, et auprès d'elle j'en saurai davantage sur le grimoire noir. »

Il en ressentait d'ailleurs une sorte de frisson sur tout le corps, un chatouillis peut-être, comme chaque fois qu'il était tombé sur une des pièces qu'Archambault recherchait afin d'être admis à son abbaye. En plus ténu pourtant. Mais maintenant, il se rappelait les autres épisodes, le parchemin, la bague, les chaînes, oui, il avait déjà éprouvé cela.

Il donna aux deux pèlerines une pièce d'or de la bourse de Gardefoy, et elles en furent éblouies. Il leur demanda d'ajouter son nom à la liste de leurs prières.

Et il repartit gaillardement, son ardeur retrouvée, pénétré d'une sorte d'instinct du chasseur à l'approche de son gibier : le grimoire des ténèbres, par l'intermédiaire de cette jeune femme.

« À quoi ressemble-t-elle, cette Jeanne de Lorimont, maintenant que trois ans ont passé ? » Il n'avait même pas pensé à le demander aux deux femmes. « A-t-elle toujours ce pauvre visage d'adolescente terrorisée ? Ou bien est-elle devenue jolie ? »

S'il avait pu se douter une seule minute que Jeanne avait la dégaine d'un jeune soldat et qu'elle avait oublié jusqu'à ce que signifie « féminité »...

22

Presque machinalement, Jeanne passa son deuxième jour dans le village désert à remettre ce qu'elle pouvait d'ordre dans la triste demeure ravagée et à demi brûlée. La nostalgie du confort et même du luxe l'avait saisie inopinément. Elle prit donc ses quartiers dans la grande salle du bas.

« Après tout, se dit-elle, je ne fais de mal à personne. J'occupe un lieu inhabité, et il n'y a pas grand monde pour me le reprocher. »

C'est le soir de ce deuxième jour que le grimoire des ténèbres se manifesta, tandis qu'elle rechargeait le feu.

Elle entendit un sifflement derrière elle et se retourna d'un bloc. Elle ne vit rien, sinon le livre noir posé sur la table. Elle fronça les sourcils.

« Je ne me rappelais pas l'avoir mis là, celui-là. »

Mais elle avait remué beaucoup d'objets depuis ce matin. Elle avait pu aussi bien le poser là et l'oublier.

Le livre claqua deux ou trois fois et s'ouvrit brusquement. Un courant d'air ? Jeanne se rapprocha, intriguée. C'était la première fois qu'elle voyait le livre ouvert, n'ayant pas eu la curiosité d'examiner plus avant son butin. C'était aussi la première fois qu'elle voyait un livre aux pages noires écrit à l'encre rouge et cela lui sembla curieux. Mais après tout, elle n'avait pas vu beaucoup de livres dans sa vie, il pouvait exister des variantes aux pages de parchemin ivoire où l'écriture était noire, et parfois ornée de dessins et même d'or.

Elle s'essaya à déchiffrer les lettres, qui étaient grosses et bien formées. Il semblait n'y avoir que quelques mots sur la double page noire.

Elle s'assit face au volume et se concentra pour lire enfin :

« Jeanne de Lorimont, lis ces pages pour accomplir ta vengeance. »

Curieusement, elle n'en fut pas impressionnée pour autant.

— Un livre magique, dit-elle. C'est bien ma chance. Et il connaît mon nom, en plus. Tu m'as fait un drôle de dernier cadeau, capitaine, mais je n'en veux pas, merci. La sorcellerie, j'y ai déjà goûté et je ne suis pas prête à tenter de nouveau l'expérience.

Elle cracha sur le livre, qui grésilla un peu. Elle le referma d'un geste sec.

— Saleté, dit-elle. Il y a une chose que je suis résolue à faire, maintenant, c'est de résister aux tentations idiotes.

Et sans hésiter le moins du monde, sans chercher à extraire la belle pierre noire de la couverture ou à dépiauter son cuir épais, elle s'en fut illico jeter le grimoire dans un puits, non pas celui de la maison, pour le cas où il recèlerait quelque poison, mais dans celui d'une maison éloignée. Le livre tenta bien de la décourager en lui brûlant les mains, mais elle n'allait pas se laisser faire pour si peu.

Le grimoire des ténèbres atteignit l'eau avec un grand plouf et Jeanne se pencha sur le rebord. Elle ne le vit pas surnager, mais elle aperçut son propre reflet dans le rond de l'eau, et crut voir ses deux sœurs qui l'encadraient.

C'étaient elles, sans aucun doute, qui lui avaient donné le bon conseil de s'en débarrasser, et qui l'avaient aidée à ne pas le lâcher alors même qu'elle sentait cruellement un début de brûlure. Elle rentra dans la maison bourgeoise et enduisit ses mains d'huile de millepertuis. Elle connaissait bien le remède, pour l'avoir souvent utilisé quand les soldats de sa lance avaient reçu des projectiles enflammés. Ensuite, elle se coucha en rond près du feu, comme la veille, et n'y pensa plus.

Tout au plus eut-elle une pensée pour le capitaine Bardaillon, qui ne se doutait sûrement pas qu'en lui réservant ce livre, il lui faisait une sorte de petit coucou directement de l'au-delà, et plus exactement de l'enfer.

Le lendemain, elle se remit au rangement, Dieu sait pourquoi, parce qu'elle n'avait guère l'intention de faire de ce village désert son nouveau foyer. Mais elle avait besoin de souffler un peu et, en fait, elle craignait que le monde ne soit féroce avec elle. Elle ne bénéficiait plus de la protection de la lance. Elle devait réfléchir, alors autant ici qu'ailleurs.

Les Écorcheurs n'avaient pas pu tout emporter, loin de là, comme en témoignait le désordre du pillage. Elle trouva sous un lit un portrait peint, à peine grand comme une petite écuelle. Mais en voyant tout à coup bouger l'effigie, elle laissa tomber l'objet, épouvantée, et brandit son arme. Elle avait surtout été surprise, bien plus que par le livre noir. Puis, comme ce petit tableau ne bougeait pas, elle le poussa du pied, juste pour voir. Rien ne se passa. Elle le ramassa d'un geste vif et le jeta sur le lit. Là encore, pas de jets de flamme, pas de bruit tonitruant, pas même une image. C'était vraiment curieux. Elle se rapprocha, regarda de plus près, vit le même portrait, extraordinairement réaliste, et qui bougeait.

Elle dit « Sacredieu » et le portrait ouvrit la bouche en même temps qu'elle. Elle comprit seulement alors qu'il s'agissait d'un miroir. Elle n'en avait encore jamais vu.

« Ce serait moi ? » se dit-elle. Elle prit l'objet et se regarda bien en face, montra les dents, fronça les sourcils, fit des grimaces. Oui, c'était bien ça, elle voyait son propre reflet, bien plus nettement que dans l'eau du puits, la veille. Elle descendit à toutes jambes dans la cour, où la lumière était bien meilleure, et s'examina attentivement.

— C'est moi ça ?... C'est moi ?...

Elle vit une fille au visage marbré de suie et aux cheveux ébouriffés. Aussitôt, elle posa le miroir, courut se laver soigneusement au seau d'eau, frotta ses dents du bout du doigt et alla même jusqu'à trouver un brin de menthe à mâcher pour avoir meilleure haleine. Elle défit sa tresse et se peigna mèche à mèche, éliminant au fur et à mesure les saletés, les brins de paille et les tignons, puis elle laissa flotter ses cheveux sur ses épaules. Elle reprit le miroir, le tint à bout de bras et se sourit.

Elle vit une fille au visage hâlé, mais à la peau sans défaut, sinon une petite écorchure au front qui passerait vite. Elle vit une bouche un peu grande et des dents en bon état. Elle vit de beaux yeux bleu-gris à petites paillettes plus sombres, ombrés de longs cils noirs. Elle vit des cheveux couleur de blé et d'or.

« Et les autres ? » se dit-elle aussitôt.

Elle fourragea dans ce que les pillards avaient bien voulu laisser et trouva une pelisse doublée de renard, dont elle entoura sa figure.

— Me voilà rousse, dit-elle. Bonjour Marie.

Elle sourit à sa sœur et en retour Marie lui décocha un sourire éblouissant.

Puis elle se mit à la recherche d'une fourrure noire, mais n'en trouva pas. Elle se contenta d'un chaperon de bourgeois dont elle déplia la longue queue en manière de coiffure de fille.

— Bonjour ma sœur Catherine.

À son tour, Catherine lui sourit.

Elles n'avaient pas beaucoup changé. Jeanne était contente de les avoir retrouvées.

Puis elle laissa tomber le chaperon noir à côté de la fourrure rousse, le miroir lui échappa des mains et elle se dit :

— Je suis vraiment en train de devenir folle. Qui me tirera de là ? Je ne peux tout de même pas compter perpétuellement sur la bonne volonté du capitaine Bardaillon.

Le soir, le grimoire noir était de nouveau sur la table et claquait coléreusement ses pages. « Accomplis ta vengeance, Jeanne de Lorimont », disait encore le livre.

– C'est bien ça. Il est vraiment extrêmement magique, se dit-elle. Il n'est même pas mouillé.

Bien au contraire, le livre dégageait encore une étrange chaleur et des odeurs de cuir cramé.

– Bon. Eh bien, faisons autrement.

Elle mit des gants épais, trop grands, récupérés pour elle par Escrousaille sur un ennemi, saisit une fois de plus sa miséricorde et annonça :

– Tu vas voir ce qui va t'arriver, toi.

Elle lacéra méthodiquement chaque page, malgré les jets de fumée nauséabonde qui s'échappaient de chaque entaille et les petites flammes vertes qui sautillaient çà et là. L'encre semblait à fois briller comme des braises et couler comme du sang.

Mais Jeanne n'avait pas peur de manifestations de ce genre. Des soldats avinés qui ont envie de se payer une tranche de bon temps sur des filles sans défense, ça, oui, ça aurait pu lui faire peur, quoi qu'ait essayé de lui faire comprendre naguère le capitaine. Mais un *livre*, fût-il ensorcelé ?

La couverture lui donna plus de mal, le cuir était trop épais, et elle finit par renoncer. Ensuite, elle dispersa tous les lambeaux dans les rafales de vent, dans la rivière qui coulait en contrebas, et en brûla une partie au milieu de la rue, sûrement pas dans la maison. La couverture, qui ne s'était déjà pas laissé lacérer, ne voulut pas non plus brûler, et pour la deuxième fois, elle la jeta dans le puits.

23

— Allez, la belle, encore un pichet…

— Ouais, et fais pas ta timide ! On est tous là pour rigoler un bon coup !

La serveuse de la taverne *À l'Ymage Saint-Michel* pinça les lèvres d'appréhension et posa six cruchons – trois dans chaque main – sur des tonneaux vides qui servaient de tables. Elle sentit une main tenter de se glisser sous sa robe et elle donna un coup sec qui déclencha des cris, des rires et des horions.

Comme il n'y avait pas assez de place dans la salle d'auberge, sombre et basse de plafond, les buveurs s'étaient contentés du pré attenant, où des bancs avaient été disposés. Au printemps, c'était un endroit charmant, qu'émaillaient les pâquerettes et les boutons-d'or, sous les jeunes frondaisons de quelques arbres fruitiers. En ce début d'automne, le pré gadouilleux avait perdu de sa superbe, les arbres avaient été débarrassés de leurs fruits, les fleurs des champs étaient mortes et une trentaine de bruyants soldats puant le sang, la fumée, le cheval et la crasse y avaient élu domicile.

— Holà, jouvencelle, pas si vite, fit un des convives en essayant de retenir la fille par son cotillon.

— Y a pas que la boisson, dans la vie !

— Y a les femmes, crébondieu de sang de ribaud !

— Ha ha ha !…

— Laissez-moi, je vous en prie, s'écria la gamine épouvantée, renversant à demi l'un de ses six cruchons.

Elle avait entendu plus d'une fois parler des façons dont agissent les soldats démobilisés, et c'était terrifiant.

Le patron s'approcha, mains aux hanches, un tablier noué autour de la taille, l'air pas aimable. La serveuse était sa fille, elle avait treize ans, il tenait à elle et n'aimait pas que ces brutes aient seulement l'idée de porter la main sur elle.

— Qu'est-ce que vous lui voulez, à la petite ? fit-il en levant le menton.

Il n'était pas bien épais et n'avait pas l'air du genre va-t-en-guerre, mais il avait une haute idée de son devoir – défendre sa famille – et de son établissement – bien tenu. Il n'appréciait pas beaucoup que des soldats viennent boire dans son établissement, qu'il trouvait beaucoup trop bien pour eux, mais il avait pris le coup, depuis le temps : se montrer à la fois ferme et conciliant, de bonne volonté. Et faire disparaître les femmes avant qu'une méprise n'arrive.

— Ben on s'amuse, quoi. On a d' l'argent à dépenser ! Ha ha ha...

Le butin volé à Bligny, à moins de deux lieues de là, une pauvre ville qui avait bien souffert. Il s'en fallait de peu que le bourg de Vaussois où était sise la taverne *À l'Ymage Saint-Michel* ne connaisse un sort semblable, si les mercenaires se sentaient offensés, ou même seulement taquins.

— Vends-nous la vertu de ta servante, tavernier ! Tu vas pas le regretter ! Ha ha ha !

L'aubergiste fit passer derrière lui, à l'abri de sa courte personne, la fille qui s'efforçait d'échapper aux attaques sournoises.

— Je vois que vous êtes des buveurs chevronnés, soldats, et que ma piquette ne vous fait pas peur. Vous avez bien raison. Une bonne charbonnée[15] pour aider à boire, qu'est-ce que

15. Plat de lard rissolé avec un jus de raisin vert, très acide, et parfois des épices, jadis gratuitement servi dans les tavernes pour faire boire.

vous dites de ça ? C'est la maison qui l'offre. À tes lardons, toi ! File vite dans la maison nous préparer ça, ordonna-t-il à sa fille, qui en fut visiblement soulagée et détala pour se mettre à l'ouvrage.

Les soldats continuèrent leurs tonitruantes libations, évoquant les beaux moments de la dernière campagne.

Or tous les clients de ce jour-là, *À l'Ymage Saint-Michel*, ne faisaient pas partie de la troupe. Un jeune homme était assis à l'écart, à l'abri de l'auvent. Il avait attaché son cheval brun foncé non loin de lui et il avalait une omelette quand les soldats avaient débarqué, avec leurs chansons, leurs cliquetis d'armes et d'armures, leur joyeuse grossièreté. Il avait vu la fille apporter cruchon après cruchon, de plus en plus tendue et au bord des larmes, puis le père la mettre à l'abri pour le prix d'une grosse platée de charbonnée.

« Eh bien, se dit Audouin de Rivelet en suivant des yeux la fille qui rentrait dans la taverne pour y préparer son lard au verjus, eh bien, elle ne s'en tire pas si mal... »

Délaissant son omelette, il passa la tête à la porte :

— Et si vous me mettiez une assiette de charbonnée pour moi aussi, la belle ?

— Si vous voulez, messire, renifla la gamine en fricassant ses lardons.

Il se réinstalla devant son écuelle. Après une longue quête par monts et par vaux, ses pas avaient conduit Audouin de Rivelet dans cette taverne, aux franges d'une région dévastée, après plus d'un an perdu dans la geôle de Lorimont, puis un hiver à Rivelet pour se rétablir, puis un été au cours duquel il avait rencontré le vieil homme, avec son grimoire au rubis sur les genoux, qui lui avait recommandé de ne pas perdre courage. Après quoi, il avait bien fallu qu'il retourne à Lorimont pour en savoir davantage.

Depuis, il suivait sans se décourager des indices aussi

infimes et fragiles que des fils d'araignée. Jusqu'à la rencontre avec les deux femmes qui allaient à Conques. Il était de nouveau ragaillardi à la perspective qu'il avançait.

Dans le pré, les soudards en goguette faisaient un bruit d'enfer, les armes tirées des fourreaux résonnant contre les tonneaux, pour ajouter au tohu-bohu. Grâce au ciel, ils en étaient encore à boire, et pas à détruire ou à malmener les passants – et surtout les passantes. Au fond, pour des soldats démobilisés, ils étaient plutôt bon enfant, et Audouin retourna à son omelette. Ou plutôt à ses souvenirs. Depuis son entrevue avec le vieil homme, la route le menant à cette taverne avait été longue.

Il se revit se mettant en route, après son étrange entrevue, il avait d'ailleurs remarqué qu'il était un peu moins obsédé par le souvenir de Milessant, et même plus allègre. Au fond, il était libre, indépendant, les fesses sur un bon cheval, une épée au pommeau de sa selle, une bourse bien garnie, une mission exaltante à accomplir. Le vieux sage dont il ne savait pas le nom avait raison : des choses nouvelles l'attendaient, et il était impatient de se colleter maintenant sérieusement à la question.

Néanmoins, quand il fut en vue des tours du château de Lorimont et de la bannière du nouveau seigneur, son appréhension le reprit. Retomberait-il entre les mains de l'imprévisible Philibert des Losses ? Il s'était arrêté suffisamment loin pour ne pas être repéré, faisant ralentir Dariolet autant qu'il le pouvait. Il était même resté un assez long moment, juché sur le cheval, en attente d'il ne savait quel miracle qui lui aurait épargné cette démarche, puis il s'était résigné : Lorimont était le passage obligé auquel il ne pouvait échapper. Il avait soupiré et remis Dariolet en route, au pas.

Prudent, il laissa son cheval dans une auberge proche, prit l'allure d'un pèlerin et demanda aide et hébergement au château. Qui prend réellement garde à un pèlerin de passage ?

Il caressait l'espoir d'entrevoir la nourrice qui l'avait aidé et de qui il pourrait tirer des renseignements, car à dire vrai, il ne voyait rien d'autre à faire en ce lieu. Il eut de la chance, il n'était pas dans la place depuis deux heures qu'il la vit qui traversait la cour basse, affairée, un panier sous le bras. Il l'aborda et se fit tout de suite reconnaître. La nourrice sursauta et émit un « ooohhh... » craintif.

– J'ai besoin de renseignements sur les derniers des Lorimont, lui dit Audouin à voix basse.

– Cette nuit, dans ce recoin discret, lui intima Thomasine en lui désignant un angle fermé dans la muraille, entre une tour et des contreforts.

Docilement, une fois la nuit bien établie, Audouin, au lieu de dormir avec les autres pèlerins et voyageurs accueillis au château, quitta la salle et se rendit à l'endroit convenu. Il s'assit contre le mur, à l'abri du vent et des regards, et attendit. La lune dans son premier quartier rendait le château bleuté et noir. Il vit des hiboux qui faisaient leur ronde au-dessus des remparts, en quête de souris. Leurs hululements tristes lui procurèrent un curieux réconfort.

Tout à coup, Thomasine fut près de lui et s'assit à son côté, non sans mal, car elle était âgée et elle avait des rhumatismes.

– Que vouliez-vous savoir exactement, chevalier ?

– Reste-t-il des membres de la famille de Lorimont vivants ?

Car si le Lorimont qu'avaient évoqué Marganne et l'homme au grimoire au rubis n'était pas un lieu, ce ne pouvait être qu'une personne.

– J'espère, soupira Thomasine.

– Vous n'en êtes pas sûre...

– Peut-être Jeanne a-t-elle survécu. La troisième, la seule qu'il n'ait pas assassinée.

– J'ai assisté à sa noce, c'est bien cela ?

– Oui, confirma la nourrice.

Il ne se rappelait même plus ses traits, juste un visage pâlichon, encore rond comme celui d'un enfant, figé par l'appréhension et même l'épouvante.

— Et pourquoi aurait-elle survécu ?

Thomasine lui raconta ce qui s'était passé cette nuit-là, et comment Johanin avait emmené la jeune mariée au loin pour la perdre dans un bois à trois jours de là, et comment toute l'affaire avait été organisée par le marié lui-même, et comment également elle l'avait fait partir la veille du jour convenu, pour la protéger un peu mieux.

— C'était tout ce que nous pouvions faire, vous comprenez ? Messire Philibert m'avait choisie de préférence aux deux autres nourrices parce qu'il pensait que je serais plus malléable et docile. D'ailleurs, le matin, il avait éloigné Sigolène et Margot, de peur qu'elles prennent un peu trop son parti.

Elle eut une sorte de sourire triste.

— J'ai bien caché mon jeu. Mais les deux autres savaient aussi, et pour le reste j'ai traité avec Johanin, un des derniers fidèles à la mémoire du vieux baron.

— Donc vous lui avez fait quitter le château dès le soir des noces.

— Oui, c'est cela.

— Et messire Philibert était au courant ?

— Seulement quand il est monté se coucher. Il me l'a bien reproché, de m'être « bêtement » trompée.

— Alors les battues du lendemain, c'était pour rien... remarqua Audouin, en fait bien peu étonné.

— Pour donner le change, uniquement pour cela. Et pour faire savoir à la ronde que si sa femme s'était enfuie, il n'en restait pas moins le maître du château et de tout le domaine.

— Ah non, objecta Audouin. Si le mariage n'a pas été consommé, il n'est pas valable, et Philibert des Losses n'est le maître de rien, en tout cas pas de cela.

— Oui, dit Thomasine, je sais, et il le sait aussi, c'est pourquoi il affirmera toujours que la pauvre Jeanne s'est enfuie *après* la nuit de noces. Seuls Johanin et moi savons qu'il n'en est rien. Et nous savons aussi que notre vie ne tiendrait qu'à un fil si cela venait à s'ébruiter. Je compte sur votre silence, chevalier.

— Qu'a-t-elle emporté, en partant ?

— Rien d'autre que les habits qu'elle portait sur le dos, un petit sac de vivres et de vêtements de rechange que je lui avais préparé, et six sous d'argent.

Elle n'était même pas au courant que Johanin y était aussi allé de sa petite pièce.

— Elle n'avait pas un livre ? Un gros livre noir ?

— Genre livre de prières ?

— Non, sûrement pas, hoqueta Audouin. Un gros livre à pages noires.

Thomasine secoua la tête. Il n'y avait jamais eu ce genre de livres à Lorimont, à peine quelques recueils d'oraisons, même pas enluminés, et rien de plus.

— Et nul n'a plus jamais eu de nouvelles de Jeanne de Lorimont ?

— Nul ici, en tout cas.

— Est-il possible qu'elle soit encore vivante ?

— Je l'espère chaque jour de ma vie, dit Thomasine en joignant les mains comme pour une prière. Car je me sens coupable, moi aussi, de ne l'avoir pas mise à l'abri en lieu sûr.

— Mais le pouviez-vous ? fit Audouin, compatissant.

— Nous aurions pu la conduire dans un couvent, ou la mener chez l'évêque, ou même la cacher dans un village, déguisée en paysanne, en attendant des jours meilleurs. L'abandonner en forêt, comme l'avait ordonné messire Philibert, c'était une erreur, une erreur bien cruelle…

— Où ce Johanin a-t-il laissé Jeanne ?

— La retrouverez-vous, messire ? fit alors la nourrice en le prenant par le bras. Nous la ramènerez-vous pour qu'elle nous débarrasse de notre mauvais maître ?

—Ce n'est pas pour cela que je la cherche, dit Audouin. Demandez à Johanin où il a laissé Jeanne de Lorimont et je me mettrai en quête d'elle.

Thomasine hocha longuement la tête.

—Dites que vous êtes malade et restez un jour de plus dans la salle d'hostellerie, dit Thomasine avec brusquerie. Ce n'est pas messire des Losses qui ira vous chercher là. Et soyez demain au même endroit, au même moment de la nuit. Je vous enverrai Johanin.

Audouin sortit brutalement de ses souvenirs au bruit tonitruant que faisaient les autres convives de la taverne *À l'Ymage Saint-Michel*. Il jeta un long coup d'œil aux soldats avinés. Ceux-ci, de fort joyeuse humeur, laissèrent sur les tables des pièces d'argent que le patron empocha prestement et redemandèrent des boissons et des vivres.

« Bon sang, n'y a-t-il pas d'autres tavernes aux environs ? Voyez-vous ça qu'ils vont rester là toute la nuit, à nous hurler des insanités aux oreilles sans nous laisser un instant de repos. »

Néanmoins, le tavernier obtempéra et rapporta encore et encore cruches et cruchons. Les soldats le voyaient à peine et évoquaient avec force jurons, rires et cris leurs derniers exploits.

—Dommage que le capitaine Bardaillon soit plus là pour voir ça ! Il aurait bu plus que nous tous réunis, et aurait gueulé plus fort encore.

—Ah, ça, c'était un fameux buveur ! Et il tenait bien le vin ! Pas lui qu'on aurait vu tituber !

—Ah, je croyais que tu allais dire « un fameux gueulard »... Parce qu'on l'entendait, lui, hein ! Qui c'est qui va le remplacer, maintenant ?

—On aurait dû dire à Jeanne de prendre la tête de la lance !

Audouin écoutait d'une oreille distraite.

De nouveau, des rires tonitruants éclatèrent.

— Ben quoi, ça lui aurait bien été, au fond. Me fais pas croire que tu y as pas pensé. Ça aurait eu de la gueule, ça, une fille capitaine.

— Elle en pinçait pour Bardaillon.

— Je suis sûr que non, dit Brillanceau. En tout cas, elle m'a dit que non.

— Et qu'est-ce qu'elle est devenue ?

— Elle a pris son héritage du capitaine, sa part de butin, et elle est partie droit devant elle.

— Alors on sait même pas où ?

— Ben non.

— Et c'était quoi, au fait, sa part de butin ?

— Un gros bouquin tout noir, celui qu'on avait trouvé chez une espèce de mage à moitié fou.

— Me rappelle pas.

— Mais si ! Même que toutes les pages étaient noires, et l'écriture en rouge. Et même qu'il puait et fumait comme mille diables grillés !

Audouin eut une sorte de coup au cœur en entendant, bien malgré lui, ces mots bramés à pleine voix. Le frisson annonciateur d'objets magiques le fit trembler des pieds à la tête. Il devait maintenant être très proche.

Il se leva, sa coupe d'une main, son assiette de charbonnée de l'autre, et s'approcha des routiers avinés.

— Ça vous dirait, une tournée générale, braves soldats ?…

24

Jeanne se réveilla en sursaut. Il y avait quelque chose d'anormal. Le feu de la cheminée s'était éteint. Le jour était levé et pénétrait, un peu grisâtre, par les fenêtres à petits carreaux de la pièce où elle avait élu domicile. Elle entendait de faibles bruits non loin d'elle, et ce n'étaient pas des souris ni des animaux sauvages curieux. Elle sauta sur ses pieds, son arme à la main, et avança, en alerte, un peu penchée en avant, à pas de loup. Le bruit venait de la porte donnant sur la rue. Quelqu'un était entré. Elle se dissimula derrière un angle du mur et jeta un bref coup d'œil. La porte était entrouverte.

« Les chevaux… se dit-elle. On va me les voler… »

Elle entrevit une silhouette sombre et entendit un bruit un peu humide qu'elle n'identifia pas.

Son cœur battait à tout rompre, mais pour sauvegarder son bien, c'était à elle d'attaquer. Si les intrus étaient des paysans, elle aurait forcément le dessus. Si c'étaient des soldats, elle savait qu'elle n'aurait aucune chance de toute façon.

« Courage », se dit-elle encore.

Elle poussa un long cri, comme font les mercenaires à l'attaque, et courut sus en avant, miséricorde fermement brandie.

Des reniflements et des cris aigus éclatèrent simultanément :

— Pitié, pitié, j'ai seulement faim…

Elle en resta un instant interdite. La forme à genoux, prosternée, implorait sa compassion.

— Pitié, pitié, messire.

Jeanne remit son arme dans sa ceinture et dit :

— Tu ferais mieux de te relever. Je ne vais pas te tuer.

— Pitié, pitié, continuait la voix.

Jeanne s'avança et prit l'intrus par le bras pour le forcer à se mettre debout. C'était un enfant, une fille qui avait peut-être dix ou onze ans.

— Qui es-tu ? demanda Jeanne.

La fille répondit à côté de la question :

— Tout le monde est mort. Il n'y a plus que moi. Ils les ont tous tués.

Elle était toute maigre, dépenaillée, pâle et ses yeux d'un curieux brun-jaune cernés de bistre. Ses vêtements étaient sales, tachés et déchirés, mais de bonne qualité, des vêtements bourgeois.

— Et tu n'as pas quitté le village ? demanda Jeanne.

La fille tremblait et claquait des dents.

— J'étais aux champignons au moment de l'attaque. C'est... c'est une sorte de miracle. J'ai entendu les cris et vu les flammes.

— Mais c'était il y a longtemps ! observa Jeanne.

— Peut-être deux ou trois semaines, dit la fille en tremblant toujours, les bras serrés autour d'elle comme pour se réchauffer. Je... je n'ai jamais osé revenir. Et puis j'ai vu les soldats qui partaient enfin.

Jeanne voyait bien le tableau. Le bourg attaqué, les cris, le massacre, et la pauvrette morte de peur qui ne pouvait sortir du bois jusqu'au départ des écorcheurs. Elle avait dû rôder encore autour du village, misérable, se nourrissant tant bien que mal, sans oser s'approcher de trop près des maisons désertes. C'était un miracle qu'elle n'ait pas été tuée par les bêtes sauvages, et cela rappela à Jeanne un souvenir vieux de trois ans, et quelqu'un qui avait été bon pour elle.

— Et tu es pourtant revenue...

— Je vous ai vue entrer en ville toute seule, avec vos chevaux, messire. J'ai vu la fumée par la cheminée. Vous savez, c'était ma maison, ici, dit la fille en désignant les murs où Jeanne avait pris ses quartiers. Je me suis dit que vous aviez peut-être à manger, messire.

— Ne dis pas messire, voyons. Je suis une fille ! Tu n'as qu'à dire Jeanne. (Elle soupira en précisant :) Jeanne de Lorimont. Et toi, comment t'appelle-t-on ?

— Tiphaine, fille de maître Taillefer.

— Bon. Ne faisons pas de manières et allons manger.

À ces mots, les yeux de la fillette exprimèrent un grand trouble, comme si elle n'y croyait pas tout à fait.

— Viens, dit Jeanne.

Elle entraîna une Tiphaine bouleversée dans le nouveau domaine qu'elle s'était choisi, cette plus belle maison du bourg.

— Ce n'était pas comme ça, avant, dit Tiphaine d'une voix blanche.

— Ouais, je sais, mais c'est comme ça maintenant, dit Jeanne sans douceur. Ils ont pillé et essayé de foutre le feu, et réussi à moitié seulement. Assieds-toi.

Elle l'installa où s'étaient assis plus tôt le capitaine et ses deux sœurs, et mit dans une écuelle d'étain ce qui restait des victuailles emportées du camp, essentiellement du pain, de la charcuterie et des fruits secs. Tiphaine se jeta dessus. Il n'allait rien rester.

— Pas trop vite, ordonna-t-elle. Fais de petites bouchées.

Elle alla chercher de l'eau et la servit.

Elle n'avait guère l'habitude des enfants. Elle avait la curieuse impression de se retrouver dans un rôle de grande sœur, voire de jeune mère.

« Ce doit être bizarre », se dit-elle. Elle pensa à Philibert et elle sentit un long frisson la parcourir des pieds à la tête. D'habitude, elle songeait à lui comme à un assassin et un usurpateur, pas comme à un mari qui aurait pu user d'elle selon son bon plaisir, et lui coller dans le ventre un marmot par an.

« J'ai échappé à ça aussi. »

Tiphaine nettoya jusqu'à la moindre miette du repas, puis repoussa l'écuelle et laissa traîner tout autour d'elle un regard fureteur, à la fois triste et inquisiteur.

— Tu ne vas pas pouvoir rester ici, dit Jeanne. Je ne peux pas m'occuper de toi.

— Mais c'est ma maison !

— Plus maintenant. Maintenant c'est la mienne.

— Vous n'avez pas le droit, dit la fille en se dressant toute droite, non sans autorité, mais la voix brisée.

Puis elle chancela. Toute cette nourriture après avoir eu faim, après la peur et la fatigue… Elle retomba assise, la tête lui tournant.

— C'est ma maison, répéta-t-elle en bredouillant.

— Tu ne peux y rester, reprit Jeanne, plus doucement. Comment te débrouillerais-tu ? Tu n'as plus de parents, plus de serviteurs, plus de frères et sœurs, si tu en avais.

— Oui, dit-elle. Deux sœurs.

« Comme moi… »

— Une grande de quinze ans et une petite de huit ans.

Elles devaient être dans le charnier en dehors de la ville, maintenant, et leurs corps n'étaient plus identifiables.

— Il y a bien une ville, dans les environs, non ? questionna Jeanne. Des religieuses peuvent t'accueillir. Ou le curé.

— Je ne suis pas une mendiante. Je ne veux pas de la charité. Je suis chez moi, ici. C'est à toi de t'en aller.

— Et pourquoi n'es-tu pas revenue dès que les soldats sont partis, si tu étais si bien dans ta maison ? Pourquoi as-tu préféré errer dans la forêt ?

— Je… je ne sais pas. Je ne pouvais pas faire autrement. C'est quand j'ai vu de la fumée qui n'était pas celle d'un incendie. J'ai aussi vu que tu étais une fille. J'ai eu envie de revenir. Mais je veux bien t'accueillir chez moi si tu te tiens bien.

— Trop gentille, persifla Jeanne en donnant un coup de pied rageur dans un meuble.

Et elle partit s'occuper des chevaux.

Qu'allait-elle bien pouvoir faire de cette gamine ? Elle commençait à prendre ses habitudes dans la maison. Et elle voulait y être seule, pour pouvoir converser à loisir avec ses sœurs et avec le capitaine, la seule compagnie dont elle eut envie, avant de se mettre à la recherche de Lorimont, au printemps peut-être.

Elle étrilla avec rage les trois chevaux, l'un après l'autre. Eux, elle les aimait bien. Elle leur parlait volontiers. Mais cette petite Tiphaine, grosse comme un chat mouillé et pleine d'arrogance… D'accord, tous les siens étaient morts. Mais maintenant Jeanne se sentait dérangée, importunée par cette présence.

Tiphaine s'encadra dans l'ouverture de l'écurie, un peigne à la main.

— Tu ne voudrais pas me coiffer ?

Jeanne lui jeta un regard mal aimable.

— J'étrille les chevaux, répondit-elle d'un ton rogue.

Tiphaine avait changé de vêtements et venait chercher la touche finale.

— Je te coifferai aussi, après, si tu veux, proposa-t-elle.

— Non, merci, j'arrive encore à me coiffer moi-même.

— S'il te plaît, implora la petite.

— Bon. Alors donne-toi un peu de mal. J'en ai assez, moi. Tire de l'eau et prends des bûches pour le feu de ce soir, et je te donnerai un coup de peigne après, quand j'aurai fini ce que j'ai à faire.

En fait pas grand-chose, à part errer dans la grande maison, s'occuper des chevaux et pleurer parce qu'elle ne savait plus trop par quel bout prendre sa vie.

✦ ✦ ✦

On dit que, la nuit, les lutins facétieux emmêlent la crinière des chevaux, juste par malice pour donner plus de travail aux palefreniers. Eh bien, la tignasse de Tiphaine était plus ébouriffée encore. Jeanne s'assit sur une cathèdre, la petite sur un coussin à ses pieds, et près d'une heure passa avant que les cheveux châtain de la fillette ne soient bien lisses et ordonnés. Jeanne dut retirer des masses de tignons, de déchets et de brindilles.

— Il faut que je les lave, maintenant.

— Ne compte pas sur moi pour t'aider.

— Et ensuite je te démêlerai à ton tour.

— Hm, fit seulement Jeanne, pas spécialement ravie.

La petite disparut se laver les cheveux dans la cour, et Jeanne affalée étendit ses jambes devant elle, comme font les hommes, l'air maussade. Tout à coup, elle remarqua que le grimoire noir, qu'elle avait lacéré et jeté au vent la veille, était réapparu. Il trônait triomphalement sur le rebord de la cheminée.

Au moment où Jeanne le vit, le livre s'ouvrit sèchement et étala une phrase rouge ô combien tentante : « Jeanne, fais le vœu de te débarrasser de cette fillette et je m'occupe du reste. »

— Ah, il ne manquait plus que ça, fit-elle entre ses dents.

Elle saisit le gros ouvrage à bras-le-corps et le jeta dans le feu. Autant éviter que la gamine ne pose des questions, voire ne cherche à s'en servir. C'était si alléchant, parfois, la magie… Les flammes attaquèrent les épaisses pages noires en les grignotant lentement. Jeanne soupira, exaspérée. Carboniser ce bouquin prendrait des heures. Pour parer au plus pressé, elle le récupéra dans les flammes, quitta la maison et s'en alla le jeter dans un puits à l'autre bout du village. Le livre fit un plouf sonore. Elle se doutait qu'il réapparaîtrait bientôt.

✦ ✦ ✦

— Eh ! Elle résiste bien, cette fille, remarqua Atziniel, étonné, au profit de Negmos, dans un Ailleurs improbable.

— Oh, à mon avis, elle ne va pas tenir longtemps, répondit l'autre, il y a tant de tentations possibles…

— Ouais. Je vais la bombarder de tentations, ricana le démon, tandis qu'une partie de lui retournait dans le livre pour préparer d'autres idées.

— Et les autres, au fait ?

— Ils sont en route. Je me demande si la fille va chercher à défendre son bien. Je l'aiderai, tout en continuant à la tenter. Ça fera durer le plaisir.

— Le Grand Laid ne sera peut-être pas content. Nous avons instruction de délivrer au plus vite le grimoire des ténèbres au plus compétent.

— Oh, pour un petit amusement de rien du tout… À notre échelle infernale du temps, quelques jours de plus ou de moins avec cette fille ne changeront pas grand-chose.

Negmos hocha la tête, pensif. En fait, il était assez séduit par l'affaire, et curieux de ce qui allait se passer.

— Et puis quoi, reprit Atziniel, nous avons de bonnes chances de gagner une nouvelle âme. Cette fille a une allure de soldat, mais au fond, elle est d'une candeur, d'une innocence remarquables.

— Nos meilleurs coups… Les vrais gentils qui se damnent, sourit fielleusement Negmos. Et pendant ce temps, nos amis satanistes se battront non seulement pour arracher le grimoire à la fille, mais aussi entre eux. De bien beaux duels en perspective, donc…

✦ ✦ ✦

— Saleté de bouquin, fit Jeanne en regardant le grimoire s'enfoncer dans l'eau sombre. Je ne suis peut-être plus très chrétienne, mais au moins ne suis-je pas adepte des sortilèges. Ou du moins je ne le suis plus. Et d'ailleurs, il y a des femmes qui vont prier pour moi, à Conques.

Elle rentra dans la maison d'un pas martial, coléreux.

— Tu ne marches pas comme une fille, remarqua Tiphaine qui à ce moment était installée près du feu et se tressait deux nattes qu'elle accrocha artistiquement autour de ses oreilles.

— Je sais, aboya Jeanne. Ne m'énerve pas. Je marche comme je veux, je parle comme je veux, j'habite ta maison et si tu commences à trop m'embêter, je te flanque dehors et je barre les portes. Après tout, il y a d'autres maisons dans le village.

— Tu n'as qu'à y aller toi-même !

— Pas question.

— Mais celle-là, outre qu'elle est la mienne, est la plus belle.

— Je sais. C'est pour ça que je l'ai choisie.

Tiphaine fit tourner et retourner son peigne entre ses mains.

— Je t'attendais pour te coiffer. Qu'est-ce que tu faisais ?

— Ça ne te regarde pas, répondit Jeanne.

Résignée, elle s'assit sur le coussin et, derrière elle, Tiphaine défit sa grosse natte blonde et commença à passer le peigne dans ses cheveux. La jeunette avait envie de faire de la conversation, après tout ce temps en solitaire dans la forêt, sans compter que tous ceux qu'elle connaissait étaient morts. Jeanne se contraignit à être un peu gentille, par égard pour les souffrances passées et présentes de la fillette.

— Je peux te montrer comment être plus douce et courtoise, si tu veux, dit Tiphaine, et à bien t'habiller. Ma mère n'arrêtait pas de nous faire la leçon, afin que nous trouvions de bons maris et soyons agréables pour eux.

Jeanne ne répondit pas qu'elle était déjà mariée et que plaire à son mari était le cadet de ses soucis, mais elle le pensa vraiment très fort, et se mordit les lèvres à cette évocation.

Tiphaine tirait fort sur sa chevelure. Le peigne passait mal, accrochait des nœuds. Tiphaine tirait plus fort encore.

— Eh, tu me fais mal !

— Il faut souffrir pour être belle, répliqua Tiphaine d'une voix changée, plus sèche.

Jeanne avait l'impression que des aiguilles fines et cruelles s'enfonçaient dans son crâne. Elle essaya de se retourner pour protester et, à moitié paralysée tout à coup, n'y parvint pas.

« Qu'est-ce qui m'arrive ? » s'étonna-t-elle, plus curieuse qu'inquiète.

Chacun de ses cheveux était maintenant comme un fin fer rouge qui vrillait son cuir chevelu.

— Arrête ! cria-t-elle.

— Il faut que tu me dises quelque chose, dit Tiphaine avec une détermination curieuse.

La douceur de sa voix et son ton persuasif étaient lourds de menaces mystérieuses, et Jeanne ne comprenait pas pourquoi.

— Tu cherches à me faire mal parce que j'ai pris domicile chez toi, c'est ça ?

— Oh, pas du tout, dit la fille qui semblait avoir un sacré don pour torturer avec un peigne pour seul instrument. Pas du tout. Ce que je veux, c'est que tu me dises où se trouve le grimoire des ténèbres.

Mais à ce moment, la douleur sur le crâne de Jeanne fut relayée dans tout son corps, à la fois fine, brûlante et acérée.

— Le grimoire des ténèbres… insista la voix changée de Tiphaine, sèche et coupante.

Jeanne hoqueta, dévorée d'impressions taraudantes, comme si les aiguilles qui la transperçaient étaient enduites d'un puissant acide.

Alors elle perdit le souffle, porta la main à son cœur et glissa sur le côté, évanouie.

– Femmelette, commenta Tiphaine d'une voix méprisante.

Il faut dire qu'elle n'y était pas allée de main morte. Il faut dire aussi qu'elle ne s'appelait pas Tiphaine, avait dépassé l'âge de onze ans depuis belle lurette, et n'était pas du tout la fille de la maison, dont tous les habitants – absolument tous – étaient morts depuis bientôt trois semaines.

25

— Mon Dieu, et dire que jamais je n'avais réellement ressenti la douleur auparavant, se dit Jeanne en émergeant vaguement.

Elle était recroquevillée sur le sol en carreaux de terre cuite de la maison, près de la cheminée éteinte, tout endolorie de mille pointes encore. Elle ne savait combien de temps avait duré sa perte de conscience, mais elle se rendit tout de suite compte qu'elle n'était pas seule dans la pièce. Elle entendait une conversation. Une conversation orageuse. Elle tenta d'ouvrir les yeux, et dut mettre tout son courage dans l'opération. Dans sa position, elle ne voyait que le pied d'une cathèdre devant son nez, et le sol de carreaux rougeâtres. Le bruit semblait venir de sa droite et elle se déplaça lentement, toujours roulée en boule. Il y avait près de la table une femme d'une cinquantaine d'années, aux cheveux gris curieusement arrangés autour des oreilles comme une fille avant son mariage, et un homme beaucoup plus jeune. La femme hurlait comme un putois, l'homme lui répondait comme s'il essayait de la convaincre ou de l'admonester tandis que la moutarde lui montait visiblement au nez.

Et puis Jeanne aperçut sur la table la tranche noire du gros livre qu'elle avait jeté dans le puits tout à l'heure et qui semblait baver des filets de sang entre ses pages. « Encore lui ! » songea-t-elle, exaspérée, malgré son triste état.

— … le grimoire des ténèbres ! glapissait la femme.

— … le grimoire des ténèbres… répliquait le jeune homme sur un autre ton.

Jeanne choisit de fermer les yeux.

Qu'est-ce qu'ils lui voulaient donc tous les deux, à son grimoire, à sa prise de guerre ? Oh, et puis après tout, qu'ils le prennent, elle en serait délivrée et ce serait aussi bien comme ça.

Que des malheurs ! Et elle ne comptait pas ce qui était arrivé depuis la mort de son père. La mort de ses sœurs, ce désastreux mariage. Non, elle comptait seulement depuis la mort du capitaine. Elle aurait dû rester avec la compagnie. Elle aurait demandé à Brillanceau ou Othon de la former pour le combat, elle aurait foncé en première ligne et n'aurait pas tardé à rendre l'âme, les armes à la main, courageusement, et peut-être même héroïquement. Ç'aurait été un plus joli destin, au fond.

Mais là... cette amère solitude, ce livre maudit et tentateur, ces cris... Elle n'en pouvait plus.

— Partez... murmura-t-elle faiblement.

Aussitôt, les deux discuteurs cessèrent de s'invectiver et se tournèrent vers elle.

— Poule mouillée ! cracha la femme.

Et tout à coup, en un éclair, Jeanne reconnut Tiphaine. Non, ce n'était pas Tiphaine, c'était une femme sèche et amère, coiffée de nattes repliées, avec les mêmes vêtements de la petite fille à sa taille, mais ce n'était pas elle, ce n'était pas possible. Et pourtant. Ce regard jaune, ce visage aux yeux creux, aux lèvres minces. Mais cette femme-là était ridée, les mains noueuses, la bouche marquée de deux grands plis pessimistes.

— Vous êtes la mère de Tiphaine ? demanda Jeanne de la même voix faible.

— Idiote. Je *suis* Tiphaine, dit la femme. Ou plutôt j'ai pris son apparence pour t'approcher, pauvre mauviette. Une fillette en détresse, bien larmoyante, bien tragique, rien de tel pour apitoyer les imbéciles. Alors ? Qu'est-ce que tu dis de ma petite mise en scène et de ma métamorphose ?

Mais Jeanne était bien incapable d'en dire quoi que ce soit. « Je ne veux pas, je ne veux pas, je ne veux pas… se répétait-elle en boucle. Je ne veux pas que la magie s'impose dans ma vie, je ne veux pas être le jouet d'une sorcière, je ne veux pas de ce livre maudit, je ne veux pas être damnée, je ne veux pas que le diable me prenne, je ne veux pas que le livre noir me tente. Oh, Seigneur, sauvez-moi. »

— Relève-toi, mauviette !

Jeanne sentit des coups de pied féroces dans ses côtes. Et tout à coup, ces coups de pied cessèrent. Le jeune homme en noir avait tiré la femme en arrière en lui disant :

— Voyons, madame, arrêtez ça.

À cet instant, il jeta un « Aïe » sonore et regarda sa main droite comme si elle avait été transpercée par une arme, tant il avait ressenti une douleur ciblée et intense.

— Toi, fiche-moi la paix. Je m'occupe d'elle d'abord.

Elle continua à s'adresser à Jeanne :

— Dis-moi. Dis-moi si je suis la première ou s'il y en a eu d'autres.

— De… de quoi ? Je ne sais pas, gémit Jeanne.

— D'autres qui ont cherché ce livre. Qui l'a vu ?

— Je ne sais pas, répéta Jeanne.

— Tu veux que je te refasse le coup des aiguilles de feu et d'acide ? Non ? Bon, alors lève-toi et explique-moi comment tu as fait.

— Comment j'ai fait quoi ? fit Jeanne, relevant enfin vaguement la tête.

Tout à coup, Jeanne se sentit soulevée, assise à terre, maintenue par deux bras robustes et prévenants.

— Essayez de vous lever, maintenant, demoiselle, dit la voix de l'homme qui avait crié quelques instants plus tôt.

Elle eut un vague sourire de remerciement et, aidée par ce soutien, elle s'efforça de se mettre debout, assez chancelante et trébuchante, à dire vrai. Elle s'effondra plutôt qu'elle ne s'assît dans la cathèdre toute proche. Elle dut s'appuyer sur l'accoudoir pour que sa main soutienne sa tête.

Le jeune homme était devant elle, un peu anxieux, et lui dit :

— Est-ce que ça ira, demoiselle ?

— J'espère, souffla-t-elle d'une voix à peine audible.

La femme reprit, de sa voix criaillante qui râpait les nerfs :

— Pourquoi ce livre est-il collé sur la table ? hurla-t-elle. Délivre-le ! Délivre-le tout de suite !

Dans le livre – et dans un monde parallèle d'où il contrôlait tout cela –, le démon Atziniel ricana. Il était disposé à beaucoup s'amuser. Il ne laisserait pas tout de suite les quelques satanistes qui avaient remonté la piste du grimoire mettre la main dessus aussi facilement. Un peu de difficulté ne leur ferait pas de mal. Et puis quoi, il avait l'âme de cette jeune fille à gagner à l'Enfer, il n'abandonnerait pas avant. Le grand Satan serait content et lui ferait peut-être grimper quelques échelons de la hiérarchie diabolique.

— Je déteste ce livre, grogna Jeanne. Il est comme collé à moi. J'ai essayé de le jeter à l'eau, de le brûler, de le lacérer, de jeter ses pages au vent, rien à faire.

— Eh non, rien à faire, souligna le jeune homme.

Elle lui jeta un regard un peu atone. Qu'est-ce qu'il en savait, de ce qui concernait ce livre ?

— Quoi ! Tu as osé ! Misérable ! Tu as osé traiter avec tant de... de désinvolture l'objet le plus sacré de notre confrérie ?! glapit la femme aux cheveux gris.

— L'objet le plus maudit, objecta le jeune homme. Vous avez été courageuse, demoiselle, mais c'était peine perdue, j'ai le regret de vous le dire.

Jeanne, l'air embrumé, s'efforça de fixer son regard sur Audouin de Rivelet, qui avait sans nul doute le visage plus agréable que celui de cette femme, de cette sorcière.

Après avoir longuement parlé avec les soldats avinés de l'Ymage Saint-Michel, Audouin se doutait qu'il n'était plus très loin de Jeanne de Lorimont, et le chatouillis étrange qu'il ressentait s'était fait de plus en plus net à mesure qu'il approchait du village où elle avait trouvé refuge. Il avait senti l'excitation de la réussite proche. Il se disait maintenant que l'affaire était encore loin d'être terminée.

—Vous êtes un sorcier, vous aussi? Un sataniste? demanda Jeanne d'une voix rogue.

Le jeune homme secoua la tête en signe de dénégation.

—Et pourtant vous le voulez.

—Euh... oui en fait.

—Eh bien prenez-le et grand bien vous fasse, continua-t-elle.

—Ah, j'aimerais bien, demoiselle, mais je ne peux pas. Pas plus qu'elle.

Il désigna du menton la vieille femme qui s'efforçait en grognant, sifflant et jurant, avec l'aide d'un couteau, de décoller le grimoire noir et sanglant de la table à manger.

Finalement, elle se tourna de nouveau vers Jeanne et lui ordonna :

—Prends-le, toi.

—Je n'y tiens pas, dit Jeanne, toujours effondrée sur sa cathèdre.

Immédiatement, des pointes de feu acide l'attaquèrent de toute part sous le regard de la fausse Tiphaine et, pour échapper au supplice, elle se leva maladroitement et alla vers le grimoire. Elle le saisit à bras-le-corps, sans la moindre difficulté, sinon son poids qu'elle trouvait trop élevé pour son état de faiblesse.

Le jeune homme émit un petit sifflement admiratif.

—Et maintenant ? demanda Jeanne.

—Donne-le-moi, dit la sataniste.

Jeanne le lui passa bien volontiers. La sorcière tendit ses

mains griffues pour l'attraper, Jeanne lâcha le livre, la sorcière s'en empara, mais au lieu de pouvoir le serrer contre elle, elle le laissa tomber. Le grimoire s'écrasa avec un bruit de tonnerre, comme s'il pesait vingt fois, cent fois son poids.

– Inutile de le ramasser, je pense, dit Audouin un peu ironiquement.

Il fut remercié de cette parole par l'affreuse impression que sa langue se mettait à gonfler et à sortir de sa bouche, enflammée comme si on y avait déposé une poignée de poivre concassé.

Il courut dehors, à la recherche d'un puits, pour éteindre le feu qui lui brûlait la bouche.

Le livre était tombé sur les bords de sa couverture, faisant comme un toit pointu. Des ricanements très bas semblaient sortir de cette petite maison de parchemin noir.

– Cette fois je l'aurai, grogna la fausse Tiphaine.

Mais l'opération se révéla tout aussi difficile que lorsqu'il était à plat sur la table : le grimoire des ténèbres semblait profondément scellé dans les carreaux de terre cuite et les ricanements faisaient comme un vrombissement continu, bien que discret, dans la grande pièce.

– Le but de toute une vie ! Le grimoire des ténèbres ! Et il est là à me narguer !

La sorcière, dont le véritable nom était Berthe Hunaud, le couteau à la main, essayait encore d'introduire une brèche entre le livre et le dallage, ne réussissant qu'à susciter des coulées sanglantes, qui se perdaient ensuite dans les interstices entre les carreaux, et des fumées nauséabondes.

– Aaaahhh ! fit Berthe Hunaud, l'odeur de l'enfer, c'est bon signe, ça vient.

Mais ça ne venait pas du tout.

Jeanne s'était rassise sur la cathèdre, effondrée de douleur et de perplexité, et regardait la femme d'un œil atone. Ainsi, la petite fille perdue et misérable, arrogante aussi, qui pleurait sa famille et sa belle maison, qu'elle avait fait entrer, qu'elle avait nourrie, c'était cette femme, une harpie qui savait se métamorphoser, une sorcière expérimentée. À qui se fier, quand on a vu ça ?

« Ah, capitaine, c'était le bon temps, la compagnie... » se dit-elle une fois de plus. Les soldats étaient grossiers, brutaux, féroces et souvent avinés, mais ce n'étaient pas des gars compliqués. Mais une sorcière, qui parvient à monter des mises en scènes attendrissantes et alambiquées...

« J'ai eu ma dose, se dit-elle encore. Et dire que ce n'est pas fini. »

— Vous n'aurez jamais ce livre, dit-elle enfin à la femme. Il est à moi.

— Il est à celui qui s'en empare ! la contra la sorcière.

— Eh bien ? Je m'en suis emparée, comme vous le voyez.

— Mais tu n'es même pas de notre confrérie ! Sais-tu comment on envoûte un chat ? Comment on concocte une potion de mort avec des aconits et des stramoines ? Comment on élève des crapauds ? Comment on invoque les démons mineurs la nuit aux carrefours, dans la forêt ?

Jeanne fit non de la tête, lentement.

— Dis-moi comment tu as trouvé ce grimoire ! ordonna encore Berthe Hunaud en envoyant à Jeanne quelques picotements brûlants pour bien lui montrer qu'elle avait intérêt à répondre.

— Il se trouve que... commença Jeanne.

C'est alors que se produisit à l'entrée de la pièce un grand tumulte.

— J'étais là avant !

— Non, moi.

— Laissez-moi passer, voyons.

— Je suis l'élève personnel du démon Gatzar. C'est lui qui m'a ordonné de retrouver le grimoire des ténèbres.

— Ha ha ha, Gatzar ! Il n'a jamais fait que des coups pourris, vous ne le saviez donc pas ?

— Eeeehhh ! Il est là, par terre !

— Poussez-vous !

— Moi d'abord.

— Non, moi.

— J'étais là avant, fit acidement remarquer Berthe Hunaud. C'est moi qui l'ai trouvé la première.

— Oh, nous pouvons facilement régler ça par un duel de magie entre nous.

La pièce était maintenant remplie de toute une bande de sorciers qui s'étaient précipités sur le grimoire comme des mouches sur une viande faisandée. Jeanne ne se faisait pas beaucoup de souci : il semblait que nul ne pouvait s'en emparer, sinon elle. C'était un tourbillon hurlant et querelleur, cinq hommes et trois femmes, dont Berthe Hunaud. Jeanne voyait voler des pans de vêtements, briller des talismans de protection, elle entendit le son de quelques gifles au milieu d'incantations, elle vit des éclairs jaillissant d'objets que l'un ou l'autre tenait à la main.

— Ah, non, voyons ! Pas les feux de Bahalbalek ! Nous sommes entre nous, restez correct je vous prie.

— Jeanne, dis-leur que j'ai été la plus rapide et la plus astucieuse, intima Berthe Hunaud en envoyant au passage une bonne petite décharge piquante à la jeune fille qui frissonna.

— Allez-vous-en ! hurla Jeanne. Je vous déteste. Partez de chez moi !

Chez moi… ce n'était pas tout à fait vrai, mais elle avait fait de la maison à demi brûlée une sorte de foyer, et ne pouvait supporter les criailleries de ces envahisseurs.

— Partez ! répéta-t-elle en s'efforçant de se mettre debout.

« Ma miséricorde. Il faut que je trouve ma miséricorde. Où est-ce que j'ai bien pu la fiche ? Je ne me rappelle plus. Il faut que je la trouve. Je les trucide tous et je serai tranquille. »

Mais une opération magique l'envoya immédiatement les quatre fers en l'air. Les huit intrus reprirent leur ouvrage : essayer de décoller le grimoire du sol, à coups de formules incompréhensibles et de tentatives désordonnées d'arrachage.

Finalement, Berthe Hunaud vint vers Jeanne et la traîna, faisant preuve d'une force surhumaine, près du livre, à même le sol.

— Prends-le, toi, ordonna-t-elle sans douceur.

Le moyen de faire autrement, quand mille piques s'enfoncent dans votre corps ? Jeanne saisit le grimoire et aussitôt seize mains tentèrent de s'en emparer, l'écrasant à demi. Mais le livre tomba de nouveau à terre avec un grand bruit d'explosion, à plat cette fois. Le bruit les assourdit tous et ils posèrent les mains sur les oreilles. On aurait dit une bombarde ou une couleuvrine tirant son boulet directement dans la tête.

— Il n'y a qu'elle qui peut le saisir, pour le cas où vous n'auriez pas compris… fit ironiquement remarquer Audouin de Rivelet qui regardait le spectacle, bras croisés, dans l'encadrement d'une porte à demi dégondée.

Sa langue était rentrée dans sa bouche, l'impression poivrée avait disparu et il était revenu.

— Qui c'est, celui-là ? fit un des sorciers d'un ton méprisant.

— Sais pas, répondit Berthe Hunaud, qui était la seule à l'avoir vu jusqu'à présent. Il est arrivé en même temps que moi. Mais il est comme la fille.

— C'est-à-dire ? Borné ?

— Pas de notre confrérie.

— Vraiment ? Alors qu'est-ce qu'il fait ici ?

— Je crois qu'il veut le livre, lui aussi.

— C'est la meilleure. Des ignorants qui s'intéresseraient au grimoire ?

— Il n'est pas moine de Gardefoy, au moins ?

— Mais non, répliqua Berthe Hunaud, l'air de s'y connaître

mieux que les autres, du fait de son antériorité de quelques minutes dans la maison. Vous le voyez tondu comme un moine ? Vous voyez sa bure ? Vous voyez son chapelet ? Vous lui voyez l'air benêt et confit en prières ? Bon, alors !

— Euh, pour l'air benêt, on peut discuter…

« Merci bien », songea Audouin, surpris.

— Ma parole, vous êtes une sacrée petite bande de fous furieux, dit-il imprudemment.

Aussitôt s'abattit sur lui une volée de sortilèges jetés au moyen de huit invocations diverses à des démons, et il se retrouva à terre, ligoté dans des cordes magiquement apparues, au côté de Jeanne, assise par terre. Le grimoire bourdonnant s'ouvrit sur les genoux de la jeune fille et proclama : « Débarrasse-toi facilement de ces gêneurs. Il te suffit de le vouloir, de tourner la page et de suivre les instructions. »

« Tu peux toujours courir, livre malfaisant », lui répliqua-t-elle dans sa tête.

Malgré l'impression que tous ses os étaient ramollis ou cassés en elle, et la migraine à cause du tumulte et de l'explosion de bombarde, elle réussit à se lever. Elle ramassa le grimoire maudit et le prit à bras-le-corps. Alors, oscillant quelque peu, elle quitta la grande salle, puis la maison, marchant d'un pas mécanique et se brûlant les mains. Médusée, la petite troupe maléfique la suivit à trois pas.

— Ne me laissez pas ! gémit Audouin. Demoiselle, je vous en prie, ne me laissez pas là.

Elle ne lui accorda même pas un regard.

Elle traversa le village qu'elle connaissait bien maintenant. Le livre était comme enflammé contre elle, mais elle voulait le conduire le plus loin possible, ça les occuperait tous un bon bout de temps. Elle avança et avança encore, un peu malhabilement, pas très vite. Les sorciers, plutôt interloqués, se contentaient de la regarder faire et de la suivre. Elle se trouva enfin, à un quart de lieue du village, devant un escarpement dominant de haut une campagne de champs qui semblaient abandonnés et, plus près de la muraille, une sorte de gouffre profond tapissé de ronces et de pauvre végétation épineuse et coriace.

Elle se mit face au précipice et, de ses mains déjà pleines de cloques, elle brandit le grimoire des ténèbres au-dessus de sa tête.

— Mais... mais qu'est-ce qu'elle fait ? s'interrogea un des sorciers.

La question avait-elle vraiment besoin d'être posée ? Avec un sourire triomphant, elle jeta le livre, loin, loin, loin au-dessous d'elle. Le grimoire dévala l'à-pic rocheux, rebondit de pierre en pierre sur la paroi, dégagea quelques flammèches coléreuses et s'enfonça sous le manteau de ronces et d'épines. Les huit sorciers, consternés, s'étaient précipités à côté d'elle et se penchaient pour contempler cette chute désastreuse en poussant à qui mieux mieux des cris d'orfraie.

— Je vais partir et vous aurez le champ libre, dit-elle. Quand le grimoire est loin de moi, je perds mon influence sur lui.

Elle n'en savait strictement rien, mais tabla sur le fait qu'ils ne demandaient qu'à en être convaincus.

— Si vous descendez tout au fond, continua-t-elle, vous finirez bien par le trouver et le prendre. Débrouillez-vous. Que le meilleur gagne.

— Tu es folle ! Il y a bien d'autres façons.

Pour le faire sortir des broussailles par lévitation, ils essayèrent d'abord la magie, les incantations, les jets de poudre, les mains tendues, mais rien ne se passa. Il fallait en repasser aux moyens humains ordinaires.

Aussitôt, s'aidant de leurs bâtons magiques et malgré leurs grandes houppelandes brodées de signes cabalistiques, les huit meilleurs satanistes du pays se précipitèrent dans la pente escarpée, s'accrochant malhabilement des mains et des pieds aux moindres anfractuosités de la paroi, invoquant en rafales leurs démons protecteurs, pour être celui qui arriverait le plus vite en bas et dénicherait en premier le livre qu'ils guignaient avec tant de passion.

Et Jeanne retourna comme si de rien n'était vers la maison, en soufflant sur ses mains pour soulager la douleur.

Tout cela lui laissait un petit répit, pas très long. Elle en fut immédiatement ragaillardie. Une des solutions serait de quitter au plus vite ce village dont elle ignorait le nom, cette maison qui l'avait accueillie. Elle rentrait pour préparer ses affaires et harnacher les chevaux quand elle vit l'homme qui ne ressemblait pas aux sorciers, ligoté des pieds aux épaules, se tordant dans l'espoir de desserrer un peu ses liens magiques.

— Qu'est-ce que tu fais donc encore là, chevalier ? demanda Jeanne en s'approchant de lui.

Elle mit un genou en terre à côté de lui pour l'examiner de plus près.

— Je vous en prie, délivrez-moi.

— Sûrement pas. Pour que tu m'envoies encore des piques magiques ? Merci bien.

— Mais je ne suis pas sorcier ! Je ne fais pas partie de leur bande !

— Je croyais que, toi aussi, tu cherchais le grimoire noir ?

— Oui, c'est vrai. Délivrez-moi, demoiselle, je vais vous expliquer.

Jeanne retrouvait ses réflexes de fille qui a vécu dans les camps : elle ne le déficellerait que quand elle serait sûre de ne pas être en danger à cause de lui. Elle fouilla dans ses affaires pour extraire la petite fiole d'huile au millepertuis qui soignerait ses brûlures. Elle s'accroupit à côté du jeune homme et commença à s'enduire les mains.

— Raconte d'abord, dit-elle. Je t'écoute.

Audouin lui trouvait une drôle d'allure, à cette fille. Elle parlait sèchement, nettement, sans fioritures, comme un homme. Ses gestes étaient du même tonneau : déterminés. Elle marchait sans grâce, était mal coiffée, mal attifée, pourtant on voyait à la première seconde que ce n'était pas une paysanne. Et elle avait le grimoire.

— Êtes-vous Jeanne de Lorimont ? demanda-t-il.

Jeanne de Lorimont. Il y avait si longtemps que Jeanne ne s'était pas entendu appeler par son nom entier. Depuis trois ans, c'était juste Jeanne ou même Jeannot, ou bien « le valet du capitaine » et, dans les jours où les soldats avaient la fibre taquine, « la petite fromagère ». Entendre son nom donna à Jeanne un instant de sidération et une bouffée de honte. Eh oui, voilà ce qu'elle était devenue, elle, une fille de bonne et noble famille, élevée dans un château raffiné. Elle redressa un peu le buste, espérant faire meilleure figure aux yeux du damoiseau saucissonné.

— Qu'est-ce que tu lui veux, à Jeanne de Lorimont ?

— Je cherche la piste du grimoire des ténèbres, on m'a dit qu'il pouvait se trouver aux parages de cette demoiselle. Et en effet, je le vois ici tout à l'heure, et vous êtes là, vous dites que le livre vous appartient, alors je me pose la question, c'est tout : êtes-vous Jeanne de Lorimont ? C'est une déduction comme une autre.

Elle enroula des bandes de toile autour de ses paumes avec une aisance qui, une fois encore, étonna Audouin. Elle resta silencieuse, troublée. Le jeune chevalier, en prononçant son nom, l'avait remise face à son avenir : il fallait qu'elle retourne chez elle, et qu'elle débarrasse son existence et son domaine de son mari. C'était ça, dorénavant, sa vraie vie.

— Et qu'est-ce que tu veux en faire, de ce livre ?

— Il a été volé à une abbaye, expliqua brièvement Audouin. J'ai été embauché pour le retrouver.

Jeanne lui lança un regard peu amène, méfiant.

— Je ne le possède que depuis quelques jours. Comment pouvais-tu savoir que je l'avais ?

Comment expliquer Gardefoy, son don pour trouver des objets bizarres, la mission qu'il avait acceptée sur l'honneur, les trois ans depuis quand il lui courait après ? Du reste, il y avait dans toute l'affaire quelque chose de très bizarre : il s'était mis en quête de Jeanne de Lorimont avant même qu'elle ne sache que le grimoire existait, et plus encore qu'il serait un jour en sa possession. Ce devait être une sorte de distorsion du temps.

— Je ressens une sorte de frisson spécial en présence des objets magiques, dit-il.

Un jour, peut-être, il lui parlerait des hommes de la lance du capitaine Bardaillon qu'il avait fait parler, à la taverne de l'Ymage Saint-Michel, et des deux pèlerines qui répétaient en chantant, sur leur route, la longue liste de ceux pour qui elles devaient prier à Conques.

Voilà comment il était enfin arrivé dans ce village, dans cette maison où il avait vu du premier coup d'œil une jeune fille évanouie, une vieille femme bizarre et un grimoire noir sur une table.

— Et maintenant, ne voudriez-vous pas me délivrer ? supplia-t-il.

Jeanne hésitait encore.

— Et qu'est-ce que tu vas faire après ça, si je te délivre ?

— Je vous demanderai humblement de me remettre le grimoire.

— Je l'ai jeté dans un précipice et les huit sorciers se sont rués derrière aussi vite qu'ils ont pu.

— Quoi !... Mais... mais comment vais-je faire, moi ?

Il était passé si près de la fin de sa mission ! Ah non vraiment, c'était trop bête ! Et voilà que tout était à refaire. Sa quête ne se terminait pas là, comme il l'aurait cru, mais probablement dans de nombreuses années, et il y serait encore lors de son dernier souffle.

— Vous n'avez pas rendu service au monde, demoiselle, dit-il d'un ton un peu résigné, et à moi non plus.

Les moines de Gardefoy l'avaient condamné à une vie de chevalier errant, eh bien, pourquoi pas, au fond.

— Tu es triste, chevalier ?

— Ah, c'est la vie, demoiselle. J'étais un peu las d'errer. J'espérais pouvoir rendre rapidement le grimoire des ténèbres à Gardefoy.

— Gardefoy, hein ?

— Vous connaissez cette abbaye ?

— Jamais entendu parler.

— Moi non plus, avant que mon propre frère n'y devienne moine. Puis-je vous expliquer ?

— Comme tu voudras.

— C'est un ordre très discret, très mystérieux. Les moines de Gardefoy m'ont chargé de retrouver le grimoire des maudits pour l'enfermer. Ils savent comment faire pour le mettre hors d'état de nuire.

Jeanne n'avait plus aucune illusion sur les étrangetés du grimoire.

— Et tu crois à ça ? Ça ne m'étonnerait pourtant pas que ce soit un monastère de moines dévoyés habiles aux malédictions.

— Oh non, non, bien au contraire, affirma Audouin avec conviction.

— Hors d'état de nuire ? Tu es sûr ?

— Les moines de Gardefoy ont la réputation de savoir faire cela, en tout cas.

— Bon, dit-elle, déterminée tout à coup.

Elle se mit en quête de sa miséricorde, qu'elle trouva sur le manteau de la cheminée, et s'approcha du jeune homme gisant.

— Vous… vous allez me tuer ? Tuer un homme à terre et entravé ?

Elle haussa les épaules.

— J'ai le sens de l'honneur, moi aussi, qu'est-ce que tu

crois, sacredieu ? Mais je ne sais pas si je vais pouvoir te détacher, ce sont des liens magiques.

Elle les trancha pourtant facilement.

— Merci, dit Audouin en se relevant et en se secouant pour se dégourdir un peu.

Les liens qui l'avaient emprisonné se dissolvaient sur le sol en se tordant et en sifflant comme des serpents.

— Bigre, dit Jeanne, des liens magiques, c'était bien ça. Et qu'est-ce que tu vas faire, maintenant, chevalier ? Car tu es bien chevalier, n'est-ce pas ?

— Oui, dit-il, j'ai été adoubé. Je... hum... ne voudriez-vous pas me remettre sur la piste du grimoire, demoiselle ?

— Ne te fatigue pas à me donner du « demoiselle », chevalier, appelle-moi Jeanne et dis-moi tu. Ce sera plus facile.

— Euh... ah... bon ?

— Tu es toujours aussi nigaud et benêt ?

— Euh... d'habitude je... enfin, je ne sais pas.

Elle le déconcertait tellement qu'il en perdait ses mots. Du reste, il n'avait pas tout à fait pris encore la mesure de ce qui venait d'arriver : il avait vu Jeanne de Lorimont, il avait trouvé le grimoire, et celui-ci était reparti dans la nature, une horde de sorciers à ses trousses.

— Et ne te fatigue pas non plus à te remettre à la chasse au grimoire.

C'était bien cela. Il donna un grand coup de poing contre un lambris pour faire passer sa déception. Fragilisé par l'incendie et les déprédations des soudards, le bois se fendit et le panneau tomba.

Jeanne se mit à rire, sans méchanceté, pendant qu'il se frottait la main.

— Ça te met en rage, hein ?

Elle saisit une grande pièce d'étoffe à tissage raffiné et commença à y entasser quelques objets avant d'en faire un ballot.

—Alors comme ça, vous allez partir ? demanda Audouin qui se demandait comment les choses allaient bien pouvoir tourner, maintenant.

Le grimoire impossible à transporter, les sorciers, et sa seule piste qui faisait ses bagages.

—Ton fameux sens de la déduction, hein ? On ne peut rien te cacher, à ce que je vois…

Cette fille était si difficile à cerner.

—Vous allez partir comme cela, toute seule ?

—Eh bien pourquoi pas ? fit-elle en se retournant à demi. Je sais me défendre.

Quand une fille sait manier habilement une miséricorde, sûr qu'elle a quelques notions.

—C'est si inhabituel.

—Je ne suis pas une fille habituelle.

En effet. Si elle était bien celle qu'il croyait, elle avait fait du chemin, depuis la pauvre petite mariée épouvantée et rigide d'il y a trois ans.

—Vous ne m'avez pas dit si oui ou non vous êtes Jeanne de Lorimont.

Elle le regarda un instant sans rien dire. Puis, tout en nouant la couverture tissée sur ses affaires, avoua :

—Est-ce que ça change quelque chose que je le sois ? Oui, j'étais cette Jeanne-là.

Ainsi c'était bien ça, cette grande blonde déliée et décidée était l'adolescente figée, toute pâle et pataude dans sa robe de mariage, qui ne mangeait ni ne buvait à ses propres noces tandis que son mari s'enivrait copieusement. Elle avait maintenant le visage mieux sculpté, la dégaine souple et aisée. Ses beaux yeux bleus pailletés étaient lumineux dans son visage hâlé et ses cheveux en désordre lui faisaient un nimbe dans la lumière à contre-jour.

—Je suis Audouin de Rivelet, dit-il. Je vous ai longtemps cherchée, vous savez.

— Pour me faire la cour ? dit-elle d'un ton sarcastique.

— Pour le grimoire, je vous l'ai dit.

— Tu dis n'importe quoi. Ce livre est une prise de guerre. La ville où il a été volé a été mise à sac il y a peut-être une semaine.

Mais il le savait déjà, grâce aux soldats à la taverne. Il savait que Jeanne avait fait partie d'une compagnie de mercenaires.

Et sans crier gare, elle sortit de la salle, le ballot sur l'épaule, traversa la cour intérieure et entra dans les écuries où ses trois chevaux l'attendaient. Audouin lui emboîta le pas. Elle posa son chargement dans la paille et se mit à flatter les chevaux l'un après l'autre, puis vérifia les selles, le bât et les harnais pendus à des chevilles.

— Ce sont de belles bêtes, dit-il en connaisseur. Elles sont à vous ?

— Pourquoi ? Tu veux me les acheter ?

— Non, merci. J'ai un très bon cheval, moi aussi.

Il avait les bras croisés et la regardait attentivement, il trouvait qu'elle savait bien s'y prendre, pour une fille.

— Dommage, dit-elle, j'en ai un de trop au moins.

— Quand comptez-vous partir ? Pour aller où ?

— Holà, que de questions, chevalier ! Tu le sauras quand nous partirons.

— *Nous* ? Nous partons ensemble ?

Elle lui jeta un long regard, l'air de le prendre pour un fieffé imbécile.

— Bien sûr. J'espère que ta monture est fraîche et fringante, je pense que nous avons une longue route, quoique au fond je n'en sache rien.

Audouin, éberlué, ne parvint pas à trouver la moindre réplique saignante.

— Je vous ai dit que j'ai un très bon cheval, se borna-t-il à répondre.

— Alors tu n'as vraiment pas compris ?

— Je dois dire que…

— Tu as bien compris qu'apparemment je suis la seule à pouvoir déplacer le grimoire.

— Oui, j'avais bien vu.

Elle cessa de s'occuper des chevaux pour le regarder bien en face.

— Je vais te dire quelque chose que je n'aurais sûrement pas avoué à ces satanistes, dit-elle. Tu n'as pas l'air de ressembler aux autres. Je te fais confiance.

— Merci, fit-il, de plus en plus déconcerté.

— Je vais te dire quelque chose que tu ne sais peut-être pas, à propos du grimoire. Il revient.

— Comment cela ?

— Il revient, fit-elle d'un ton changé, un peu mystérieux. Il revient toujours, quand je cherche à m'en débarrasser, comme pour me narguer. J'aurais préféré que les sorciers le prennent et qu'on n'en parle plus, mais je ne peux pas.

Audouin hoqueta à ces paroles. Laisser encore le grimoire à des satanistes qui répandraient le mal absolu ! Quelle erreur !

— Il est comme collé à ma personne. Il reviendra sûrement, continua Jeanne. Ce soir, demain, qui peut savoir ?

— Vous en êtes sûre ?

— Non. Je ne peux pas en être certaine, mais je tiens le pari, crois-moi, chevalier. Alors, j'ai une proposition à te faire. Tu vas être content pour ton grimoire, et moi aussi car j'en serai débarrassée, si tout va comme tu dis : dès que je l'aurai, nous partirons à cette abbaye dont tu m'as parlé. Ça te va, chevalier ?

Il acquiesça de la tête.

— Ça me va.

— Tu sais le chemin, au moins ?

— Ou… oui, bien sûr.

— Très bien. Tout à l'heure, je comptais partir tout de suite, sans regarder derrière moi, mais ce que tu m'as raconté m'a fait changer d'avis. J'en ai plus qu'assez de ce gros livre puant qui me colle aux chausses et de la horde de sorciers qui va avec. Je te l'aurais bien donné avec ma bénédiction, mais j'ai peur que tu ne sois pas bien fichu de t'en débrouiller. Il n'y a qu'avec moi qu'il accepte de bouger, hein ? Alors s'il revient dans mes parages, je ne vois pas d'autre solution. Nous y allons ensemble. Tu es toujours d'accord ?

— Oui.

Il avait envie de hurler : oui, oui, oui. Ça y est ! Quelque chose sera rentré dans l'ordre, tel que Dieu le désire, et le mal sera tenu en échec un peu de temps encore. Oui, je veux bien, oui, Jeanne de Lorimont la déconcertante.

— Oui, avec joie et impatience, confirma-t-il.

— Moi je porte le livre, toi tu trouves le chemin, et à nous deux on essaie de ne pas trop se faire malmener par ces satanistes. Il est bien possible qu'ils aient plus d'un tour dans leur sac à sortilèges, non ?

Et elle se mit à rire, comme s'il n'y avait rien de plus drôle.

— Topons là ! conclut-elle avec bonne humeur.

Il claqua sa main calleuse contre la main ferme et brune de la jeune fille, aux paumes bandées, et vit brièvement briller sa bague d'argent.

Et dire qu'il courait après ce jour depuis trois ans ! Certes, la demoiselle Jeanne de Lorimont, avec ses manières brusques et son allure pleine d'assurance, était un sacré sujet d'étonnement, mais après tout, ça le distrairait pendant le voyage, non ? Et c'était toujours mieux qu'un périple en solitaire, comme il n'en avait que trop l'habitude. Il se dit que le trajet jusqu'à Gardefoy serait, hum, pittoresque.

— Et tu vas devoir me supporter pendant tout ce temps, remarqua la fine mouche.

Elle se remit à rire, puis s'interrompit.

— Tu ne trouves pas ça drôle, n'est-ce pas ?

— Je suis habitué à voyager seul, dit-il sans se mouiller.

— Et il ne t'est jamais rien arrivé ?

Il secoua la tête.

— Jamais rien d'autre que quinze mois de geôle à Lorimont.

Pour le coup, Jeanne ouvrit des yeux immenses.

— Il faut que tu me racontes ça, dit-elle. En attendant que le grimoire noir se matérialise de nouveau.

26

Près du feu de la cheminée, la tête posée sur ses genoux serrés entre ses bras, Jeanne écoutait sans l'interrompre le récit d'Audouin de Rivelet. De temps à autre, elle relevait le front et lui demandait une précision, puis remettait sa tête sur ses genoux et contemplait les flammes.

Audouin s'était installé sur la cathèdre après avoir mis Dariolet à l'écurie avec les trois autres.

Les sorciers n'avaient pas redonné signe de vie, le village était toujours aussi désert et une curieuse sérénité s'installa. Jeanne pensait n'avoir rien connu de tel depuis la mort de ses sœurs. D'ailleurs, même avant leur disparition, la vie avait souvent été amère pour elles trois.

— J'avais deux sœurs, dit-elle brusquement. Je les vois assez souvent, juste aux limites de mon champ de vision. Je les entends murmurer aussi. Quelquefois, je dresse la table pour elles. Je n'ai même pas pu prier pour elles. Je n'ai même pas vu leurs tombes. Nous étions toujours ensemble et elles me manquent toujours. C'est bizarre, non ?

— Non, je ne crois pas, répondit Audouin.

— Depuis ce temps, je ne suis plus que le tiers de moi-même. Mais j'ai souvent l'impression aussi qu'elles… qu'elles me donnent la force dont elles n'ont plus besoin dans leur au-delà. Un jour, je retournerai à Lorimont et je trouverai bien un moyen de me venger de Philibert des Losses et d'annuler le mariage. Tu savais que j'avais été mariée avec lui ?

— J'étais au festin de noces, demoiselle, dit-il doucement.

Il avait raconté cela quelques instants plus tôt, mais les pensées de Jeanne avaient divagué et le récit d'Audouin s'amalgamait à ses propres souvenirs.

— Tu peux continuer, chevalier, je ne t'interromprai plus.

Il raconta alors le retour chez lui, son état de faiblesse, sa mission qu'il devait différer, son frère qui comptait sur lui, malgré le rôle subalterne qu'il lui faisait jouer, comme s'il devait devenir à la fois son capitaine des gardes et son intendant, comment il avait pris la clé des champs lors d'une chasse, sans dire au revoir, sans avoir de comptes à rendre.

— Tu es comme moi, remarqua Jeanne. Tu es devenu un étranger dans ton propre domaine.

Elle lui sourit, comme si cela scellait entre eux une parenté de destin.

— Moi, ce que j'aurais aimé, dit-elle encore, c'est que nous ne soyons jamais séparées, toutes les trois. C'était impossible, parce que notre père voulait nous marier. Nous ne voulions pas y penser, pour profiter encore du temps où nous étions ensemble.

Elle soupira.

— C'était le bon temps.

— Moi, dit Audouin, je suis le cadet de six garçons, et je ne parle même pas des filles. Qu'est-ce qu'un cadet peut espérer dans la vie ? Mes aînés me considéraient avec condescendance ou amusement. Et Amaury – celui qui tient le fief, vous vous rappelez ? –, sur la fin, avec mépris je crois.

Le feu pétillait d'étincelles dans la cheminée. Des hiboux hululèrent au loin. Jeanne se rappela l'atmosphère des camps, les chants paillards, les cris avinés, les perpétuelles rixes, les rires, les armes qu'on tapait les unes contre les autres pour le plaisir de faire du bruit, et elle trouva plaisante la calme soirée qu'elle était en train de vivre. S'il n'y avait pas eu cette perspective de devoir partir pour mettre le grimoire à l'abri et échapper aux sorciers, elle aurait voulu passer des dizaines de soirées comme celle-là. Audouin de Rivelet n'était pas un compagnon très gai, mais il était attentionné et courtois.

« Ah ! comme j'aurais aimé qu'un damoiseau courtois et attentionné partage ma vie », se dit-elle. Sûr que Philibert des Losses était loin du compte. Quant au capitaine Bardaillon, il n'était pas non plus de ce genre-là, qui lui aboyait perpétuellement des ordres aux oreilles, quand elle avait tant envie de s'asseoir tranquillement près d'un feu.

Mais Jeanne n'avait pas encore évoqué devant Audouin ses années dans les camps de mercenaires. Il risquait de se méprendre sur la vie qu'elle y avait vécue. On ne livre pas ce type de confidences en une soirée auprès du feu avec un parfait inconnu, aussi attentionné soit-il.

Tout à coup, il y eut dans la pièce une légère odeur insolite, assortie d'un sourd bourdonnement, à peine audible.

— Le grimoire est revenu, dit Jeanne sans s'émouvoir.

Elle tourna la tête. Dans l'ombre, sur la table, la couverture de cuir noir luisait faiblement aux mouvements du feu.

— Eh bien, ça n'a pas marché, soupira-t-elle.

Elle avait eu la faible espérance que le grimoire ne saurait la retrouver.

— Au contraire, demoiselle, fit Audouin, tout réjoui, lui. J'aime autant que le grimoire soit entre vos mains, car vous êtes sans nul doute du côté du bien.

— Moi ? Du côté du bien ? Vous ne savez rien de moi.

— Si vous voulez bien toujours m'accompagner à Gardefoy, demoiselle, eh bien sachez que vous et moi aurons protégé l'humanité contre bien des catastrophes.

— Bon, dit Jeanne en se levant. Faut-il partir maintenant, en pleine nuit, ou attendre le matin ?

Elle se dirigea vers le livre et vit briller la pierre noire dans la couverture écailleuse. Le livre avait sur elle, elle ne pouvait le nier, un aspect curieusement attirant. Parce qu'il avait une valeur certaine ? Parce que c'était le butin de guerre auquel elle avait droit ?

« Je ne suis pas tellement du côté du bien, pensa-t-elle. La preuve, je ne peux nier que ce livre m'appâte malgré moi. Il faut dire qu'il est probablement prévu pour cela. »

Elle toucha la pierre noire du bout de ses doigts cloqués, crut qu'elle s'enfonçait d'un pas dans un monde d'un noir lumineux qui la happait. C'était comme un tunnel dont les murs portaient en grandes lettres rouges : « Je peux accomplir tous tes désirs. »

Audouin la tira doucement en arrière par la manche et elle crut se réveiller d'une sorte de transe. Elle se secoua et rajusta son regard au monde réel, au jeune chevalier qui la considérait avec une sorte de désarroi.

— Dormons quelques heures et partons à l'aube, proposa-t-il. Cela vous convient-il, demoiselle ? Quant aux sorciers, s'ils reviennent, eh bien nous les affronterons.

— Et comment ! répondit Jeanne en mettant instinctivement la main sur la poignée de sa miséricorde.

27

Voyager avec le grimoire des ténèbres n'était pas une sinécure. Il vrombissait sans cesse comme pour attirer l'attention et dégageait des odeurs d'ordures carbonisées. Le temps était plutôt beau, une de ces lumineuses matinées d'automne, mais le grimoire crut bon de diffuser des nappes d'un épais brouillard à ne pas voir le bout de son nez. Vers midi, il répandit avec une méchante malice l'ombre de la nuit autour des deux cavaliers qui s'efforçaient d'aller stoïquement leur chemin.

—J'en ai assez ! Mais qu'est-ce que j'en ai assez de ce damné bouquin ! n'arrêtait pas de protester Jeanne.

Elle alluma une torche pour guider leurs pas afin de ne pas tomber dans les fondrières qui parsemaient à cet endroit une forêt clairsemée, aux arbres brisés ou maigrelets.

—Allons, demoiselle, il n'y en a plus pour très longtemps. Même en avançant prudemment, je pense qu'il ne nous faudra pas plus d'une douzaine de jours pour atteindre Gardefoy.

—J'espère que tu sais où c'est, chevalier, et que les moines voudront toujours bien de ce maudit bouquin.

—Oui, j'espère aussi… répondit Audouin.

Dès que les ténèbres nocturnes en plein midi se dissipèrent enfin, le grimoire essaya un nouveau tour en dégageant une chaleur qui gênait beaucoup le roncin, en charge des bagages. Le malheureux cheval faisait des soubresauts, dansait nerveusement et tournait la tête pour mordre l'objet qui l'aiguillonnait cruellement.

Finalement, Jeanne détacha le gros livre du bât, eut le temps d'apercevoir une phrase qui ne s'adressait qu'à elle (« Jeanne, je peux accomplir tous tes désirs ») et le jeta sans plus de manières dans un marécage qu'ils longeaient à ce moment-là. Elle ne se laisserait pas tenter une nouvelle fois. Le grimoire dégagea une volée de bulles furieuses et puantes, et s'enfonça dans l'eau croupie en claquant ses pages.

— Mais qu'est-ce que vous avez fait ! s'écria Audouin, qui ne se décidait toujours pas à tutoyer Jeanne.

— Je m'en débarrasse, comme tu vois.

— Mais…

— Mais pauvre idiot, tu n'as donc pas compris que dès ce soir il réapparaîtra à côté de moi et qu'il faudra que je supporte toute la nuit ce bruit de guêpes en furie, ses odeurs et…

Mais elle s'interrompit. Pas la peine que le chevalier sache que le livre la soumettait imperturbablement à la tentation.

— Et quoi ? insista Audouin.

— Non, rien.

Ils arrivèrent à un gros bourg et Jeanne résolut de se séparer des deux chevaux qui ne lui servaient pas, le beau noir du capitaine Bardaillon et le roncin. En mémoire du capitaine, elle ne pouvait se résoudre à monter le grand noir, mais à quoi bon le garder comme une relique ? Quant au cheval de bât, elle avait si peu de bagages que son bai pouvait largement convenir à la tâche.

Beaucoup de chevaux étaient morts lors des campagnes militaires de ces dernières années, et les maquignons étaient à l'affût de toute belle bête pour l'armée ou pour les hobereaux de la région.

Jeanne descendit de selle, confia son bai à Audouin et tira par la bride les deux qu'elle voulait vendre. Elle arriva devant une vaste écurie. Un homme était là, l'air satisfait, qui lui dit qu'il était acheteur et revendeur de chevaux.

— Ça tombe bien, je veux vendre ces deux-là.

Elle mit ses mains aux hanches, l'air dégagé et assuré.

— Cinq livres pour le tout, dit l'homme sans même jeter un coup d'œil.

Pourquoi donc s'embarrasser de ce que peut vendre une femme ?

— Cinq livres ? Mais ce n'est même pas le prix de deux vieux chevaux de chariot qui s'en vont finir leur vie chez les paysans ! Cinq livres ! Vous n'avez pas honte !

Ces maquignons, vraiment, ils mériteraient tous qu'on leur mette les tripes à l'air !

— Ben, la loi du commerce, hein, ma belle... susurra l'homme avec un sourire méchant.

— Le noir vaut au moins vingt livres. Le roncin dix. Je vous laisse les deux pour vingt-cinq.

— Tu peux toujours courir, ma fille. Qu'est-ce que tu crois ? Que parce que tu portes des chausses et des houseaux[16], je vais te traiter comme un homme ? T'es une fille, t'auras un prix de fille.

Jeanne se retourna, furieuse, entraînant la longe de ses deux montures. À ce prix-là, pas question qu'elle les vende, autant les garder jusqu'à une meilleure opportunité. Elle grommelait encore en montant en selle.

— Il n'en a pas voulu ? demanda Audouin.

— Il n'a pas voulu me donner le prix que je demande. Et tu sais pourquoi, chevalier ? Parce que je suis une fille ! Il mériterait que je lui fende la panse de bas en haut, il verrait alors si les filles ne sont pas capables de faire aussi bien que les hommes.

— Pour lui fendre la panse ? C'est bien ce que vous vouliez dire ?

Elle se contenta de lui jeter un regard noir et buté.

— Vous me tenez Dariolet une minute ? fit Audouin en sautant de selle à son tour. Je vais voir ce que je peux faire.

16. Sorte de guêtres.

— « Dariolet », ce nom... fit Jeanne, les yeux au ciel, en attrapant la bride au vol.

Le noir et le roncin refirent avec Audouin le trajet jusqu'au maquignon qui, pour le coup, les regarda un peu mieux. Du reste, il les avait si peu observés une minute plus tôt qu'il ne les reconnut pas.

— De bien belles bêtes que vous avez là, messire. Et bien soignées avec ça. Vous n'auriez pas envie de les vendre ?

— J'hésite... fit Audouin. Je les aime bien. Naguère j'en avais besoin, mais aujourd'hui un seul me suffit. Alors, peut-être...

Il les flatta tous deux à l'encolure, l'air un peu triste.

— De bien belles bêtes, répéta l'homme. Surtout le noir.

— Un très bon cheval de combat. Il sait tenir la charge. Et se défendre aussi. Il a fait deux campagnes en Flandres. Voyez, pas une égratignure.

— Trente livres pour les deux, lança le maquignon.

— Ah, j'hésite, j'hésite... Je ne voudrais pas qu'il tombe sur un mauvais cavalier ou sur un maître cruel. Quant au roncin, c'est une bonne bête aussi. Plus ordinaire, certes, mais voyez son œil vif, son large dos, ses jambes infatigables...

— Trente-cinq, annonça le maquignon. Je sais que le baron d'ici cherche un beau destrier à offrir à son fils pour son adoubement. Le noir lui ira bien.

— Ah oui, le noir serait un bon cheval pour un jeune et fringant chevalier, c'est sûr. Croyez-vous qu'il aura un maître doux et affable ?

— Ouais, bien sûr. Allons, trente-sept et on n'en parle plus.

Ils topèrent sur cet arrangement et Audouin rapporta triomphalement une bourse pleine à Jeanne. Elle en fut à la fois heureuse, parce que le chevalier était habile et honnête, et furieuse, parce que non seulement elle était réputée avoir moins de valeur que les hommes, mais ce qu'elle faisait, ce qu'elle fabriquait, ce qu'elle vendait en avait moins également. Elle savait bien que tout ce qu'on lui dirait si elle protestait serait : « Eh, vous n'avez qu'à être mariée, demoiselle. » Elle était mariée, justement. Une amère bouffée de haine lui remonta instantanément à la gorge. Pour ce que lui servait son mari…

Heureusement qu'elle avait ce chevalier servant qui ne la quittait pas d'une semelle. Mais tous ses beaux efforts n'étaient pas pour elle. C'était uniquement pour le grimoire.

Après cela, ils cherchèrent une auberge. À la nuit tombée, Audoin s'installa avec les autres hommes dans la salle commune, près du feu, enroulé dans son épaisse cape noire, tandis que Jeanne montait partager une chambre pour les dames avec deux matrones qui avaient bien vendu leurs volailles au marché, une vieille rhumatisante qui n'arrêtait pas de tousser, une mère et sa fille qui s'en allaient rencontrer le promis de la plus jeune – elles avaient laissé le mari et père en bas, comme il est d'usage. La pièce était petite, les volets soigneusement fermés, les femmes se répartirent dans deux lits et Jeanne tomba sur les grosses fermières qui prenaient toute la place. On entendait les cancrelats et les souris qui filaient le long des murs. Jeanne étouffait d'être ainsi enfermée, elle qui avait dormi quasiment à la belle étoile pendant de nombreuses nuits. Une tente n'a pas de murs et laisse passer l'air. Et dans le village désert, la maison bourgeoise était grande et pleine de courants d'air, à cause des carreaux de verre cassés et des portes détruites à la hache.

Elle ne resterait pas une minute de plus dans cette pièce étouffante, oppressante. Elle prit toutes ses affaires, ses bottines à la main, et descendit à pas de loup l'escalier de bois. Tout le monde avait l'air de dormir et on n'entendait de loin en loin que la patrouille des guetteurs qui criaient leur annonce mélancolique : « Dormez, braves gens, le guet veille sur vous, et si vous ouvrez l'œil, priez Dieu pour les trépassés. »

Dans la salle basse, des hommes ronflaient, mais il y avait beau temps que les ronflements ne la gênaient plus. Ils étaient une douzaine, répartis sur des bottes de paille autour de la salle, pas trop loin du feu dont les braises couvertes de cendres parvenaient à jeter encore quelques flammes. Elle chercha Audouin, qui dormait comme un bienheureux dans sa cape noire, et s'allongea près de lui.

Dans la nuit, elle entendit un bourdonnement sourd. Le grimoire des ténèbres était apparu près de sa tête.

— Boucle-la, murmura-t-elle sévèrement. Tout le monde dort, ici.

Le grimoire des ténèbres fit flamboyer dans sa pierre noire sa sempiternelle tentation, « Jeanne, je peux accomplir tous tes désirs », mais elle l'enfouit sous la paille et se tourna de l'autre côté, ce qui la rapprocha d'Audouin. Le rougeoiement des braises montrait le visage du damoiseau sous un jour inhabituel, détendu. Il avait des traits réguliers, des cheveux noirs et épais, il souriait légèrement en son sommeil, montrant des belles dents pas abîmées du tout. Il avait la peau aussi hâlée que celle de Jeanne et une barbe de deux jours, mais cela ne retirait rien à son charme. Son charme ? Qu'est-ce que le charme venait faire là-dedans ? s'interrogea Jeanne.

Elle fut prise d'une envie irrésistible : se rapprocher encore un peu, sentir la chaleur d'Audouin contre elle. Oh, pas beaucoup, un tout petit peu. Il n'y avait jamais eu d'homme de ce genre dans sa vie. Du charme, donc. Oh là là, qu'est-ce qu'il m'arrive ? Elle posa tout doucement son bras en travers du corps d'Audouin. Il murmura dans son sommeil. « Milessant. » Et sans se réveiller, il mit aussi un bras autour de Jeanne. Ils étaient emboîtés l'un dans l'autre, mais il ne le savait pas. Le visage d'Audouin n'était qu'à quelques pouces de celui de Jeanne qui le contemplait, fascinée, dans la faible lueur rougeâtre qui régnait dans la grande salle.

Elle s'efforça de ne pas bouger du tout, pour ne pas briser cet instant magique.

« Allons bon, se dit-elle. Est-ce que j'aurais par hasard déjà le cœur pris ? »

Elle ferma les yeux, assez troublée. Non loin de sa tête, une sorte de mélopée à bas bruit issue du grimoire, naturellement, psalmodiait qu'il était à sa disposition également pour ses affaires sentimentales. Voilà qu'il parlait, maintenant ! Jeanne le traita par le mépris, le grimoire noir finit par se lasser et elle s'endormit.

✦ ✦ ✦

Dans le fond du ravin, les trois sorcières et les cinq mages qui cherchaient à mettre la main sur le grimoire des ténèbres n'obtinrent nul autre résultat que des plaies et des brûlures aux mains, à cause des épines et des orties. L'un des hommes se cassa également la jambe mais, en sorcier renommé, il appela bien vite son démon familier qui lui répara tout cela en deux temps trois mouvements. Et du bout de leur canne ou de leur baguette, se lorgnant du coin de l'œil avec méfiance et jalousie, les satanistes s'échinèrent une pleine journée durant à dégager les broussailles. Pour autant, pas plus de grimoire que de beurre en broche dans le ravin.

Berthe Hunaud eut l'idée de brûler toute la végétation de la gorge et envoya une nappe de feu qui carbonisa en deux heures toute cette verdure. Évidemment, le grimoire n'aurait rien risqué dans l'affaire. Mais quand le feu se fut assagi et qu'un désert de cendres gris et noir eut remplacé les feuillaisons, au bout d'encore plusieurs heures de recherches, toujours pas trace de grimoire.

Même passé au peigne fin, même les pierres retournées une par une, même la pente explorée, pour le cas où par hasard le livre aurait été accroché par une racine en chemin, toujours rien.

— Par les cornes de Belzébuth, serait-elle plus forte que je l'aurais pensé, cette affreuse Jeanne de Lorimont ? grommela Berthe Hunaud.

— Jeanne de Lorimont ? C'est son nom ? demanda un des cinq hommes avec une sorte de hoquet de surprise.

— C'est celui qu'elle m'a donné, en tout cas.

— Alors, murmura l'homme, puisque nous connaissons son nom, il ne devrait pas être difficile de lancer un maléfice contre elle. Je m'en occupe.

Et, quittant le groupe en toute hâte, ce sorcier, qui n'était autre que Pépin Gravenot, remonta la pente escarpée aussi vite qu'il le put, laissant les autres tenter de le suivre.

Puis il retourna dans le village. La maison, que Jeanne et Audouin avaient quittée une heure ou deux plus tôt, était vide. Le sorcier sortit de sa besace tout un petit matériel de fioles et de poudres. D'abord, à l'aide de sortilèges appropriés, il cloua ses congénères pour deux mois dans les limites de ce village ravagé, comme cela il serait tranquille un bon bout de temps, dommage qu'il ne puisse faire mieux. Puis il opéra le difficile sortilège de transportation qui devait le mener tout juste devant sa masure de Lorimont. Malheureusement pour lui, il fit une petite erreur d'appréciation des distances.

— Zut, encore trop court, se dit-il en s'extrayant des berges vaseuses et nauséabondes de sa mare d'eau fétide consacrée à ses préparations sorcelliques.

Il changea de chausses et de chaussures, et s'en fut aussitôt vers le château. Il avait un bien beau renseignement à vendre à Philibert des Losses, seigneur de Lorimont. Un renseignement et un sortilège. Hé hé hé.

✦ ✦ ✦

— Qu'est-ce que tu fiches ici ?

Jeanne se réveilla en sursaut et s'assit sur la paille en se frottant les yeux. Audouin la tutoyait, comme si elle était une fille d'auberge qui se serait glissée près de lui pour le voler. Il avait rêvé que Milessant l'entourait de ses bras et il en était encore tout remué, et voilà que c'est une autre fille qui se lovait contre lui. Il réalisa brusquement que c'était Jeanne.

— Oh. Demoiselle, pardonnez-moi… Je… je me suis mépris, je ne voulais pas être brutal ou impoli.

Jeanne haussa les épaules. Tout cela avait peu d'importance.

Le jour se levait à peine, pénétrant chichement, tout gris, dans les fentes des contrevents.

Dans les autres coins de la salle, ça se réveillait aussi et une femme avait déjà commencé à mijoter une soupe dans un chaudron et taillait de larges tranches de pain et des lamelles de jambon pour le premier casse-croûte de la journée.

— Je n'étais pas bien là-haut, chevalier, dit-elle à voix basse. Je ne pouvais pas respirer. Alors je suis revenue dormir ici, bien que ça ne se fasse pas tellement, de dormir parmi les hommes. J'ai été discrète, je n'ai réveillé personne.

Au camp, on ne faisait pas tant de manières.

— Le grimoire ? fit-il aussitôt.

Jeanne souleva une masse de paille, le grimoire était dessous. Le bruit sourd qu'il faisait était étouffé par le matelas végétal.

— Je te l'avais dit, qu'il reviendrait. Je vais aller me laver.

Elle fouilla dans son bagage, en sortit son peigne et alla dans la cour, où un puits trônait. Elle tira un seau et lava autant de zones de son corps qu'elle le put sans être indécente. Il faisait froid et elle avait la chair de poule, mais voilà que, pour la première fois depuis longtemps – depuis toujours en fait –, elle voulait se montrer à son avantage pour un homme.

Elle soupira. « Ah, j'avais bien besoin de ça. » Elle refit les bandages de ses mains, puis dénoua sa longue tresse, s'assit sur un muret de pierre et entreprit le long travail de démêlage de ses cheveux. La dernière fois que c'était arrivé, la perverse petite Tiphaine lui avait enfoncé les dents du peigne dans le crâne pour lui occasionner ces piqûres aiguës et brûlantes. Une sorcière.

« Bon, eh bien voilà, se dit Jeanne, dans ma vie, il y a : un grimoire maléfique, des sorciers, un beau jeune chevalier en noir, un mari dont je dois me démarier, une abbaye qui va me débarrasser du livre, et puis… »

Ses pensées furent interrompues par des cris de terreur :

— Aaahhh ! Il bouge ! Il bouge tout seul !

Et la voix d'Audouin par-dessus ces vociférations :

— Demoiselle ! Demoiselle Jeanne de Lorimont ! Venez vite !

« C'est le grimoire », comprit-elle instantanément.

Elle glissa le peigne dans sa manche et courut dans l'auberge. Le livre noir avait décidé de se faire remarquer. Il semblait sautiller sur le sol de terre battue, entre les bottes de paille, et exhibait ses petites flammèches verdâtres.

« Allons bon. Voilà qu'il fait des siennes en public, maintenant. »

— Au secours ! Un livre diabolique ! Le diable est entré dans cette maison !

— Mais non, assura Audouin de Rivelet d'une voix qu'il voulait rassurante. C'est un simple mécanisme pour amuser lors des foires.

— Et pourquoi tu ne l'attrapes pas, ton mécanisme ?

Jeanne s'avança d'un pas ferme.

— Parce qu'il ne sait pas comment on l'arrête. Il n'y a que moi qui connaisse ce secret, dit Jeanne.

Elle s'avança d'un pas ferme vers le livre qui avait cessé ses soubresauts et gisait à terre, maintenant inerte et provocateur à la fois.

— Je m'en occupe, dit-elle.

Elle couvrit ses mains de ses manches et attrapa le grimoire par terre.

— J'ai appris comment faire de mon père, qui était un armurier habile et fabriquait de petits automates de ce genre pour distraire les nobles dans leurs châteaux. N'est-ce pas, chevalier ?

— Heu… oui, oui, bien sûr, acquiesça précipitamment Audouin tandis que Jeanne emportait le grimoire des ténèbres à l'extérieur, entourée à la fois d'un bruissement d'exclamations et de remarques, et de regards médusés.

Le grimoire tenta deux ou trois soubresauts entre les mains de Jeanne.

— Tu ne pourrais pas te tenir tranquille, non ? grinça-t-elle entre ses dents en s'adressant au gros ouvrage. Tu crois que je n'ai que cela à faire, de te surveiller ?

Mais évidemment, c'était un grimoire maléfique et il savait y faire quand il s'agissait d'empoisonner la vie du pauvre monde.

Atziniel s'amusait comme un petit fou. Il n'avait pas connu ça depuis longtemps, et du reste, il avait un peu de mal à piloter un livre si maléfique que le morceau était un peu trop gros pour lui, qui n'était qu'un démon mineur de quatorzième catégorie. Néanmoins, Jeanne était une proie merveilleuse, et voilà le plus beau : elle était en train de tomber amoureuse de cette espèce de cavalier qui s'était associé à elle pour voyager. Amoureuse ! Elle allait céder au grimoire et perdre son âme en deux temps trois mouvements ! Ça allait se révéler presque trop facile, mais enfin, on ne va pas se plaindre que la mariée est trop belle, n'est-ce pas ?

Il commença à penser aux phrases qui seraient les plus convaincantes pour persuader Jeanne de l'utiliser.

La petite foule des clients de l'auberge plus quelques curieux et passants, attirés par le bruit, continuaient non seulement à clabauder ferme, mais à s'inquiéter.

— Il faudrait prévenir le bailli.

— Ou le curé.

— Plutôt le prévôt, non ? Avec sa troupe de gens d'armes ?

— Qui c'est, d'abord, ces étrangers ?

— Des amis de Satan qui viennent pour semer le malheur, à mon avis.

Jeanne se tourna vers Audouin, qui l'avait suivie – ou plutôt qui suivait le grimoire à la trace.

— Il faut rapidement filer d'ici, dit-elle.

Audouin courut seller les chevaux à l'écurie et revint en grande hâte.

— Vite, vite, il me brûle, fit Jeanne.

Elle enfonça le grimoire fumant dans les fontes et sauta en selle. Audouin retourna dans la salle pour attraper le grand manteau noir dans lequel il avait dormi et qui était resté en tas sur la paille.

— Bon sang, qu'est-ce que tu fiches, chevalier ? Espèce d'imprudent, tu vois pas qu'ils vont nous faire un mauvais parti ?

Le grimoire semblait gronder un drôle de refrain : « Je peux te débarrasser en un instant de ces croquants, tu n'as qu'à le désirer... »

Les cris enflaient, dans la grande salle de l'auberge, et son cheval bai dansait en attendant Audouin qui revint enfin. Le tout n'avait pris qu'un instant.

— Tout ça pour un manteau ! grogna Jeanne tandis qu'Audouin sautait en selle. Je t'en aurais payé un autre avec l'argent des chevaux, si tu y tenais tellement.

— C'est à celui-là que je tiens et pas à un autre, dit Audouin en mettant Dariolet au galop.

Jeanne le suivit sans effort.

— Il faut mettre de la distance entre eux et nous.

« Je peux augmenter la distance et les figer sur place... » proposa le grimoire.

— Tais-toi, imbécile.

— Mais je n'ai rien dit ! protesta Audouin.

— Aussi n'est-ce pas à toi que je parlais, fit-elle d'un ton rogue, à son habitude.

Ils n'eurent pas de mal à passer les portes de la ville, car la rumeur de sorcellerie n'était pas encore parvenue jusqu'aux gardes. Ils galopèrent sur une distance d'au moins deux lieues et ne commencèrent à ralentir que lorsqu'ils se sentirent en sécurité.

Jeanne descendit de cheval et sortit sa miséricorde.

— Un danger ? s'inquiéta Audouin. Avez-vous repéré quelque chose ?

— Non, répondit Jeanne en s'agenouillant sur le sol meuble au pied d'un bosquet. J'essaie un nouveau procédé.

Elle fit un large trou, se servant tour à tour de la miséricorde et de ses mains pour dégager la terre. Ses bandages se salirent de terre, mais au moins ils la protégeaient un peu. Audouin se mit à côté d'elle et creusa lui aussi à mains nues. Quand la cavité fut profonde de presque trois pieds, Jeanne, tirant bien ses manches sur ses mains pour une couche supplémentaire, se saisit du grimoire et le jeta dans le trou. Le livre eut le temps de flamboyer : « Tu es bien trop laide pour lui. Je peux te rendre jolie. »

— Saleté de bouquin ! s'écria-t-elle en se demandant si, comme elle, Audouin voyait les lettres qui s'inscrivaient tantôt sur les pages ouvertes, tantôt sur la couverture de cuir granuleux, tantôt en tout petit, mais lisibles comme avec une loupe, dans la pierre qui occupait le milieu.

Mortifiée à cause de cette réflexion sur sa laideur, en plus d'être exaspérée et mystérieusement attirée à la fois, elle pelleta des deux mains pour recouvrir au plus tôt cette horreur, tassa la terre en piétinant avec ardeur et fit remarquer :

— Peut-être que ça lui plaira, d'être sous la terre. Peut-être que ça lui rappellera l'enfer qu'il semble tant aimer.

Bon sang, pensa le démon Atziniel, quelle obstinée ! Combien vais-je mettre de temps pour dégager toute cette terre ? Elle l'a bien tassée, cette idiote. Et elle n'a même pas eu l'air de se rendre compte que grâce à moi elle pourrait séduire ce jeune imbécile en moins de temps qu'il n'en faut pour le penser.

— Eh bien, nous voilà tranquilles pour jusqu'à ce soir au moins, j'espère, souffla-t-elle en frottant ses mains l'une contre l'autre pour faire tomber la terre.

— Vous êtes une jeune femme très étonnante, remarqua Audouin en l'enveloppant de son regard pour l'observer tout entière. Vous êtes si… si…

Ses cheveux, qu'elle n'avait pas eu le temps de natter, flottaient au vent d'automne et lui donnaient enfin un peu de douceur.

— Si peu féminine, hein ? C'est ça que tu voulais dire, chevalier ?

— Mais pas du tout ! Je voulais dire : si énergique, si déterminée.

— Hm. Pas des qualités de fille, autant que je sache, fit-elle. Ce n'est pas de ma faute. C'est que j'ai passé bien du temps avec l'armée, ces dernières années.

— Oh ?

— Je n'étais pas une fille à soldats, si tu veux savoir. Simple valet d'un capitaine, rassure-toi.

— Quoi que vous en pensiez, je vous estime fort, demoiselle. On dirait que vous n'avez peur de rien. Je n'ai pas rencontré beaucoup de femmes qui avaient votre trempe, Jeanne de Lorimont.

— Et tu es sûr que c'est un compliment ?

— Il me semble, oui.

Jeanne remonta en selle le cœur plein d'amertume et de tristesse. Sans aucun doute Audouin de Rivelet était-il sincère et peut-être même admiratif en disant ces mots, mais Jeanne aurait préféré qu'il lui dise :

« Vos cheveux ont la couleur du blé mûr et de l'or, même la nuit ils brillent comme un reliquaire dans l'ombre d'une église. Vos yeux sont si profonds qu'on croirait que l'azur d'un ciel d'été y est tombé et je crois qu'ils m'ont transpercé l'âme. Si vous le désirez, je resterai toujours à vos côtés pour être avec vous et vous protéger, Jeanne de Lorimont. Si vous pouviez voir mon cœur dans ma poitrine, vous verriez qu'il a été marqué au fer rouge dès la première vision que j'ai eue de vous. »

Mais jamais Audouin de Rivelet ne lui dirait semblables paroles, parce que ce qu'il admirait d'elle, c'est justement ce qu'elle aurait voulu laisser à tout jamais derrière elle. Comme l'avait laissé entendre le grimoire des ténèbres, elle était laide, sans le moindre charme, bougeait comme un garçon, parlait et agissait comme un soudard, tirait la miséricorde de sa ceinture pour un oui pour un non, et n'avait pas la moindre idée de la façon dont elle pourrait s'y prendre pour changer et devenir gracieuse.

Alors elle mit son bai au galop, pour laisser Audouin derrière elle afin qu'il ne voie pas les larmes qui coulaient sur son visage. Cela devait faire partie de la malédiction induite par le grimoire : elle était amoureuse et ça ne servait à rien. « Je suis amoureuse et je suis laide, mal fagotée, masculine et même grossière. Que vais-je faire ? Oh, mon Dieu, que vais-je bien pouvoir faire ? Il est beau, aimable et poli, discret, loyal à sa mission. Et jamais il ne voudra de moi. Me voit-il seulement comme une femme ? Peut-il se douter que sous mes dehors sans grâce, je… j'ai quelques qualités ? Et de toute façon je suis mariée. »

« Maudit Philibert des Losses, que le diable vous emporte, toi, le grimoire des ténèbres, tous les sorciers, tous les mages, tous les satanistes, tous les diablotins tentateurs. Je veux être une jolie jeune fille raffinée et parée de toutes les grâces. »

« Tu n'as qu'à m'ouvrir », crut-elle entendre derrière elle.

Le grimoire des ténèbres avait-il déjà repris sa place dans les fontes de sa selle ? Ou n'était-ce que son imagination ? Elle tâta les poches de cuir du bout des doigts. Non, le grimoire était encore sous terre, mais maintenant elle l'entendait même quand il n'était pas là.

Elle se mit à pleurer sans retenue, comme l'eau de la source près de Lorimont qui ruisselait sur une roche moussue, dans son enfance. Oh, Lorimont, mes sœurs, Marie, Catherine... Oh, mon enfance...

De sa vie, jamais elle n'avait autant pleuré que depuis la mort du capitaine, depuis que le grimoire noir lui était échu comme prise de guerre. Il faut croire qu'elle avait bien des larmes à rattraper.

Elle galopa, galopa et galopa tant qu'elle put. Elle espérait vaguement tomber et se fracasser le crâne sur une grosse pierre.

Alors, peut-être, quand elle serait morte, Audouin de Rivelet se pencherait-il sur elle, peut-être essuierait-il le sang sur son visage en songeant : « Elle était si belle. Et dire que je ne m'en suis même pas rendu compte de son vivant. » Et il ferait dire des messes perpétuelles pour le repos de son âme, et elle passerait son éternité à le protéger et à attendre qu'il la rejoigne en paradis.

« N'aie pas ces sottises en tête, Jeanne notre sœur. Ton chemin sur cette terre n'est pas terminé. »

Marie et Catherine cavalcadaient derrière elle, fidèles et amicales, et elle les entrevit au coin de son regard. Elles aussi étaient hardies comme des amazones, rompues aux longues chevauchées, aux galops à perdre le souffle.

« On fait la course ? » leur proposa Jeanne.

Elle serra un peu plus les flancs de son cheval qui augmenta encore la cadence. Dans l'excitation, ses larmes se tarirent et elle exulta de ne faire qu'un avec sa monture. Elle était assez bonne cavalière du temps de Lorimont, mais avec le capitaine, il avait fallu qu'elle s'améliore encore, il y avait veillé. Ce n'est pas elle qu'on verrait sur une douce haquenée, les pieds posés sur une planchette, ne dépassant pas une allure de mule d'ecclésiastique.

« Je suis meilleure que vous, les filles... »

— Arrêtez, mais arrêtez donc ! Vous tenez à vous briser les os ?

Le bruit de galop qu'elle entendait derrière elle n'était pas celui des chevaux de ses sœurs, mais c'était Dariolet qui la rejoignait. Audouin de Rivelet saisit la bride de son cheval et le contrôla pour le forcer à ralentir l'allure et à se mettre progressivement au pas.

— Mais vous êtes folle ! fit-il d'un ton énervé. Qu'est-ce que c'est que ces façons ?

— Je fais ce que je veux. Piquer un petit galop me manquait, il faut croire.

— Vous m'avez fait une sacrée frousse, j'étais inquiet pour vous.

Inquiet pour elle ? C'était une parole assez douce à entendre.

— Qu'aurais-je fait si vous vous étiez cassé la tête ? J'aurais sans doute perdu à tout jamais le grimoire des ténèbres.

Ah non, réflexion faite, c'est seulement le grimoire qui l'intéressait, elle aurait dû s'en douter.

— Que se passe-t-il ? remarqua-t-il encore. Vous avez pleuré ?

— Pleuré ?... Oh non. La vitesse, probablement, et une petite poussière dans l'œil. Ça va passer.

Elle battit frénétiquement des cils comme pour chasser un moucheron ou un petit débris.

— Demoiselle, j'étais vraiment inquiet. Ça m'ennuierait...

— Oui, je sais, pour le grimoire.

— Pas seulement. Ce serait dommage, vous savez. Vous penserez encore que je me moque de vous si je vous dis que vous êtes pleine de qualités.

Mais Jeanne ne savait pas quelle contenance elle devait prendre à ces paroles et se contenta de bougonner, en ayant cruellement conscience qu'elle ne se montrait pas sous son meilleur jour.

Ils convinrent qu'ils s'arrêteraient le moins possible dans des villes ou des villages pour dormir, aussi dangereux que cela pût être d'établir un campement de fortune en plein bois, à cause des malfaiteurs et des bêtes sauvages.

— Ça ne fait rien, avait dit Jeanne. J'ai l'habitude de coucher à la dure et je sais me défendre.

Chaque soir, ils cherchaient un abri dans une bergerie déserte, un village abandonné ou sous le couvert des bois. La forêt était partout, les environnant toujours, menaçante et protectrice à la fois.

Ils n'allaient pas très vite, à peine quelques lieues par jour. Ils devaient souvent faire de longs détours. Les chemins étaient en mauvais état, les rares ponts détruits ou emportés. Le pays avait payé un lourd tribut à la guerre et à ses ravages, à la misère, à la peste, aux famines. Beaucoup de terres étaient en friches, et le village désert dans lequel Jeanne avait pris ses quartiers quelques jours n'était pas unique en son genre. Alors, on voyait çà et là des bandes de types patibulaires qui étaient probablement des malandrins, et Jeanne et Audouin regardaient attentivement les environs avant de s'avancer dans des endroits découverts et gardaient toujours leurs armes à portée de main. Ils subirent deux attaques, dont ils se tirèrent bien, parce qu'ils avaient des chevaux, l'avantage des armes et le savoir-faire, contrairement à ces pauvres paysans mués en brigands de fortune. Les échauffourées s'étaient soldées par de simples blessures et la fuite des attaquants. Les deux fois, Audouin avait crié : « Eh, revenez... » et leur avait laissé des pièces de la bourse de Gardefoy. Pas des pièces d'or, qui auraient rendu les bénéficiaires suspects, mais du billon[17] qui leur permettrait d'acheter des victuailles.

Les loups s'étaient multipliés et rôdaient partout, mais ce sont des bêtes qui n'attaquent pas l'homme et les hardes s'éloignaient d'eux en jetant de longs regards méfiants et hostiles, déçues de ne pouvoir mettre un coup de dent aux chevaux qui s'énervaient et piaffaient.

Dans la journée, les deux voyageurs, débarrassés du grimoire, entraient dans les petites villes ou les villages pour acheter des victuailles et parfois utiliser les bains publics, puis ils repartaient passer la nuit dans des abris de fortune, des bivouacs où ils dressaient trois ou quatre feux autour d'eux et des chevaux.

Une familiarité s'établit entre eux, une camaraderie de camp, rien de plus, au grand dam de Jeanne qui aurait aimé un peu plus de sentiment, mais bon, c'était déjà mieux que rien, et elle essayait de savourer les meilleurs moments qu'elle passait près de son compagnon, d'apprécier leur intimité quasiment virile, et aussi les rires qui les prenaient de temps à autre. Malgré les maux qui les assaillaient et assaillaient le pays, malgré l'embarras induit par le grimoire, oui, ils riaient volontiers. Mieux que rien, en effet…

Audouin trouvait que Jeanne se débrouillait bien. Non seulement elle ne se plaignait jamais de la fatigue, de l'inconfort, de la nourriture approximative, ni même des attaques, mais elle avait pris son parti d'être la gardienne malgré elle de cet encombrant grimoire mal élevé.

Elle s'en débarrassait tous les matins. Plus elle le maltraitait, non sans ronchonner « Qu'est-ce que j'en ai par-dessus la tête, moi, de ce maudit bouquin », plus il mettait de temps à se reconstituer et à venir les importuner avec ses furieux

17. Petite monnaie pour usage courant, le plus souvent local.

claquements de pages, ses odeurs répugnantes et son bourdonnement continu. Au moins avaient-ils un peu la paix durant leur trajet, une fois que l'exaspération de Jeanne – et même parfois son désespoir – était retombée.

Audouin constata avec étonnement que Jeanne savait piéger des lapins ou les tuer de loin en lançant sa miséricorde et les dépouiller en un tournemain. Elle n'était pas peu fière de l'épater encore avec ce talent et c'est lui qui se chargeait de mettre son gibier à la broche. Les rôles inversés ! La femme à la chasse, l'homme auprès du feu ! Cela amusait Jeanne, mais elle n'en montrait rien. Elle possédait toujours ses petits pots d'épices et les grillades étaient assaisonnées un peu au petit bonheur. Du reste, tant qu'ils n'avaient pas le grimoire dans les pattes, ils achetaient en ville du pain et d'autres victuailles qu'ils mangeaient le soir en bivouaquant.

Une drôle de fille, ne cessait de se dire Audouin. Et, sans savoir pourquoi, il se reprenait à penser à Milessant. Milessant était courtoise et raffinée, elle brodait à merveille, chantait à ravir, adressait des sourires mutins à son amoureux. Milessant était six pieds sous terre avec son enfant, mort à peine né, et son mari n'avait pas mis deux mois avant de se remarier. Il se rappela les paroles de l'homme au grimoire, l'autre grimoire : il y avait l'amour.

— Regarde, chevalier…

Jeanne ne se gênait pas pour le tutoyer et l'appelait toujours « chevalier », ou parfois « damoiseau ».

— Regarde, chevalier, j'ai trouvé des pierres de lune, tout à l'heure.

Elle lui adressa un sourire éblouissant. Non, elle ne ressemblait pas du tout à Milessant.

Le temps était humide. Le soir était tombé et ils campaient dans une clairière qui rappelait à Audouin sa soirée avec les moines de Gardefoy, trois ans plus tôt. Une petite flambée, des fougères pour s'isoler du sol, une veillée à regarder le feu avant de s'installer pour dormir. Jeanne s'approcha et lui montra cinq ou six tout petits cailloux bien ronds, d'un blanc translucide, et tous percés d'un trou.

— C'est pour voir les fées, dit-elle en regardant à travers le pertuis de l'un d'eux. Tout le monde sait ça. Tu le savais ?

— Non, dit Audouin. Je ne connais rien aux fées.

— On disait ça, dans ma jeunesse. On disait aussi qu'il fallait faire attention, parce que si les fées s'en apercevaient, elles vous rendaient aveugle de cet œil-là.

Elle soupira.

— Nous avions ces jeux-là, avec mes sœurs.

Elle s'assit à côté d'Audouin, près du feu, et fit tournicoter les cailloux dans sa main.

— Tu savais que j'avais des sœurs ?

— Oui, répondit Audouin. Nous l'avons déjà évoqué. On m'a dit que vous étiez nées toutes les trois le même jour, je n'avais jamais entendu parler d'un tel prodige auparavant. On m'a dit aussi que Philibert des Losses les avait fait assassiner.

— C'est vrai. Il les a fait égorger devant mes yeux.

À ce souvenir, un affreux goût de sang lui emplit la bouche.

— Et il m'a gardée pour m'épouser dès le lendemain afin d'avoir le fief, continua-t-elle d'une voix altérée et dure. J'aurais mieux fait de mourir aussi, ce jour-là.

— Pourquoi, demoiselle ?

— Pourquoi ? Tu poses la question ? Je me suis enfuie, un peu malgré moi, le jour de mon mariage, j'ai passé trois ans avec le capitaine Bardaillon, à suivre sa lance, je suis une déclassée. Je ne sais où aller. Si je rentre à Lorimont, il me tuera, et s'il ne me tue pas, ce sera probablement pire.

Elle se leva et se planta devant lui, mains aux hanches.

— Regarde-moi, chevalier. Je suis Jeanne de Lorimont, noble fille de Gaucelin de Lorimont et de Barberine de Margueyrol sa femme devant Dieu, je suis l'épouse de Philibert des Losses. Ai-je l'air d'une femme de seigneur ? Ai-je l'air d'une aimable jouvencelle tout empressée au service de son cher maître ? Ai-je l'air d'une noble dame ?

Elle se rassit à côté de lui, devant le feu, épaule contre épaule, le plus près de lui qu'elle l'osait.

— Et en plus, dit-elle, je ne rêve que de me venger de Philibert. Mais comment faire ? Je ne veux pas me damner, si bien que je ne peux le tuer. D'ailleurs, ça me conduirait à l'échafaud. Je ne veux pas ourdir de sortilège, car c'est ça qui m'a menée au malheur, et du reste, les sortilèges vous font tout aussi bien damner. Qu'est-ce qu'il me reste ?

Elle se gratta la tête. Encore un geste si peu féminin...

— Aller voir l'évêque pour demander qu'il casse votre mariage, peut-être ?

Elle hocha la tête.

— Ça me semble une excellente idée. Sauf que les évêques sont toujours du côté des maris, et jamais des femmes.

Elle était touchante dans sa détresse. Les cailloux blancs s'entrechoquaient dans ses mains. Ses trois bagues d'argent sur ses longs doigts déliés brillaient au feu à chaque mouvement.

— Enfin, conclut-elle, je suppose que je finirai bien par me débrouiller.

— Je vous aiderai, dit Audouin spontanément.

Elle lui jeta un long regard dubitatif.

— Pour te retrouver en geôle à Lorimont ? Je t'épargnerai cela, chevalier. Mais je te remercie de l'intention.

— Je peux au moins chercher des solutions pour vous.

— Merci, répéta-t-elle, tout émue et faisant effort pour ne pas le lui laisser voir.

« J'ai de la chance, se dit-elle. Quand j'ai été seule au monde, j'ai trouvé le capitaine Bardaillon, Dieu ait pitié de son âme, et quand le capitaine est mort et m'a laissée toute seule, je tombe sur celui-ci, qui me veut du bien. Lui, il est peut-être doué pour trouver des objets maudits, comme il me l'a dit, mais moi, eh bien je tombe sur des hommes de bien. Sauf Philibert. N'est-ce pas de la chance, ça ? »

— Je vous dois bien cela. Grâce à vous, je vais mener à bien cette mission. Le grimoire sera à l'abri pour longtemps, et le mal sera un peu plus tenu en lisière. Vous savez, bien des fois j'ai été tenté d'abandonner.

— C'est vrai ?

— Eh bien quoi, je suis faillible comme n'importe qui, j'avais été en prison à cause de cette mission, je n'avais plus qu'une très maigre piste, et il n'y avait personne pour me reprocher ma défection. Mais chaque fois que j'ai été tenté, je voyais la tache maculant à tout jamais mon honneur, si bien que je repartais de plus belle, mais avec si peu de foi, si peu d'enthousiasme, tant de morosité... Je suis un homme morose, demoiselle. Sauf depuis que je vous connais.

Elle apprécia le compliment, tout en pensant qu'elle devait tout simplement être quelque chose comme « pittoresque » à ses yeux.

— Je ne trouve pas que tu sois morose. Je trouve que tu es un homme de bien, et le seul autre que je connaissais était un mercenaire qui avait dû étriper des douzaines de pauvres gens.

— Et vous l'aimiez ?

Elle fit non de la tête, avec une moue.

— Non. J'avais pour lui à la fois du respect et de la camaraderie. Tu sais, je prie pour lui tous les jours, pour qu'il ne passe pas son éternité en enfer. Ce n'était pas un mauvais homme. Pas à moitié aussi mauvais que Philibert mon mari, ou que le sorcier qui m'a vendu le sortilège, ou que tous ces autres sorciers, comme cette Berthe Hunaud, qui veulent tant le grimoire.

Le feu faiblissait et Audouin se leva pour y jeter quelques bûches. Il se rendit compte que Jeanne tremblait, de froid ou de nostalgie, il ne savait, et quand il se rassit, il lui passa sur les épaules un pan de son grand manteau noir, son manteau de Gardefoy, qui protégeait si bien du froid et de la pluie. La laine était épaisse et douce, tout le manteau était doublé d'une laine plus fine, moelleuse. Jeanne resta sans bouger, les bras autour des genoux, les cailloux blancs encore dans la main droite. Côte à côte sous la même cape, devant le même feu. Elle sentit la chaleur qui l'enveloppait. Elle n'en pouvait plus de cette émotion qui étreignait son cœur à cause d'Audouin de Rivelet. Elle avait honte de ce qu'elle était devenue. Et pourtant elle était là, bien au chaud, touchant de l'épaule l'homme pour lequel elle vibrait à chaque seconde.

Elle entendit sur sa gauche cet exaspérant et sourd vrombissement. Elle jeta un coup d'œil furibard. Le livre noir était grand ouvert et en lettres de braise la harcelait : « Je peux le rendre amoureux de toi. Je peux faire de toi une fille ravissante et séduisante. Tu n'as qu'à le souhaiter et suivre les instructions. »

« Bien sûr que je le souhaite. Mais pas par des moyens magiques. Tu peux retourner d'où tu viens. »

— Le livre est réapparu, n'est-ce pas ? demanda Audouin en se penchant vers le bruit bourdonnant.

— Oui, il est là, à côté de moi, comme d'habitude. J'essaie de lui dire de repartir d'où il vient, mais il ne veut rien entendre.

— Encore un peu de patience, dit-il. Dans quelques jours, vous en serez débarrassée, et moi je vous devrai une fière chandelle. C'est pour cela que j'essaierai de vous aider, pour vous délivrer de votre mari.

— Il n'a jamais été vraiment mon mari, murmura-t-elle. Je préférerais vivre dans les bois à vos côtés le reste de ma vie plutôt que de repasser avec lui un seul jour à Lorimont dans le luxe et le confort.

« À vos côtés le reste de ma vie. » N'avait-elle pas été un peu audacieuse avec ces paroles ? En tout cas, non seulement Audouin ne se déroba pas avec une de ces navrantes paroles d'humour qui cachent la gêne, mais elle sentit qu'au contraire il lui pressait le bras avec une sorte d'affection. Elle se mordit les lèvres pour ne pas se jeter contre lui. Jamais elle n'avait ressenti cela, jamais elle n'avait senti son cœur chavirer. Eh bien c'était fait, et c'était fichtrement embarrassant.

Elle se leva pour se mettre de l'autre côté du feu et elle s'allongea sous sa cape.

— J'ai sommeil, dit-elle.

Audouin ramassa machinalement les cailloux blancs troués et les fit sauter entre ses mains tandis qu'il restait assis pour veiller.

28

— Oui, messire, parfaitement. Non seulement je l'ai vue il y a deux jours, mais je peux aussi vous la faire voir afin que vous la retrouviez.

C'était dans la grande salle du château de Lorimont, où Philibert des Losses avait accepté d'accorder une entrevue à cette vermine de Pépin Gravenot.

Philibert était perplexe. Ainsi Jeanne aurait survécu. Hum, il fallait tenir compte du fait que Pépin Gravenot n'était qu'une fripouille malfaisante. Mais il ne pouvait négliger l'information, qu'il avait payée d'une bonne bourse d'écus sonnants et trébuchants. Et maintenant qu'elle était vivante, cela changeait-il quelque chose pour lui ? Il se mordit la lèvre un long moment.

— Messire, je…

— Tais-toi, je réfléchis.

De deux choses l'une : soit Jeanne continuait à rester à l'écart de Lorimont, et il continuait à vaquer tranquillement à son travail de seigneur des lieux – ce qui consistait principalement à pressurer les paysans et à prendre du bon temps avec l'argent des impôts –, soit elle se rapprochait de lui. Dans ce cas, elle voudrait peut-être le tuer. Ou faire annuler le mariage. Car il se doutait que si elle retrouvait Lorimont, ce ne serait pas pour prendre sagement sa place d'épouse. De toute façon, le mariage n'avait pas été consommé. Là était l'erreur. Si elle était encore vierge, elle pourrait le prouver, elle bénéficiait d'un argument de poids.

Jamais il n'aurait cru qu'elle était encore vivante. Johanin l'avait assuré qu'il l'avait abandonnée dans un bois, à trois jours de cheval de là. Une fille sans défense peut-elle survivre dans ces conditions ? Si ce coquin de sorcier disait vrai, elle l'avait pu. Mais alors, pourquoi n'était-elle pas rentrée directement pour dénoncer le mariage, pour lui faire des ennuis, pour lui envoyer des émissaires de l'évêque ou Dieu sait quoi ? Qu'avait-elle fait pendant ces trois ans ? Qu'avait-elle bien pu concocter ? Il fallait qu'il sache.

— À quoi ressemblait-elle ? demanda-t-il à Gravenot.

— Tout d'abord je ne l'ai pas reconnue, avoua le sorcier.

Du reste, il l'avait à peine regardée, obnubilé qu'il était par le grimoire que nul ne pouvait décoller du sol.

— C'était dans un village désert, brûlé et dévasté par les routiers. Elle semblait vivre dans une maison vide.

— Mais encore ? À quoi ressemblait-elle, t'ai-je demandé ?

— À une fille comme mille autres. Elle a dû grandir un peu, elle n'a pas de belles manières. Elle avait une grande natte blonde dans le dos, elle n'était pas très soignée. À la réflexion, je me demande si elle ne portait pas des chausses, des houseaux et un pourpoint.

— Des vêtements d'homme ? Mais pourquoi ?

Ah ah, des vêtements d'homme, très bien. L'Église condamnait sans états d'âme les filles qui se prennent pour ce qu'elles ne sont pas. Elle l'avait bien prouvé lors du procès de Jeanne la Lorraine. Une fille habillée en homme ! Pfff ! Il n'y a rien de plus ridicule. D'ailleurs, il pourrait peut-être utiliser cet argument pour la faire condamner. Il rangea cet intéressant élément dans un coin de sa tête.

— Et que faisais-tu, toi le sorcier, dans ce village désert où tu dis l'avoir rencontrée ?

— Je... je cherchais quelque chose d'indispensable pour mes... mes préparations. Une opération magique m'avait laissé entendre que je trouverais cette chose dans ce village, et voilà que je tombe sur cette fille. Quelqu'un m'a dit qu'il s'agissait de Jeanne de Lorimont.

— Je croyais que le village était désert ?

— Je... pas tout à fait, s'étrangla Pépin Gravenot. J'ai surpris ce nom dans une conversation.

— Montre-la-moi, dit Philibert avec brusquerie. Fais ta petite opération magique pour que je voie si c'est bien elle.

— Il faut que vous veniez dans ma cabane, messire. Et j'ai aussi besoin de quelque chose lui appartenant.

Philibert des Losses appela un serviteur :

— File me chercher Thomasine et les deux autres.

— Quelles deux autres, messire ?

— Celles qui furent les nourrices des sœurs Lorimont, bien sûr. Dépêche-toi.

Les trois nourrices avaient gardé maintes reliques de leurs trois colombes, les deux assassinées et la disparue. Elles eurent tôt fait de lui apporter un petit bric-à-brac d'objets de toilette et d'ornements divers.

— Je veux quelque chose qui n'ait appartenu qu'à Jeanne, ordonna-t-il.

— Elles échangeaient toujours tout, objecta Thomasine.

— Sauf peut-être son missel... dit la nourrice de Jeanne, Sigolène.

— Ah non, pas de missel, objecta Pépin Gravenot avec vivacité.

— Autre chose ? aboya Philibert. Vite, une autre idée ou je vous fais fouetter.

— J'ai toujours gardé les cheveux qui restaient sur les brosses, finit par admettre Sigolène, le regard en dessous. Pour empêcher les envoûtements et les maléfices.

C'était une pratique courante.

— Ça ira très bien, apprécia Gravenot.

On ne pouvait en effet rien trouver de mieux.

Sigolène revint avec une épaisse boule de cheveux emmêlés et entortillés.

— Ils sont tous de Jeanne ?

— Ah, non, messire. Des trois sœurs.

— Trie-moi ça et sors-en une douzaine appartenant à Jeanne.

Coup de chance que les trois sœurs aient eu pour seule différence la couleur de leurs cheveux.

Sigolène obéit sans coup férir, sous les regards réprobateurs des deux autres. Mais que pouvaient-elles faire ? Qu'est-ce que ce seigneur malfaisant et ce sorcier qui lui rendait des points allaient-ils bien pouvoir faire des cheveux de Jeanne ?

« Si ça se trouve, elle est encore vivante », se dirent les trois nourrices, le cœur rempli à la fois d'espoir et d'appréhension pour le sort qui attendait la jeune fille, si elle avait survécu.

Pépin Gravenot enroula les cheveux blonds et brillants autour de son doigt et dit :

— Messire, si vous voulez bien m'accompagner à ma modeste demeure...

Philibert fit seller son cheval et suivit au pas le sorcier qui marchait devant lui.

Il eut un haut-le-cœur de dégoût en pénétrant dans l'antre de l'homme, mais à sa grande surprise, il vit des livres sur les étagères, parmi les flacons, les fioles et les pots de terre.

— Tu sais lire, toi ? fit-il avec un net ton de mépris.

— C'est nécessaire à mes recherches philosophiques et alchimiques, messire, dit l'autre d'un ton cauteleux.

— Philosophiques, hein ? Je dirais plutôt « sataniques ».

— Oh, messire, qu'allez-vous donc croire là !

— Pas de fausses pudeurs avoir moi, sale fripouille. Au fait, as-tu un jour entendu parler, lors de tes « recherches philosophiques », d'un certain grimoire noir ? D'un grimoire des ténèbres ?

Pépin Gravenot se laissa tomber assis sur un escabeau. Où

ce seigneur inculte avait-il bien pu entendre parler du livre introuvable ?

— Je… euh… je… oui, j'en ai entendu parler, comme tout le monde. Mais c'est un vieux bouquin quasiment légendaire, on doute même qu'il existe, dans notre milieu.

Mais en fait tout se tenait : Jeanne détenait le grimoire noir. Un jeune homme, trois ans plus tôt, lui avait demandé où se trouvait Lorimont. Et Pépin Gravenot réalisait tout à coup, en un éclair, que ce jeune homme était le saucissonné du village désert et qu'il cherchait lui aussi le grimoire, sans doute. Tout se tenait, c'était bien ça. Quelque chose se resserrait et il ne savait quoi.

Maintenant, il fallait que Philibert des Losses récupère sa femme, pour qu'il sache, lui Pépin Gravenot, ce qu'était devenu le livre des ténèbres, les évangiles de Satan. Et pour mettre la main dessus.

— Installez-vous ici, messire. Je dois aller chercher de l'eau pour la divination.

Il sortit avec son cruchon pour puiser un peu de l'eau de sa mare croupie. Et il revint la verser dans une coupe plate, alluma des chandelles noires, lança des invocations, jeta les cheveux blonds dans l'eau sale et attendit d'avoir une vision.

— Je veux la voir aussi, exigea Philibert. Ne me fais pas de coup derrière mon dos pour me raconter je ne sais quelle fadaise.

— Chut, taisez-vous donc. Ne savez-vous pas qu'il faut un minimum de concentration et de calme ? Je vais voir d'abord et je vous montrerai ensuite. Mais par Belzébuth et Asmodée, taisez-vous et tenez-vous tranquille.

Philibert se le tint pour dit, mais rongea son frein en faisant tressauter sa jambe et en se rongeant les ongles. Aurait-il enfin des nouvelles de Jeanne ? Peut-être pourrait-il se débarrasser d'elle, après lui avoir fait l'héritier dont il avait besoin.

Il avait eu trois enfants de la jeune maîtresse qu'il avait installée à Lorimont et qui était morte des suites de son dernier accouchement. Deux des enfants survivaient, mais c'étaient des bâtards qu'il avait envoyés à une nourrice des environs. Du reste, si Jeanne revenait, il les ferait revenir aussi, pour qu'elle s'occupe d'eux avec ses enfants légitimes et en soit humiliée.

Quelque chose sembla monter des profondeurs de la coupe d'eau boueuse. Des maisons, des églises, des remparts, une citadelle. Une ville, et belle en plus.

— C'est dans une ville que vous la retrouverez, messire.

— Une ville ? Quelle ville ? Il y en a tant.

— Pas très loin d'ici il me semble. Je la vois. Elle est à cheval, sa longue natte blonde dans le dos. C'est à cause des cheveux, voyez-vous ? Je fais la divination avec ses cheveux, et c'est ce que je vois d'elle en premier…

— Je n'ai pas besoin de tes explications. Alors tu es sûr que c'est elle ?

— Oui, j'en suis quasiment sûr. Elle monte un cheval bai, elle porte une cape brune. Elle est accompagnée.

— Accompagnée. Tiens donc. Et te décideras-tu à me dire par qui ?

— Un cavalier en manteau noir. Il est jeune, brun, bien de sa personne. Le manteau noir porte un motif. Un motif vert en forme de fenêtre en ogive grillagée.

Le baron Philibert des Losses s'étrangla. Il venait de reconnaître sinon son prisonnier, du moins la cape qu'il portait. Qu'est-ce que cet homme faisait avec sa femme ? Cela avait-il un rapport avec le livre noir qu'il recherchait ? Tout se tenait, comme toujours.

— Est-ce Audouin de Rivelet ? demanda-t-il.

— Les noms ne sont pas écrits sur la figure des gens, fit Gravenot d'un ton réprobateur.

— Montre-moi la scène que tu vois.

— Messire, comme vous le savez, cela ne peut être fait en un instant. Vous avez besoin d'une préparation soigneuse et vous devez d'abord signer un document pour me décharger de tout ce qui pourrait vous arriver par la suite.

« Un pacte, se dit aussitôt Philibert. Un pacte pour participer à une opération de sorcellerie. Retrouver Jeanne de Lorimont mérite-t-il que je perde mon âme ? »

Une courte discussion avec lui-même lui permit rapidement de conclure que oui. Et puis après tout, était-ce bien un pacte dont il était question ? Était-ce le premier pas sur la route de l'enfer ? Ou une simple formalité ?

Gravenot déposa un long parchemin sur la table et Philibert le vit s'écrire tout seul de haut en bas.

— Lisez-le et signez, demanda-t-il.

— Je ne sais pas lire, l'informa Philibert en le prenant de haut. Il y a des clercs pour ça.

— « Moi, Philibert des Losses, seigneur de Lorimont, Lassogne, Mourzieux et autres lieux, commença Pépin Gravenot en lisant pour lui, demande à voir les scènes du miroir de divination. Je reconnais que cet acte de magie pourrait occasionner sur moi des migraines, des maux d'yeux et d'oreilles, une perte de mon sens de l'équilibre et une perte partielle de mes facultés ou de ma raison. Je suis informé également que participer à cette opération pourrait me valoir la visite ultérieure de démons cherchant à acheter mon âme. Ce document n'est pas un pacte diabolique et mon âme m'appartiendra toujours après l'opération, au risque que des démons me harcèlent pour l'avoir. Je le signe ce jour de mon sang… »

— De mon sang ?! s'écria Philibert.

— C'est indispensable, dit Gravenot en lui présentant une plume de corbeau toute taillée, le parchemin et un petit couteau pour qu'il se fasse une coupure à la main.

Mais Philibert ne voulait pas d'un douteux couteau de

sorcier et il sortit sa dague de sa ceinture pour s'entailler lui-même.

Après quoi, il trempa l'extrémité de la plume dans la petite plaie et traça résolument une croix rouge au bas du parchemin.

— Oh ! une croix ! Vous êtes vraiment le dernier des imbéciles ! protesta le sorcier. Celui-là est bon à jeter, maintenant. Vous ne savez donc pas qu'il ne faut jamais…

— Allons, trêve de bavardage, préparez-en un autre vite fait.

Un nouveau texte apparut sur un nouveau parchemin, et cette fois le seigneur y apposa avec difficulté les initiales de son nom, un P maladroit et un L tracé à l'envers.

— Ça ira, dit Gravenot en regardant le parchemin et en soufflant sur les deux lettres pour faire sécher le sang, après quoi il rangea le parchemin sur une de ses étagères, où d'autres documents du même genre s'empilaient.

Et il commença à préparer Philibert pour lui permettre de voir dans la coupe divinatoire, et ce ne fut pas une partie de plaisir, car le seigneur contestait et regimbait à chaque étape de l'opération. Enfin, au bout de trois heures, Philibert, un peu embrumé par de bizarres fumigations, était prêt. Gravenot ralluma d'autres bougies noires, les premières s'étant entièrement consumées, et Philibert fixa le fond de la coupe, d'où il vit surgir une belle ville prospère.

— Je la reconnais, dit-il aussitôt. C'est Montgrèze.

Comme l'avait décrit le sorcier, il vit Jeanne de dos, à cheval, sa longue tresse blonde arrivant jusqu'à la selle. Elle tourna la tête et il reconnut son visage, plus mûr, tout bruni par la vie au grand air, et ses yeux bleus qui étaient devenus durs, sans illusions, sans douceur ni pitié.

— C'est bien elle, dit-il. Elle est affreuse. Ce teint de paysanne, cette coiffure sans apprêt.

Il vit aussi vers qui Jeanne avait tourné la tête. C'était vers ce cavalier en manteau noir à motif vert, montant un beau cheval couleur pain brûlé qu'il avait hébergé plus d'un an dans ses écuries.

— Mon beau cheval ! se dit-il. Il me l'a volé !

Il reconnut sans aucune peine Audouin de Rivelet, son prisonnier de naguère.

— J'ai été trop bon, se dit-il encore. J'aurais dû le garder en geôle encore cinq ou six ans.

Mais ce qui était fait était fait. Pourquoi donc ces deux hypocrites s'étaient-ils acoquinés ? C'était probablement sur son dos. Il allait ramener vite fait Jeanne à la maison et elle allait voir de quel bois il se chauffait, se débarrasser d'elle serait trop doux. Quant à l'odieux Audouin, il le tuerait sans coup férir. Ou plutôt non, il le remettrait au cachot jusqu'à la fin de ses jours, et lui ferait donner des brodequins, le fer rouge ou le supplice de l'eau toutes les semaines, pour le plaisir.

Il vit aussi que la ville était pavoisée d'étendards, de bannières et d'oriflammes. Il se rappela que le duc allait marier à Montgrèze une de ses filleules. La noce aurait lieu dans trois jours, mais on commençait à décorer bien avant, naturellement.

— Cette scène, c'est au moment où nous parlons ou dans trois jours, au moment du mariage ?

Pépin Gravenot se pencha sur la coupe et l'examina brièvement.

— Impossible à dire.

— Et je suis censé être aidé par cette réponse ? Tu mériterais que…

Mais Philibert se trouva pris d'une sorte de langueur, sa langue s'embarrassa et il n'insista pas. Bon, parions pour le jour même de la noce. Il vit que Jeanne et Audouin se faisaient un chemin à travers la foule, descendaient de cheval et confiaient les rênes à un palefrenier. Ce pouvait être une auberge, une maison privée, des étuves, rien de suffisamment caractéristique.

Eh bien, il irait. Montgrèze était une grande ville, mais les deux cavaliers étaient assez reconnaissables et il finirait sans doute par tomber sur eux.

Cette fripouille de sorcier exigea dix écus pour la préparation du sujet, dix autres pour la divination, et encore douze pour les deux parchemins.

— Il n'y en a eu qu'un ! protesta Philibert. Pour ça, je ne paierai que six écus.

— J'en ai usé un tout neuf par votre faute, il faut me le payer. Si vous voulez, vous pouvez garder le raté, moi je ne peux plus rien en faire.

— Jamais je ne paierai ça, assena Philibert.

Mais il fut aussitôt pris d'un vertige et tomba à terre, dans son corps, ses os étaient devenus tout mous. Il se mit à entendre dans sa tête d'assourdissantes volées de cloches et sentit ses yeux irrités qui larmoyaient lamentablement.

— C'est bon, je paie, je paie, finit-il par accepter.

Il compta l'argent et paya rubis sur l'ongle.

— Mais tu ne l'emporteras pas en paradis, sale sorcier.

— J'espère bien, répondit Pépin Gravenot d'un ton pincé, sans sourire.

29

Audouin finit de boucler le dernier nœud d'une fine lanière de cuir et chercha Jeanne du regard.

— Demoiselle Jeanne de Lorimont ! appela-t-il.

— N'approche pas, chevalier. Je ne suis pas loin, seulement au ruisseau, l'entendit-il répondre.

— Soyez prudente…

— Oui. J'ai ma miséricorde à portée de main.

Voir une telle arme entre les mains d'une fille était pour Audouin un perpétuel motif d'étonnement. Jeanne n'avait pas du tout l'air maladroite, ridicule ou empruntée, avec cette arme à la ceinture ou à la main, et elle savait s'en servir, au moins pour étriper les lapins de leur souper.

Audouin veillait sur elle comme s'il était son garde du corps personnel. Certes, elle semblait ne pas avoir besoin de lui pour se défendre, mais si par hasard elle succombait, s'il perdait sa trace, c'en était fini du grimoire, puisqu'il ne pouvait le transporter.

Il était un garde du corps vigilant et sourcilleux. Dès qu'il la perdait de vue pendant quelques instants, il s'inquiétait. Et, ce qui le déroutait plus encore, c'est qu'il s'inquiétait davantage pour elle que pour le livre noir.

Ce matin-là, elle avait eu l'idée de grimper dans un arbre et de hisser le grimoire jusqu'à la cime. Elle l'avait ligoté à la plus haute branche qu'elle avait pu atteindre. Audouin n'avait pu que lui tendre la corde pour hisser l'objet maudit, et la regarder en priant pour qu'elle ne se casse pas les os avec une mauvaise chute. Mais Jeanne était habile et elle redescendit de l'arbre avec l'aisance d'un écureuil, puis elle lui lança :

— Ne regarde pas, je vais me laver.

Quand elle revint, elle était toute fraîche et pimpante, et il crut ne pas tout à fait la reconnaître. L'eau frisquette semblait ne pas la gêner, et elle s'était coiffée avec soin, sans se natter. Ses longs cheveux blonds, encore un peu humides, qui avaient pris le pli de la tresse, formaient des petites ondes et lui battaient le dos jusqu'aux cuisses. Elle avait exhumé de ses bagages des vêtements qu'elle n'avait pas enfilés depuis des années : la robe bleu nuit que Thomasine lui avait fait revêtir avant de la faire fuir de Lorimont et un surcot d'un rose foncé presque rouge avec la large ceinture ouvragée qui l'accompagnait.

Audouin en resta un instant bouche bée.

— Je... je ne suis pas sûr de... de vous...

Puis il vit la miséricorde, fermement tenue dans la main droite de Jeanne, mais dissimulée dans les plis de la robe.

— C'est bien vous, n'est-ce pas, demoiselle Jeanne de Lorimont ?

Il sourit à demi. Jeanne, elle, lui décocha un sourire renversant.

« Mais ma parole, se dit Audouin, voilà cette demoiselle si peu banale qui se met à sourire. Plusieurs fois ces jours-ci. »

Elle souriait pour lui, mais de cela il ne s'était pas encore rendu compte.

— Tu m'as dit que nous allions arriver à une belle ville, chevalier, n'est-ce pas ?

— Oui, nous devrions arriver à Montgrèze après une heure ou deux de chevauchée, ce matin. Vous voilà bien belle... conclut-il un peu gauchement.

— Je ne voulais pas que tu aies honte de moi. Je vais essayer de ne plus te tutoyer, de ne plus dire « Bigre », « Fichtre » ou autres mots de ce genre. J'éviterai les jurons. Mais je te préviens, j'aurai toujours ma miséricorde à portée de main.

Audouin se mit à rire.

—Tu te moques de moi? Finalement, tu n'es pas bien courtois.

—Mais non, demoiselle. Je vous trouve de plus en plus extraordinaire, c'est tout. D'ailleurs j'ai quelque chose pour vous. Une sorte de cadeau.

Jeanne dressa un sourcil étonné.

—Oui, oui, pour vous. Venez voir un peu plus près. Donnez-moi votre bras. Non, le gauche, et ne brandissez pas comme cela cette arme sous mon nez.

Elle lui tendit le poignet et il y attacha le lien de cuir sur lequel il avait noué tous les cailloux blancs qu'elle avait trouvés un jour ou deux plus tôt.

—Ça vous portera chance, demoiselle.

—Comment le sais-tu... je veux dire : comment le savez-vous ?

—Simple supposition, fit-il d'un ton détaché. Car si des fées sont dans le coup...

—Messire Audouin, comme c'est gentil ! Ce bracelet, c'est la plus jolie chose que j'aie reçue de ma vie.

—Ne vous moquez pas de moi ! Plus jolie que ces trois belles bagues d'argent ? Plus jolie que votre cheval ? Ou que votre miséricorde ?

—Oui, murmura-t-elle.

Elle garderait ce petit talisman rudimentaire tout au long de sa vie. Non seulement il lui porterait chance dans ses entreprises, mais il lui donnerait du courage quand Audouin aurait disparu de son existence, et qu'il faudrait bien qu'elle continue toute seule.

Elle passa les lèvres sur les pierres blanches et vaguement luminescentes.

—Je n'aurais peut-être pas dû vous faire ce présent, observa Audouin. Il a l'air de vous mettre dans un triste état.

—Je suis triste en pensant au jour où vous ne serez plus à

côté de moi, parce que vous aurez accompli votre mission, et je pense que ce bracelet sera ma consolation, finit-elle par dire, tête basse.

Alors Audouin, qui ne pouvait cependant s'empêcher de penser à tout instant à sa Milessant perdue, saisit pourtant Jeanne à pleins bras, la serra fort et dit :

— Moi aussi, je serais affreusement triste si nous devions ne jamais nous revoir.

« Raté, se dit Atziniel, non seulement déçu, mais mortifié d'avoir loupé son coup. Elle n'a même pas eu besoin d'utiliser le grimoire pour attirer cet imbécile. Ah, on se demande bien ce qu'il lui trouve. Et elle aussi, d'ailleurs, qu'est-ce qu'elle lui trouve, sinon sa chaude cape noire sous laquelle elle cherche toutes les occasions de se réfugier ? Ah... cape noire... Il n'y aurait pas quelque chose, là ? Cape noire... » Ça lui rappelait quelque chose. Quelque chose de pas plaisant du tout. N'aurait-il pas été inconséquent ?

Le démon se débrouilla pour voir un peu mieux le couple qui s'étreignait dans le petit matin brumeux. Un garçon brun d'une vingtaine d'années, avec tous ses cheveux, pas comme un moine, enveloppé du cou aux pieds avec la fille blonde dans une vaste cape de laine portant sur l'épaule droite un motif caractéristique : une grille à forme d'ogive brodée en fil vert vif. Tripes et os broyés ! Catastrophe et putréfaction ! Gardefoy était toujours en piste, et un de ses sbires suivait le grimoire à la trace !

« Ah bravo », se dit Atziniel en voyant ce moinillon enlacer la jouvencelle. Voilà qui était bon pour la cause de l'enfer. Mais à la réflexion, le jeune homme était-il vraiment moine ?

« Je me demande si je n'ai pas pris plus de risques que nécessaire, moi », se dit Atziniel, gêné à l'idée qu'un de ses collègues ou, pis encore, un de ses supérieurs de la hiérarchie infernale ne se rende compte de sa négligence et des libertés qu'il avait prises avec l'attribution du grimoire des ténèbres.

Il fallait qu'il arrange ça au plus vite.

— Je... je ne suis pas comme cela, habituellement, bafouilla Audouin en s'écartant légèrement de Jeanne.

Il ne savait pas trop pourquoi il avait eu ce geste et se montrait embarrassé.

— Oh, ne t'excuse pas, c'était un plaisir, répliqua-t-elle.

Elle se serait giflée de ses paroles ironiques, mais il était trop tard pour les ravaler. Elle aurait dû baisser la tête, battre des cils et susurrer qu'elle avait besoin de sa tendre et bienveillante protection. Une fois de plus, il se montrait courtois et poli avec elle, mais le geste qu'il avait eu de l'enlacer n'avait duré que quelques trop brefs instants et elle se sentait idiote tout à coup, avec sa robe bleue, son surcot rose et ses cheveux dénoués. Mal à l'aise.

Elle donna deux ou trois coups du plat de la main sur son surcot comme pour enlever des poussières et dit :

— C'était juste un essai, avant de me faire belle à Montgrèze, mais pour voyager, je préfère mes vêtements habituels.

Et elle disparut derrière un fourré pour réenfiler son pourpoint, ses chausses et ses houseaux, et pour tresser sa natte.

Quelques minutes plus tard, ils chevauchaient au botte à botte vers la ville.

— Pourquoi votre cheval n'a-t-il pas de nom, demoiselle ? demanda Audouin.

— Je ne sais pas. Trouvez-en un pour lui, si vous avez de l'inspiration. Une autre pâtisserie peut-être ?

— Oh, vous vous moquez sans cesse ! Ce n'est pas moi qui ai trouvé le nom de Dariolet. Et pourquoi pas Bricelet ?

Elle rit. Cette fois, c'était un nom de gaufrette.

— Va pour Bricelet, accepta-t-elle.

Ainsi, leurs chevaux seraient frères, en quelque sorte. Et elle garderait le nom du cheval bai comme un autre présent venant d'Audouin. Bricelet, bracelet, est-ce que tout ne se tenait pas ?

Tandis qu'ils approchaient, ils voyaient que les chemins drainaient de nombreux marchands, passants et visiteurs vers Montgrèze.

Aux portes de la ville, Audouin s'annonça comme chevalier et on le fit passer en priorité. Jeanne, la coiffure nette, ses vêtements cachés sous sa grande cape brune, pouvait passer pour son épouse, du reste il ne donna pas d'explications et ils avancèrent dans la rue principale d'une Montgrèze encombrée d'échafaudages. Des habitants perchés là-haut plantaient dans les murs chevilles et pitons, et tendaient des cordes en travers des rues. Au bas des échelles, des femmes tenaient avec précaution des bannières bien pliées et commençaient à les hisser à bout de bras vers les hommes.

Un à un, ces oriflammes se déroulèrent juste au moment où Audouin et Jeanne avançaient vers la ville haute. Des bourrasques les faisaient joliment voler.

— Regarde, chevalier, c'est comme si c'était pour nous ! remarqua Jeanne avec gaieté, oubliant qu'elle avait résolu de parler plus cérémonieusement à Audouin, oubliant aussi que son cœur était meurtri par les bonnes manières toujours un peu distantes du jeune homme.

Les couleurs des bannières brillaient à faire cligner des yeux et elles claquaient joyeusement sous les cris ravis des habitants. Des filles s'avançaient avec de gros paquets de branchages d'automne entre les bras et les quelques fleurs qui subsistaient pour orner les rebords de fenêtre et les chambranles de portes. Des musiciens jouaient en petits groupes aux coins de rue, discrètement, comme s'ils se contentaient de répéter. Des jongleurs et des acrobates faisaient des tours et des cabrioles.

Par bonheur, le temps s'était remis au beau. Si les deux cavaliers avaient subi plusieurs grosses averses en chemin et des nuits bruineuses, ce matin c'était fini et le soleil semblait décidé à participer lui aussi aux réjouissances.

— Qu'est-ce qu'on fête ? demanda Audouin à une femme.

— Le mariage de Marguerite de Montgrèze et de Jean de Dionnay, demain. Le duc lui-même mènera la fiancée à l'autel et il y aura du vin et des pâtés à foison. D'où venez-vous, pour ignorer cela ?

— Nous avons fait une longue route et nous avons besoin de trouver les étuves, dit Audouin, tandis que Jeanne se tenait silencieuse, comme il convient.

Pas question qu'elle se fasse remarquer en reprenant son allure et son parler d'écuyer mal dégrossi.

— Par là, dit la femme. À l'enseigne du *Pichet renversé*, vous tournez à droite, il y a de très bonnes étuves. Très bien tenues, même pour les dames.

Beaucoup d'étuves étaient davantage des lieux de rendez-vous galants que des endroits pour y prendre des bains. On pouvait y boire, y manger, y jouer aux dés et surtout fleureter en toute discrétion.

Jeanne fit un petit signe de tête en remerciement, sans ouvrir la bouche, et ils se dirigèrent vers l'endroit indiqué quand Jeanne se retourna brusquement.

— Quelqu'un nous regarde, dit-elle.

Par réflexe, sa main s'était posée sur la poignée de son arme, sous son manteau. Audouin se retourna à son tour.

— Je ne vois personne. Ou plutôt trop de monde.

— J'ai... j'ai eu une impression bizarre, comme si on m'observait... comment dire ? indiscrètement.

— Mais nous sommes au vu et au su de tous. Ça ne peut être indiscret.

— Je sais. C'est pour cela que ça me semble bizarre.

Elle avait une boule dans la gorge, elle ne savait pourquoi. C'était peut-être la proximité permanente du grimoire noir depuis toutes ces semaines qui faussait ses sensations. Elle avait été effleurée par un sentiment de saleté, de boue, de méchanceté et de malveillance. Et l'image qui lui vint était celle de son époux, Philibert des Losses.

Pourquoi ne la laissait-il pas tranquille ? Prise en tenailles entre l'encombrant grimoire et la perspective de devoir affronter Philibert un jour ou l'autre, elle ne pouvait même pas se détendre dans une jolie ville prospère au côté de l'homme qu'elle aimait.

Audouin balayait soigneusement du regard tous les environs et ne vit rien ni personne d'alarmant.

— Je sens qu'il va falloir que nous partions sans même profiter de la fête, fit Jeanne, résignée.

— Pas question, dit Audouin. Nous sommes dans une grande ville, en sécurité. Pourquoi vous en faire ?

C'était curieux. L'assurance d'Audouin lui rappela celle du capitaine Bardaillon. Avec le capitaine, sous la protection de sa force et de ses armes, jamais elle n'avait eu peur. Et elle retrouvait maintenant cette sensation au côté d'Audouin. Audouin n'avait pas la brutalité de Bardaillon, et moins encore une petite troupe dévouée pour l'accompagner, mais il dégageait une force qui la réchauffa.

« De plus en plus amoureuse », soupira-t-elle, sans illusions.

« Eh oui, ma petite. Et plus il aura l'air indifférent, plus tu auras envie d'utiliser les services du grimoire », murmura Atziniel qui s'était méchamment débrouillé pour que l'étreinte d'Audouin, ce matin, ne se prolonge pas en geste trop tendre et même pour que l'attirance que ressentait le jeune homme se dilue et se refroidisse en une politesse de bon aloi. Audouin avait été près de dire des paroles tendres et Atziniel les lui avait fait oublier, tant il est bien vrai que l'être humain n'est pas toujours maître de ce qu'il croit le plus intime en lui.

À l'enseigne du *Pichet renversé*, la servante des étuves leur demanda s'ils voulaient prendre un bain ensemble, comme le font les amants.

— Non, dit fermement Jeanne. J'irai avec les femmes.

Quand elle eut été dirigée vers les grands baquets d'eau fumante, Jeanne eut une demande audacieuse :

— Faites-moi la plus belle du monde, dit-elle.

— Bien sûr. Pour le mariage de notre petite Marguerite, toutes les femmes veulent être les plus belles, commenta la fille. Mais j'espère que vous avez autre chose à vous mettre.

— Ouais... euh, oui, dans mon bagage, dit Jeanne.

— Pfff, ces sourcils ! Des broussailles ! Et vos cheveux ! Je parie que vous ne pensez jamais à les rincer à la camomille. Et ce teint hâlé comme une paysanne !

— Faites-moi la plus belle du monde, répéta Jeanne. Je me fiche de la façon dont vous vous y prenez.

— Au travail, dit la fille.

Jeanne se déshabilla mais garda le bracelet de pierres de lune autour de son poignet, faisant mine de ne pouvoir dénouer le lien.

Le bain sentait la racine d'iris, la marjolaine et la rose, et Jeanne se délecta d'y rester, faisant rajouter de l'eau chaude tant et plus. Il y avait longtemps qu'elle n'avait ainsi mariné des heures dans un bain chaud et parfumé.

La fille des étuves ponça sa peau, frotta ses dents, arrondit ses ongles et les polit, mais dit qu'elle ne pouvait rien faire contre le hâle de son teint. Et bavarda à propos de la noce.

— La ville est riche et belle, non ? remarqua Jeanne. On ne dirait pas qu'il y a eu la guerre.

— Nous avons eu de la chance, dit la fille. Il y a eu une attaque de routiers il y a sept ans, ils ont tout brûlé et tout pris, mais les Montgréziens sont courageux et, un an et demi après, tout était rentré dans l'ordre, à part les pauvres morts qui ne reviendront jamais, que Dieu les garde en Son paradis.

— Amen, commenta machinalement Jeanne. Et dans les environs ? Car, voyez-vous, je viens de loin, mais dans mon enfance, je connaissais la région.

Montgrèze était une ville où son père se rendait de temps à autre, se rappela-t-elle. Peut-être à dix lieues de Lorimont. Oui, vraiment, elle était près de son enfance, pas étonnant qu'elle ait eu l'impression que Philibert n'était pas loin.

— Comme d'habitude, dit la fille. Depuis trois ans, des sorcières ont répandu dans le pays beaucoup d'intempéries, mais on en a brûlé deux l'an dernier et voyez le résultat : il fait beau pour le mariage de notre petite demoiselle.

— Brûlé ? !

— Eh bien oui. Que voulez-vous, il y a eu tant de fléaux : le mauvais temps, les mauvaises récoltes, les passages de routiers, l'épidémie… Rassurez-vous, elle est finie. Mais ces maléfices n'avaient rien de normal. Donc c'étaient bien les sorcières. Vous voyez, ça va mieux quand on se débarrasse des adeptes du diable, qui ne veulent que le malheur des pauvres gens.

Eh bien, si Jeanne avait envie d'oublier un peu le grimoire des ténèbres et ses capacités sorcelliques, il ne se laissait pas oublier, lui. Des sorcières, des bûchers, le mal qui rôde. On n'en serait donc jamais débarrassé ? La jolie Montgrèze était une ville où l'on traquait la sorcière et le disciple diabolique. Il faudrait qu'elle quitte la ville avant que le livre noir ne la mette dans de mauvais draps.

Quand Jeanne rejoignit Audouin, elle lui trouva fière allure, bien rasé, bien coiffé, détendu, ses vêtements brossés. Si les étuves n'existaient pas, il faudrait les inventer !

— Mais ma parole, vous êtes magnifique ! s'écria-t-il en la voyant.

Il lui prit la main et lui fit faire un tour sur elle-même pour l'admirer.

— Merci, messire. Vous-même n'êtes pas mal.

— Allons nous promener en ville, proposa-t-il. Je me sens tout fringant et je crois que j'ai envie d'une confiserie.

— Une dariole ? proposa Jeanne. Un bricelet ?

Il se mit à rire. Quelle jolie jeune fille, pensa-t-il juste avant que le démon Atziniel ne coupe tout net sa pensée qui s'égarait en direction d'un tendre sentiment.

Ils reprirent leurs chevaux qu'ils menèrent par la bride et parcoururent les rues sans se presser, s'arrêtant aux étals bien garnis en l'honneur de la fête. Ils mangèrent des œufs farcis aux herbes et des biscuits poudrés de sucre blanc et d'épices. Ils riaient comme des enfants et c'était bon, oh ! oui, que c'était bon après tant de morosité.

— … et tandis que vous vous parez de vos plus beaux atours, Satan est là, derrière le miroir, qui guette la belle proie que vous ne demandez qu'à être, femme impudique, tonna une voix non loin d'eux.

Ils s'approchèrent. Ils n'étaient pas les seuls à se tourner vers l'accusateur, qui était entouré d'une petite foule. C'était un moine juché sur une caisse et qui tendait un doigt vengeur vers une pauvre femme à la tenue joliment arrangée et garnie de galons brodés. Le doigt du moine balaya alors plus largement l'assemblée.

— Vous toutes, avec vos tenues éhontées, vous attirez la colère de Dieu. Priez davantage et brûlez vos ornements.

— Pas de chance, pour une fois que je suis soignée, fit remarquer Jeanne à mi-voix.

— Faites pénitence, matez votre corps, votre séduction, votre gourmandise, votre frivolité. Vous êtes dans l'abomination. Vous savez que la mort vous guette, vous savez que l'enfer vous attend, et vous perdez votre temps en frivolités, en divertissements, en plaisirs… Mais Satan prépare déjà ses chaudrons et affûte ses piques pour vous y pousser !

— Tais-toi, moine, protesta un marchand, d'une grosse

voix vigoureuse. C'est la fête, on veut tous s'amuser. Et tu nous fais perdre des clients, avec tes histoires.

Le moine se tourna vers celui qui avait parlé. C'était un robuste marchand de charcutailles aux bras croisés sur sa panse, menaçant. Le moine, prudemment, se tourna de l'autre côté mais n'en continua pas moins.

— S'amuser ! Mécréants, vous êtes félons à votre Dieu ! Agenouillez-vous et implorez sa pitié. Plus vous vous apprêtez avec des vêtements luxueux et des coiffures séduisantes, plus Dieu se détourne de votre âme laide et pourrie. Chaque instant que vous passez sans lui est un instant où le diable prend toute la place. Dieu en a assez de vous, qui n'êtes pas assez pieux, et il vous envoie la peste, la famine et les écorcheurs. Mais ce n'est pas encore assez, vous méritez bien pire. Vous méritez le règne du démon.

L'homme reprit son souffle.

— Mais il vous reste une chance de vous sauver. Non seulement vous devez être vertueux, mais vous devez savoir que le diable a des affidés partout. Des femmes surtout, qui fricotent avec lui pour séduire les hommes et les mener à l'enfer. Elles l'appellent, elles signent des pactes, elles vont au sabbat. Vous qui êtes bons chrétiens, votre rôle est de repérer et de dénoncer les adeptes du malin, les sorcières qui lisent ces livres maudits et exécutent des sortilèges... Votre tâche sacrée consiste à repérer et à dénoncer les adeptes du malin, les sorcières qui lisent ces ouvrages diaboliques et exécutent des recettes répugnantes... Repentez-vous ! Repentez-vous et dénoncez-les !

— Oh, je me sens mal, gémit tout à coup Jeanne près de l'oreille d'Audouin. Imaginez que le grimoire noir se manifeste à cet instant.

— On ne va pas rester à proximité, murmura Audouin en la tirant doucement en arrière.

— Pour une fois que j'ai une occasion de m'amuser, voilà

que je tombe non sur un démon, mais sur un de ses adversaires, qui me semble ne pas valoir mieux.

La foule était dense derrière eux, car la diatribe du moine avait attiré des passants, dont la plupart d'ailleurs ironisaient et se frappaient le front. Parler de repentance quand on n'a qu'une envie, s'amuser avec la bénédiction de l'évêque et les encouragements du duc. Et justement parce que les temps étaient durs, il fallait en profiter. Mais quelques auditeurs avaient l'air d'accord et commençaient à crier : « Au bûcher, les sorciers ! Au feu, les partisans du Malin ! »

Jeanne et Audouin, restés un peu sur le côté parce qu'ils étaient encombrés de leurs chevaux, reculèrent doucement. Jeanne bouscula quelqu'un derrière elle et dit « pardon » quand elle se sentit attrapée par le bras.

— Eh bien, la fille…

Elle se retourna brusquement. Elle avait reconnu la voix. Philibert.

Elle pâlit abominablement. Mais il ne la reconnut pas, ou du moins ne prit pas davantage garde à elle. Non, il regardait alternativement Audouin et Dariolet.

— Mon cheval ! Mon beau cheval que tu m'as volé ! hurla-t-il.

— Vite, en selle, gronda Jeanne, le cœur battant, affolé, dans sa poitrine.

Audouin aussi était devenu blanc comme un linge. Il tira doucement son arme, prit Jeanne par l'autre bras et s'efforça de la faire passer derrière lui, mais Philibert tenait fermement sa proie et Jeanne était écartelée entre ces deux hommes, son mari et celui qu'elle aimait. Sa miséricorde, qu'elle aurait bien volontiers plantée dans le corps de son mari, était pour l'heure enroulée dans ses bagages, tant elle pensait n'en avoir pas besoin en pleine ville, en pleine foule, en pleine fête.

— Jeanne, fit Audouin d'un ton suppliant. Derrière moi, vite.

— Jeanne ? réagit aussitôt Philibert. Jeanne... ne serait-ce pas ma chère et tendre épouse que je tiens ici ?

Philibert semblait ravi. Du reste, il était venu à cause de sa vision dans la coupe d'eau putride.

Il regarda mieux sa prise : une blonde bien balancée, plutôt grande, joliment mise, le teint tanné de soleil malgré la pâleur qui l'avait prise, la fille de la vision. Son épouse Jeanne de Lorimont. Le regard de haine et d'affolement qu'il lisait dans ses yeux ne pouvait tromper. Elle essayait de se dégager de sa poigne, et il devait dire qu'elle s'y prenait bien, il sentait en elle une force sèche, inattendue chez une femme.

— Mon épouse ! dit-il encore avec satisfaction. Mon épouse qui se décide enfin à se plier à la vie conjugale. C'est bien cela, Jeanne, n'est-ce pas ? C'est bien pour tenir votre place auprès de votre mari devant Dieu que vous vous trouvez à Montgrèze, petite graine de sorcière ?

« Il ne croit pas si bien dire », songea-t-elle en se débattant.

Philibert la tenait fermement, mais elle lui causait tout de même des difficultés. Tout à coup, il ne la tint plus du tout, mais plaqua ses mains sur son nez, où venait de s'écraser le poing d'Audouin. Puis il s'effondra à terre.

— Vite, Jeanne, vite, à cheval, la pressa Audouin en l'aidant à s'enlever sur la selle. Si nous nous perdons de vue, rendez-vous sous l'arbre où vous avez attaché le livre.

— Mais nous n'avons aucune raison de nous perdre...

Lui aussi sauta en selle.

— Foncez !

Elle partit au galop, cherchant en tâtonnant la miséricorde dans ses fontes, à tout hasard. Elle bouscula quelques passants, quelques étals, elle entendait le galop de Dariolet derrière elle. D'autres cris. Elle se retourna.

Audouin avait été arrêté par de bonnes âmes, des badauds qui s'étaient pendus à la bride de Dariolet pour le retenir.

— Filez, Jeanne ! cria-t-il. Faites comme on a dit.

Audouin était déjà submergé par la foule. Et elle eut le temps de voir Philibert qui se relevait, le nez en sang, et qui pointait un doigt vers Audouin. Elle n'entendit pas ses paroles accusatrices, mais elle était bien sûre qu'Audouin n'allait pas s'en tirer comme ça.

Pour l'heure, elle ne pouvait rien faire. Avec son esprit de décision habituel, elle repassa les portes de la ville et galopa sans s'arrêter jusqu'à l'endroit où ils avaient passé la nuit et où le grimoire, toujours en haut de l'arbre, avait tout de même réussi à défaire les liens.

« Ah ah, fit Atziniel à l'intérieur du livre maudit, alors comme ça, ma petite Jeanne, tu pensais ne pas avoir besoin de moi ? »

Elle réenfila en vitesse pourpoint, chausses et houseaux, la seule tenue dans laquelle elle se sentait véritablement à l'aise.

Puis, enveloppée dans sa cape, claquant des dents de nervosité, elle s'assit et attendit.

30

Jeanne commença à se ronger sérieusement les sangs. Audouin n'arrivait pas. Elle le guettait sur le chemin et il ne venait pas. Il n'avait donc pas pu se dégager de la foule bien intentionnée qui avait cherché à l'arrêter et se trouvait maintenant entre les mains soit de la prévôté, soit de Philibert des Losses.

« Facile pour Philibert, se dit-elle. Qu'il tienne Audouin et il me tient, il suffit qu'il le torture un peu. »

Du reste, si Audouin avait été conduit à la citadelle, on lui demanderait d'où il venait, ce qu'il faisait à Montgrèze, et Philibert, se posant en justicier, l'accuserait de vol de cheval ou de sorcellerie, sans aucun doute. Dans les deux cas, Audouin était gravement menacé.

— Il faut que j'y retourne et que je le tire de là. Mais d'abord, réfléchir.

Elle se rassit sur le matelas de feuilles mortes, non loin de leur petit feu de la veille, pour tenter de faire posément le tour de la question.

Soudain, une sorte de bourdonnement sourd qui s'amplifia.

Paf. Le grimoire des ténèbres, opportunément détaché, tomba devant elle avec un bruit mat. Il semblait avoir chu de l'arbre, mais en fait, Jeanne était assise à dix pas de l'aplomb de la branche. Bon, encore une de ses bizarreries.

Jeanne ferma les yeux. Elle savait d'avance ce que le gros livre allait lui proposer et elle ne voulait pas. Non, non, elle ne voulait pas.

Alors elle entendit un hurlement inhumain, sans aucun doute la voix d'Audouin, et elle sentit son poil se dresser tout au long de son dos. Elle ouvrit les yeux presque malgré elle tant le cri avait été proche.

Le grimoire noir s'ouvrit et prit un ton à lui faire la leçon.

« Voilà ce qui risque d'arriver bientôt si tu n'agis pas, Jeanne de Lorimont. »

Les lettres étaient d'un rouge sombre et brillaient comme du sang frais, puis elles commencèrent à dégouliner sur l'humus. Jeanne retira prestement ses pieds de peur d'être touchée par une coulée de ce liquide.

Les lettres disparues furent remplacées par d'autres.

« Je peux te montrer comment le sauver. Tu n'as qu'à le désirer. »

Et de nouveau ce hurlement désespéré tandis qu'une voix étrangère prononçait : « Condamné au bûcher pour crime de sorcellerie et d'association maléfique avec le démon. »

— Ce n'est pas vrai ! cria-t-elle, désespérée. Il n'est pas sorcier. C'est un homme bon et je l'aime.

Le démon ricana à ces mots. Les lettres bavèrent de nouveau jusqu'à terre et d'autres s'écrivirent toutes seules.

« Épargne-lui la torture et la mort. Sauve-le. Et en prime débarrasse-toi de ton mari. »

Elle fit non de la tête. Pendant si longtemps qu'elle en eut une migraine. Imperturbablement, le grimoire lui faisait entendre les cris d'Audouin, la sentence, les grésillements du bûcher, les rires satisfaits de Philibert. Imperturbablement, il lui assenait : « Sauve-le, ce n'est pas difficile, tu n'as qu'à suivre les instructions. »

— Au prix de mon âme ? Merci bien.

« Au prix du supplice d'Audouin de Rivelet ? » répliquait le grimoire.

Le grimoire. C'était comme un vieux compagnon, maintenant. Il la connaissait bien.

« Je te rendrai jolie pour lui. Et veuve. Il t'aimera. Il ne subira ni torture ni bûcher. Fais ce qu'il faut. »

Elle se sentit terriblement attirée par les séductions du grimoire. Il avait l'air d'un véritable interlocuteur, d'un être doué de raison et d'arguments, et qui attend son heure. Le livre se referma doucement et sa pierre brilla d'un éclat noir. Elle se rappela un jour où elle l'avait touchée du bout des doigts et eu l'impression de se trouver dans un corridor dont les murs portaient : « Je peux accomplir tous tes désirs. »

Elle tendit la main. Par ce geste, elle entra dans l'antichambre de l'enfer.

Ce n'était pas du tout une vision sinistre, il y avait une beauté attirante dans le corridor à la fois noir et lumineux, avec ces lettres qui brillaient sur les murs. Elle s'enfonçait, c'était agréable. Toutes les solutions à tous ses problèmes étaient là, et il n'y avait pas d'enfer au bout. Comment trouver Audouin, comment se débarrasser des gardiens, comment ouvrir la lourde serrure renforcée du cachot, comment fuir sans laisser de traces derrière eux. Tout ce qu'il fallait faire pour sauver Audouin était là, à portée de main, facile. Elle eut un sourire béat et quelque peu passif, et avança encore. Il y avait une porte dans au bout du noir corridor. Il lui suffisait de la pousser et…

Non sans un immense effort de volonté, elle retira brusquement sa main. Elle avait touché la pierre quasiment sans s'en rendre compte, elle avait été captée, fascinée et peu s'en était fallu qu'elle ne puisse plus rien maîtriser.

En reculant la main, elle avait perdu le contact occulte et ne se rappelait déjà plus les solutions qu'elle avait entrevues dans le sombre tunnel. Tout s'était effacé, dilué comme une vapeur. Mais elle entendit de nouveau la voix d'Audouin, brisée, épuisée, douloureuse, qui l'appelait à l'aide.

— Tu ne m'auras pas, dit-elle au grimoire. Arrête de geindre avec la voix d'Audouin, c'est puéril et ça me fatigue.

Elle sentait ses entrailles tordues par l'angoisse pour Audouin. « Je ferai tout pour lui. Absolument tout. Pour lui, il faudra bien que je pactise avec... avec l'autre, là, dans le livre. Audouin, si ferme, courageux, attentionné... » Elle sentit en elle une douleur aussi intense au corps qu'à l'âme. Le livre noir, patiemment, attendait à côté d'elle, matois et cauteleux. Sa pierre noire brillait et l'attirait, débouchant sur un couloir où des lettres rouge brillant proclamaient encore : « Je peux accomplir tous tes désirs. »

« Je le ferai donc, s'il n'y a pas d'autre solution. » Atziniel frémit : elle était à point.

— Pas comme ça, dit-elle brusquement. Pas à ta façon. Négocions.

Le grimoire claqua ses pages. Ça avait bien l'air d'une manifestation de joie.

« Alors ? se dit Atziniel. N'ai-je pas gagné ? Quand les humains veulent négocier avec nous, ils perdent à tout coup. Et voilà une affaire emballée. J'aurai ton âme, Jeanne, et en prime celle de cet imbécile d'Audouin de Rivelet, et bien sûr celle de Philibert, mais celle-là nous était déjà acquise. »

« Ça y est, se dit-elle, le cœur sombrant au fond d'elle-même. J'accepte de l'utiliser. Je me damne, je perds mon âme. Eh bien tant pis, je le fais pour lui. »

Plus de traces de larmes sur son visage. Les dents serrées, dure, minérale, déterminée.

« Que veux-tu négocier ? » firent les lettres rouges.

— Pour commencer, tu me fiches la paix un bout de temps, avec tes lettres dégoulinantes de sang et tes bourdonnements exaspérants, parce que je dois réfléchir d'abord.

« C'est ça, ma petite, réfléchis tout ton soûl, pour moi ça ne change rien. »

Jeanne attrapa le grimoire et le jeta loin d'elle pour ne pas l'avoir sous les yeux.

Donc elle voulait bien faire appel au grimoire pour sauver Audouin. Mais ça n'allait pas l'empêcher de bien poser tous les éléments de l'affaire. À son avis, elle avait deux jours devant elle. À cause de la cérémonie et des festivités du mariage, on allait peut-être garder Audouin à la citadelle, mais il ne subirait rien de plus qu'un séjour au cachot. Car il fallait le temps d'appeler un juge, de dresser un acte, d'interroger les témoins, de convoquer le bourreau, et ça ne pourrait se faire ni aujourd'hui, ni demain, ni même probablement les deux ou trois jours suivants. Il y a des lois et des procédures.

— Tu verras mon amour, je vais trouver le moyen de te sortir de là avant que tu ne sois torturé.

À moins que ce soit Philibert qui ait récupéré ce morceau de choix, évidemment. Et là, la donne n'était plus la même.

Donc il fallait d'abord qu'elle sache qui avait Audouin : le prévôt ou Philibert ? Et pour cela, pas d'autre alternative que retourner en ville. Avant le soir, avant que les portes ne soient fermées.

— Pour le moment, je n'ai pas encore besoin de toi, fit-elle en direction du grimoire avec un geste évasif.

Elle prit sa chère miséricorde et arracha la couverture du livre qui cria avec la voix d'Audouin, mais elle ne se laissa pas impressionner. Elle détacha les pages avec précipitation, les lacéra en longs lambeaux qu'elle jeta dans un petit feu. Elle avait besoin de temps, pas question que le grimoire trop vite reconstitué vienne la déranger.

« Pourquoi ai-je dit que je voulais négocier, moi ? se demanda-t-elle tout en continuant résolument sa destruction. Je dois pouvoir me débrouiller sans lui. »

« Non, non, non, tu étais prête, tu étais mûre, quel jeu me joues-tu ? » hurla Atziniel sans qu'elle l'entende. Il avait la déplaisante

impression de s'être fait entourlouper par la fille qui ne négociait plus, et que sa candeur d'âme et sa détermination rendaient plus coriace que prévu. « Oh, mais je finirai bien par t'avoir quand même... »

Elle se dit qu'elle pouvait facilement passer pour un garçon, avec ses vêtements d'homme, son allure déliée et décidée, son visage plein de détermination, sans fadeur, sans ces douceurs de tendre jeune fille. Elle n'avait même pas beaucoup de poitrine. Seuls ses cheveux pouvaient la trahir. Les couper ? Non, peut-être pourrait-elle s'épargner cela, si elle trouvait un bonnet comme en portent les jeunes gens, les valets, les apprentis.

Aussitôt, une petite toque rouge apparut à côté d'elle, « Tes désirs sont des ordres, Jeanne », mais elle lui flanqua un coup de pied qui l'envoya directement dans le feu, avec les restes des pages noires qui se tordaient. Le bonnet grésilla et émit des jets de fumée verte qu'elle ne vit pas, parce qu'elle était déjà montée sur Bricelet et galopait vers la ville.

Bricelet était de mauvaise humeur.

— Oui, je sais, dit-elle, ça fait trois fois que tu fais le trajet aujourd'hui, mais nous avons une urgence.

Elle ignorait évidemment qu'Atziniel avait pris possession du cheval et le faisait ralentir autant qu'il le pouvait, puis piaffer, donner des ruades insensées, essayer de la mordre. Puis il fut attaqué par des taons.

— Bon sang de maudit grimoire ! hurla-t-elle, j'ai dit que j'avais besoin d'un peu de temps et que je négocierai après. Fiche la paix à mon cheval.

« Eh ! Elle a compris que c'était moi ! Ah elle est plus forte que je ne croyais, décidément. »

— Bricelet, dit-elle en tapotant l'encolure de sa monture, je sais que ce n'est pas toi qui essaies de me faire des ennuis, je continue à bien t'aimer, parce que tu es un cadeau du capitaine, et j'espère que ce damné livre va bientôt te laisser tranquille.

—Tu es prête, Jeanne ? demandèrent les voix de ses deux sœurs derrière elle.

—Ah… les voilà… Ah, tout va aller mieux, se dit Jeanne, immensément soulagée, tandis que Bricelet s'efforçait de nouveau d'échapper aux taons.

—Prête, Jeannot ? Alors on y va.

Cette fois c'était la voix du capitaine Bardaillon.

Elle en aurait eu les larmes aux yeux. Ses sœurs et le capitaine venant à son secours. Elle n'eut pas le temps de s'attarder de cette façon sentimentale. Bricelet cessa de s'agiter et fila au galop, un galop à battre tous les records, un galop non pas du diable, mais le galop du salut. Ce devait bien être quelque chose comme divin.

Et Atziniel, furieux, se rencogna dans l'esprit du grimoire et se mit au travail en bougonnant pour le reconstituer.

31

Tout était allé tellement vite.

Audouin essayait de ne pas faire faire de mouvement brusque à Dariolet, de peur de blesser un des passants qui s'étaient accrochés à ses jambes ou à la bride du cheval.

Philibert des Losses, les mains en coupe autour de son nez en sang, fit un geste autoritaire et aussitôt quatre hommes apparurent, le front bas et les muscles épais sous leur veste de cuir. L'escorte que Philibert avait prise pour se rendre à Montgrèze.

— Poussez-vous de là, bourgeois. On s'en occupe, maintenant, dit un des quatre hommes en se saisissant d'autorité de la bride de Dariolet.

Impressionnés, les passants qui avaient retenu Audouin s'éloignèrent pour vaquer à la préparation de la fête.

Audouin, juché sur Dariolet, se retrouva face à Philibert des Losses, resté debout sur le pavé, et les réminiscences que cela faisait naître n'étaient pas réjouissantes.

— Cette fois vous ne pouvez rien faire, n'est-ce pas, messire de Rivelet ? ironisa Philibert.

— Non, reconnut Audouin.

— C'est comme dans la geôle de Lorimont. Vous ne pouviez rien faire non plus.

— Oh, c'est loin d'être pareil. Ici, il y a le soleil, la fête, mon cheval…

— Plus pour longtemps, messire de Rivelet. Vous allez retrouver notre cachot, et ce cheval va retrouver mon écurie.

Je me disais justement que je n'aurais jamais dû vous laisser partir.

Jamais ! hurla quelque chose au tréfonds d'Audouin. Jamais il ne retournerait dans le cachot où il avait passé toute une année. Il se débrouillerait. Il ne savait comment, mais il réussirait, et ce n'étaient pas cinq hommes déterminés qui l'en empêcheraient. D'ailleurs, désormais, il avait une alliée. Jeanne.

Jeanne allait l'aider.

Jeanne devait galoper vers le lieu de rendez-vous, en ce moment même. Très bien. Elle lui manquait déjà. Tandis que Philibert pérorait perspectives de cachot, de brodequins, d'aucun espoir d'en sortir, Audouin vit se profiler à ses yeux la silhouette de Jeanne de Lorimont, droite, ferme, déterminée, sa longue natte blonde, ses beaux yeux bleus, sa façon de dire « chevalier », « fichtrement » et « sacredieu ». Elle lui manquait déjà. Il devait la protéger.

Non, non, non ! hurlaient sa raison, son sens de l'honneur, son engagement : c'est le grimoire que tu dois protéger.

Et son cœur, sous les ironiques et interminables démonstrations de cruauté de Philibert, criait, lui : Jeanne, Jeanne, mon cher cœur, Jeanne, que j'ai envie de serrer contre moi à vous étouffer, Jeanne, si pure et si solide, Jeanne que j'aime.

« Que j'aime » ? Qu'est-ce qui lui arrivait ?

Il lui arrivait que, le grimoire étant aujourd'hui à bonne distance et Atziniel ayant d'autres chats à fouetter, ses sentiments n'étaient plus contrôlés par celui-ci par l'intermédiaire de celui-là. Il s'en rendait compte tout à coup : cette longue intimité l'avait rendu non pas bon camarade de Jeanne, mais amoureux d'elle, tout simplement. Et dire qu'il venait juste de s'en apercevoir. Il en aurait été ébloui, si les circonstances avaient été différentes.

—Alors comme ça, je vous dévide les supplices auxquels vous allez avoir droit et vous ne dites rien ? Vous souriez presque...

« Jeanne, je t'en prie, reste un peu loin de mon esprit, je vais jouer une partie délicate. »

— Comme vous voudrez, messire, dit Audouin en haussant les épaules. Mais vous avez bien dû vous rendre compte que si j'étais revenu, c'était pour vous.

— Pour moi ? Ça m'étonnerait, dit Philibert, dubitatif. Descendez de selle.

— Je voulais vous mener à votre épouse et au grimoire, et ce serait bien plus long d'y aller à pied, expliqua Audouin.

Les yeux de Philibert brillèrent. Son épouse, avec laquelle il n'avait pas encore eu l'occasion de passer le moindre moment d'intimité. Eh bien, il était temps. « Il est urgent que je fasse réellement d'elle ma femme. Oh, comme elle va regretter d'avoir déserté la couche conjugale. Oh, comme je vais la faire expier, elle, pour commencer. »

Au mot de grimoire, un autre personnage, jusqu'alors tapi dans l'ombre, apparut à côté du seigneur de Lorimont, un personnage peu reluisant, douteux, au sourire faux.

— Votre femme a le grimoire ? Mais c'est parf…

— Tais-toi donc, vieil imbécile.

Audouin reprit prudemment la parole.

— Voulez-vous que nous allions discuter de cela dans une taverne ? Je vais vous expliquer pourquoi je me trouvais à Montgrèze avec votre femme, et pourquoi je suis revenu.

— Je ne veux pas de boniment. Je vais te laisser le choix. Soit tu me mènes à ma femme sans perdre un instant, soit je te fais garrotter par mes hommes ici présents et je t'emmène à Lorimont. Et crois-moi, je n'aurais aucun mal à te faire parler.

— Messire, dit patiemment Audouin, même sous la torture, je ne vous ai jamais menti et je n'ai jamais changé d'avis. Pourquoi vous mentirai-je aujourd'hui que je suis revenu dans la région de mon plein gré ?

— Et pourquoi te croirais-je ?

— La torture ne donnerait rien. J'ai eu le grimoire des ténèbres entre les mains, voyez-vous, messire. Il enseigne comment ne pas souffrir à la question et ne pas répondre. Même si je le voulais, sous la torture je ne dirais rien et vous en seriez pour vos frais.

— Le don de taciturnité... murmura Pépin Gravenot. Qui protège les sorciers de toute douleur sous les supplices.

— Qu'est-ce que c'est que cette histoire ? s'énerva Philibert. C'est le moyen que tu as trouvé pour échapper à ton sort ? Conduis-moi à Jeanne.

— Vous n'aurez rien par la torture, messire Philibert, confirma Gravenot.

— Vous voyez bien, messire, vous êtes obligé de me faire confiance.

— Je n'ai jamais fait confiance à personne et il n'est pas question que je commence aujourd'hui, affirma fièrement Philibert des Losses.

Un seigneur, un sorcier, quatre hommes de main, leurs chevaux attachés à quelques pas de là, et une quantité de commerçants, de badauds, de gens affairés, de musiciens, de jongleurs, d'enfants dans les rues. Même à cheval, Audouin ne pourrait pas s'échapper, ou du moins pas facilement. Dariolet dansa sur place, comme pressé de laisser là tous ces gêneurs. Philibert attrapa la bride. Audouin calma son cheval en le flattant d'une main nerveuse. Il essayait de réfléchir.

Il trouvait Philibert changé. Le beau garçon cynique d'il y a trois ans avait perdu sa finesse et sa grâce cruelle. Il était alourdi, la mâchoire agressive, le maintien massif d'un homme fait, sûr de lui. Plus la moindre once de légèreté. Voilà où l'avait mené d'être seigneur de Lorimont et d'user et d'abuser de son droit : il se méfiait encore plus de tout et de tous, et en conséquence agissait en dictateur sur son petit royaume. Il n'y avait plus la moindre faille en lui, ce n'était qu'un bloc de pierre, impénétrable, inattaquable. Un homme exigeant obéissance au doigt et à l'œil, et qui jamais ne trouvait franchement de repos.

Il y avait encore beaucoup trop d'incertitudes dans sa vie, et son épouse en faisait partie. Parce qu'il n'avait pas exercé sur elle ses droits de mari. Et parce qu'elle se promenait dans la nature, libre, rebelle et d'une force inattendue.

— Descendez de cheval, messire de Rivelet, et traitons l'affaire sans scandale. Je veux entendre de votre bouche où est Jeanne, je veux que vous me conduisiez à elle.

— N'oubliez pas le grimoire, messire... lui glissa dans un souffle Pépin Gravenot.

— Fiche-moi la paix avec ce grimoire ! beugla Philibert. C'est de ma femme qu'il est question.

En essayant de bien mesurer ses gestes, ses paroles et les risques qu'il prenait, Audouin descendit de cheval, mais ne lâcha pas la bride de Dariolet.

— Je vais vous parler d'elle, messire, dit-il. Je vais vous dire comment je l'ai trouvée, par le plus pur des hasards, en cherchant pour le profit d'autrui le grimoire des ténèbres. Je vais vous dire pour quelle raison je me rapprochais de Lorimont pour vous la ramener sans même qu'elle se doute que j'agissais à son encontre.

— Qu'est-ce que tu me racontes là, messire de Rivelet ? Vous aviez l'air d'être les meilleurs amis du monde, tout à l'heure.

Il était repassé à une méprisante familiarité.

— Messire des Losses, n'avez-vous jamais entendu dire qu'on n'attrape pas les mouches avec du vinaigre ? Qu'une fille naïve, si on sait bien s'y prendre, peut être menée où l'on veut ? Je menais Jeanne de Lorimont vers vous pas à pas, messire. J'espère qu'il est encore temps de la récupérer.

— Et pourquoi voulais-tu me la ramener ? dit Philibert, soupçonneux. Quel intérêt y trouves-tu ?

— C'est une longue histoire, messire. J'ai besoin de vous pour une certaine affaire, et Jeanne aurait été pour moi une… une sorte de monnaie d'échange.

Philibert eut un sourire rusé.

— J'aurais plutôt cru que tu chercherais à me faire la peau.

— Je suis réaliste, messire. Ennemis un jour, alliés le lendemain. Nous connaissons tous cela. Aujourd'hui, vous et moi avons tous deux à y gagner. Vous votre femme, et moi… moi autre chose, qui est précieux pour moi.

Voilà un langage que Philibert pouvait comprendre, celui du troc de services et d'influence.

Quant à Audouin, il gagnait du temps et cherchait comment il allait se tirer – tirer Jeanne, tirer le grimoire des ténèbres – de ce guêpier inattendu.

— J'ai besoin de vous, messire des Losses.

— Tu peux dire « messire de Lorimont », maintenant.

— J'ai besoin de vous. Que donnerez-vous pour que je livre Jeanne, qui est à un point de rendez-vous d'où elle ne sortira pas, car j'ai usé des facultés du grimoire ?

— Je vous l'avais dit, messire. Il a pu s'en servir ! intervint encore Gravenot.

— Négocions, proposa Audouin.

Philibert des Losses réfléchit quelques secondes.

— Venez à une taverne et buvons une coupe pour discuter, décida-t-il en fin de compte.

La situation prenait un tour qu'il était loin d'avoir prévu, mais après tout, seul comptait le but final : retrouver Jeanne et en faire réellement sa femme. Quant à Audouin, de deux choses l'une : soit il était protégé par un quelconque sortilège et dans ce cas il ne pouvait probablement pas avoir barre sur lui, soit il n'en était rien et il aurait vite fait de le faire ceinturer par ses hommes quand il aurait récupéré Jeanne. Et il le remettrait dans la geôle humide, pour lui apprendre à s'être joué de lui.

Audouin voulut rester au-dehors, sur des bancs disposés aux

rayons du soleil d'automne, de peur de se faire voler Dariolet par les hommes de main, qui étaient restés là, bras croisés, à portée d'un signe ou d'une parole de leur maître. Audouin et Philibert s'assirent, et Pépin Gravenot s'imposa à leur table. Il ne voulait rien perdre de toute révélation sur le grimoire.

—Alors ? aboya Philibert des Losses.

—Alors, expliqua Audouin en s'avançant pour parler bas et prendre un ton mystérieux, alors vous aviez raison, messire des Losses. Le grimoire des ténèbres n'était pas à Lorimont. Quand vous avez eu la bonté de m'en expulser, je me suis remis en quête et c'était bien votre épouse, Jeanne de Lorimont, qui l'avait. Elle ne s'en est pas cachée et elle ne s'est pas cachée non plus d'avoir fui.

Tout cela était parfaitement vrai.

—Et ensuite ?

—Le grimoire ne l'intéresse pas. Elle n'en connaît aucunement la valeur. Elle ne sait pas lire, voyez-vous.

—Où était-elle quand tu l'as trouvée ? Comment vivait-elle ? Comment a-t-elle vécu toutes ces années ?

—Je ne sais pas. Je l'ai vue il y a quelques semaines dans un village ravagé par les soudards. Elle vivait en sauvageonne dans les ruines calcinées d'une vieille maison, mais je ne sais pas ce qu'elle faisait auparavant. Elle m'a dit son nom et je me suis rappelé que vous la cherchiez, messire. Alors je lui ai proposé de venir avec moi, je lui ai laissé croire que j'en ferais la dame de compagnie d'une de mes sœurs ou de mes belles-sœurs, qu'elle serait à l'abri, dans un château riche et sûr, et elle m'a suivi sans poser davantage de questions.

—Et sans dire qu'elle était mariée ?

—Elle ne l'a pas évoqué devant moi, messire. Mais je le savais. Rappelez-vous, j'ai assisté au festin de noces. J'ai résolu de la ramener où elle doit être : auprès de son époux. Mais en échange…

—Nous y voilà. En échange.

— En échange, j'ai besoin que quelqu'un de haut placé comme vous l'êtes me fasse avoir une compagnie. Je ne suis qu'un petit chevalier sans fief et sans envergure, sans entregent ni connaissances utiles. Vous, au contraire... Je veux me mettre au service du duc, messire, mais pas comme sous-fifre. Je veux une place au commandement. Et peut-être une épouse, moi aussi, si vous pouvez.

Philibert ne se faisait pas d'illusions : il n'avait aucun moyen de pistonner Audouin de Rivelet, ni d'ailleurs qui que ce fût, auprès du duc. Mais il fit comme si. Cet imbécile livrerait sa femme pour rien.

— Ça ne devrait pas poser de difficulté, dit-il. Il y aura du beau monde à ce mariage, demain. Je vous présenterai à des gens importants, bien placés. Aucun problème. Et alors pour ma femme ?

— Faites-moi avoir ces entrevues et j'irai la chercher le jour même.

— Je veux la voir avant. Aujourd'hui.

— Ce n'est pas possible, messire. C'est donnant donnant.

— Demandez-lui aussi pour le grimoire, fit Gravenot en poussant Philibert du coude.

— Toi, laisse-nous en discussion sérieuse. Où est-elle ? Donne-moi juste une petite indication pour que je teste ta bonne foi.

— Je ne peux rien dire, s'excusa Audouin.

— Le don de taciturnité, messire, intervint encore cet imbécile de Gravenot.

« Où vais-je, où vais-je ? » se demandait Audouin. Il improvisait au fur et à mesure. Il semblait qu'il avait échappé à un retour entre les quatre gardes à la geôle de Lorimont. Mais il ne savait maintenant comme s'esquiver pour échapper à tout ce petit monde, rejoindre Jeanne et piquer des deux[18]

18. Partir directement au galop.

sans une seconde d'arrêt vers Gardefoy, en espérant que le grimoire daignerait suivre au fur et à mesure. Il pensait à Jeanne. Il pensait à Jeanne entre les bras de cet homme à la fois brutal et pervers qui avait tout droit sur elle. Sa miséricorde et même sa hardiesse ne pourraient pas grand-chose pour elle, la pauvre. Il ne pouvait le supporter. En revanche, il supportait très bien tout à coup d'imaginer Jeanne entre ses propres bras. Il faut que j'arrête cela. Une femme mariée ! Mais mariée à demi seulement. Il restait une chance. Oh, si seulement il restait une petite chance.

Que faisait-elle pendant ce temps-là ? Elle devait marcher de long en large à leur campement d'hier, sous l'arbre où était encore attaché le grimoire des ténèbres, dont il se préoccupait maintenant fort peu, comme d'un encombrant accessoire tout au plus.

— Et toi ? dit alors brusquement Philibert à Pépin Gravenot. Tu ne peux pas me dire plus précisément où elle est ?

— Ben, faudrait que je refasse une divination dans le miroir.

— Tu as ce qu'il te faut ici ?

— Presque tout. J'ai besoin de quatre chandelles, d'une écuelle d'eau salie, d'une pièce fermée et de mes poudres, dont je ne me sépare pas.

— Messire Audouin, pas besoin de vous plus longtemps ! Nous allons voir où elle est directement dans le miroir d'eau.

— Alors je vais m'en aller… dit Audouin, sachant bien que ça ne prendrait pas.

— Pas question. J'ai pris une chambre d'auberge à prix d'or, c'est là que nous irons.

« Catastrophe ! Si je me fais enfermer, je n'en sortirai pas… »

Philibert sortit, lourd et assuré, en entraînant tout son petit monde vers son auberge, à quelques centaines de pas de là. Les gardes tenaient les chevaux, Audouin parlait tout bas à l'oreille de Dariolet : « Si je siffle, si je t'appelle, sauras-tu me retrouver ? » Il eut l'impression que le cheval comprenait ce qu'il disait et qu'il acquiesçait. C'était vraiment un magnifique cheval très intelligent et probablement même un peu magique, de par l'action des moines de Gardefoy, qui n'opéraient pas de maléfices, mais parfois des sortes de petits miracles qui amélioraient leur vie et facilitaient les missions qu'ils donnaient à leurs auxiliaires.

Au pied de l'auberge, Audouin dit :

— Messire, il est indispensable que je voie cette divination avec vous, pour bien diriger la pensée de votre sorcier. Dans la bonne direction, à la fois vers votre femme et votre grimoire.

Le regard méfiant de Philibert explora Audouin de bas en haut.

— S'il vous plaît, messire. Je vous en prie. Je sais aussi faire les divinations par le miroir d'eau.

— Il va essayer de vous entourlouper, intervint Gravenot. Refusez, messire.

— Comme si j'avais besoin de tes bons conseils ! répliqua Philibert.

— Je vous en prie, messire, croyez-moi, vous ne le regretterez pas…

— Pas question, trancha finalement messire des Losses. Tu vas rester en bas, bien encadré par mes gardes. Ensuite, tu nous diras où est Jeanne et nous verrons si cela correspond à la vision de cette canaille.

Audouin avait mené ce méfiant finalement naïf là où il l'espérait. Il n'aurait pas à monter dans la chambre, il serait hors de vue des deux plus dangereux, le seigneur et le sataniste. Il se faisait fort de se débarrasser des quatre gardes. Hum. C'était peut-être présomptueux, mais c'était une chance qu'il lui fallait tenter, et rapidement.

Philibert et Gravenot disparurent dans l'auberge.

Audouin se trouvait dans une sorte de cour. Les quatre hommes d'armes ne le tenaient pas et se contentaient de le surveiller du coin de l'œil à quelques pas de là, tout en discutant et riant fort entre eux. Ils avaient tous bien bu au cours de cette journée précédant la fête où le vin, le cidre et l'hypocras coulaient déjà à flots. Audouin s'assit sur une borne, au plus près des chevaux.

— Belles bêtes, hein ? cria-t-il à la cantonade au profit des gardes. On voit que messire des Losses soigne bien les montures du domaine.

Ils ne se donnèrent même pas la peine d'acquiescer.

Audouin se leva et fit le tour des bêtes, distribua quelques caresses, quelques petites tapes. Les chevaux étaient tous contre un mur, mais pas attachés. Ils se tenaient là, sagement. Avec habileté, en faisant toujours mine de les admirer, Audouin attacha toutes les brides ensemble – sauf celle de Dariolet –, les emmêlant et les nouant serré autant qu'il lui était possible en quelques secondes. Puis il retourna s'asseoir sur la borne, mains pendantes, regardant le ciel, l'air indifférent.

Les quatre hommes le regardaient de moins en moins et riaient de plus en plus. Ils avaient encore fait apporter des chopines. Le métier de garde est si monotone : de l'attente, de l'attente et encore de l'attente. Si on ne se soutient pas le moral avec un petit coup de vin de temps à autre, c'est réellement à mourir d'ennui.

Profitant de ce que l'inattention semblait à son comble, Audouin se leva doucement et, longeant les murs de la cour intérieure, sortit sans que les gardes réagissent. Quand il siffla, Dariolet le rejoignit.

Et c'est alors qu'il allait monter en selle que Jeanne sauta de Bricelet et se jeta dans ses bras.

— J… Jeanne, fit-il, éberlué.

— Ils ne vous ont pas enfermé ? pas fait de mal ?

Il la serra à l'étouffer, un très bref instant.

— Jeanne, vous vous êtes jetée dans la gueule du loup ! Partons, partons à toute allure !

Tous deux sautèrent en selle et piquèrent un galop vers la porte du sud-est, avant qu'on ne la barre pour le soir. Le crépuscule allait tomber.

Dans la cour, il y eut alors un tumulte. Les gardes crièrent et essayèrent de sauter en selle. Philibert, aux exclamations, avait dévalé l'escalier et cherchait sa victime. Il eut juste le temps d'apercevoir les dos d'Audouin et de Jeanne galopant au bout de la rue.

— Mon cheval ! Imbéciles ! Vous allez recevoir les étrivières ! Croyez-moi, vous n'êtes pas près de remonter en selle. Qu'est-ce que vous faites ?

— On s'en occupe, messire, firent les hommes qui, de leurs gros doigts, s'efforçaient nerveusement de démêler l'écheveau de cuir formé par les six brides.

Un nœud inextricable. De précieuses secondes perdues.

— Où allons-nous ? cria Jeanne.

— À Gardefoy bien sûr, si tu n'as pas laissé d'affaires derrière toi.

— Bien sûr que non. Seulement le grimoire qui nous rejoindra bien assez tôt.

Ils galopèrent autant que les chevaux purent le supporter, en se retournant souvent, mais sans voir de poursuivants derrière eux. La nuit tomba rapidement mais, contrairement aux autres soirs, ils ne cherchèrent pas à bivouaquer. Ils continuèrent à avancer, au pas, sous la lune, en terrain assez découvert. C'était un paysage de prés grillés par les chaleurs de l'été précédent et les premières gelées de l'automne, dans des vallonnements doux.

— Même sous la lune je reconnais mon pays, dit Jeanne avec nostalgie. Nous ne sommes sûrement pas loin de Lorimont et des tombes de mes sœurs.

Un long silence.

— Jeanne, dit Audouin au comble de l'émotion, tu étais venue me chercher…

— J'étais inquiète pour toi. Le grimoire des ténèbres m'avait fait croire que tu étais enfermé et torturé, je n'ai pas pu le supporter et j'étais en train de venir voir ce qu'il en était.

« Quelle fille extraordinaire », pensa encore Audouin.

Elle chevauchait un peu devant lui, ses cheveux blonds devenus bleutés comme ceux d'une fée dans le clair de lune.

— Tu vois, dit-elle prudemment, pesant ses mots, tu vois, je ne peux pas supporter d'être séparée de toi, maintenant.

Il répondit, prudemment aussi :

— C'est comme moi. Je ne peux pas supporter d'être séparé de toi.

Elle se retourna un peu sur sa selle, incertaine des paroles qu'elle avait entendues. Son cœur battait la chamade et elle maudit son destin d'héritière, de femme mariée, de détentrice d'un grimoire tentateur.

— J'espère que nous sommes plus que des compagnons de voyage de hasard, et tu me manques si tu n'es plus près de moi.

— Alors ce n'était pas pour récupérer le grimoire ?

— Plus maintenant. Plus seulement.

Des hiboux, autour d'eux, tout proches, faisaient de larges cercles et hululaient. Il y avait aussi des bruissements d'insectes dans les prés, des feulements de chats sauvages plus loin, et bien sûr des hurlements de loups.

— Je crois que... fit-elle. Tu es... nous sommes... je suis... moi aussi... Enfin, tu vois...

Il rapprocha son cheval et malgré leur position perchée, il étendit le bras et lui enserra les épaules. « Ah ! Seigneur... se dit-elle. Ça, ça me ferait penser au paradis, au moins. »

Elle tourna vers lui un visage interrogateur.

— Et... et que sommes-nous censés faire, maintenant ?

— Dans tous les cas, si nous sommes séparés, dit-il, le rendez-vous est à Gardefoy, en Queyras.

— Philibert des Losses ne va pas abandonner si vite, fit-elle.

— Et son sorcier non plus, renchérit Audouin.

— Son sorcier ?

— Mieux qu'un chapelain, pour lui, apparemment.

Il lui expliqua que l'auxiliaire que Philibert s'était trouvé faisait de la divination dans une écuelle.

— C'est Pépin Gravenot ? s'enquit-elle.

— Je ne sais pas. Apparemment, il vit à Lorimont.

— Si c'est celui auquel je crois, il nous a vendu un sortilège, à mes sœurs et à moi, pour nous débarrasser de Philibert, et ensuite, il est tout bonnement allé nous trahir. C'est ce jour-là que mon mari les a assassinées. Sous mes yeux. Égorgées.

Audouin la serra encore tandis que les deux chevaux cheminaient côte à côte.

— Je suis fatiguée, soupira-t-elle. Depuis trois ans, c'est comme si mon esprit n'avait pas eu de repos. Je suis fatiguée d'être toute seule, de ne plus avoir de famille, d'être l'épouse de cette brute de Philibert, de chevaucher avec une armée de soudards, de trimbaler le grimoire, et maintenant de fuir de peur que mon mari ne me fasse subir ce à quoi j'ai échappé jusqu'ici. Je n'en peux plus. Heureusement que ta route a croisé la mienne, messire Audouin. J'ai peur de ne pas être pour toi la compagne qu'il te faut, j'en ai bien conscience.

— Tu es parfaite telle que tu es, Jeanne de Lorimont. Je demanderai aux moines de Gardefoy comment te démarier. J'irai à Rome à genoux s'il le faut pour obtenir du pape qu'il te libère. J'irai voir les juges pour dénoncer les meurtres gratuits dont Philibert des Losses s'est rendu coupable, et il sera jugé et condamné pour cela. Il y a des solutions, tu vois.

— Je ne souhaite pas la mort de Philibert. Je veux seulement ne plus être mariée à lui et qu'il débarrasse Lorimont de sa présence. Je me doute qu'il n'y a fait que du mal.

Audouin, qui avait brièvement parlé à Thomasine l'année précédente, le confirma.

— Oh, Thomasine, fit Jeanne, replongeant dans ses souvenirs.

Il y avait aussi Sigolène et Margot. Nos nourrices. Oh mon Dieu, je ne veux pas évoquer le passé.

Ce n'était plus du tout une fille dure et minérale, décidée, brusque et sans grâce. C'était une jeune fille tendre et sentimentale, une étrange mosaïque contrastée, et Audouin se demandait comment il n'était pas tombé amoureux d'elle plus tôt.

— C'est le grimoire des ténèbres, dit-elle tout à coup.

Bien sûr ! Comment n'y avait-il pas songé plus tôt ?

Mais ce n'était pas ce qu'elle avait voulu dire. Elle se pencha pour toucher les fontes.

— Il est revenu, soupira-t-elle, comme toujours. Qu'est-ce que j'en ai assez, si tu savais !

— Nous serons bientôt à Gardefoy, ma mie. Ce sera fini. Et après, je... si tu l'acceptes, pourquoi ne te ferais-je pas la cour ?

Elle sourit, mais son sourire était fatigué.

— J'aime beaucoup cette idée. C'est une perspective charmante. Je ne savais pas que tu t'y connaissais.

— Je... je suppose que j'apprendrai.

Et c'est alors qu'ils entendirent derrière eux une galopade de six chevaux. Ils étaient en terrain découvert. Trop tard.

32

— Eh bien, voilà un joli coup double, madame mon épouse, dit Philibert d'un ton ravi. Et en charmante compagnie de surcroît.

— Est-ce qu'elle a le grimoire ? questionna tout de suite Pépin Gravenot de sa voix grinçante et impatiente.

Les quatre gardes, eux, ne dirent rien.

Jeanne et Audouin non plus. La gorge serrée, décomposés, l'impression d'avoir tout perdu, ils se tenaient la main comme s'il n'y avait rien de plus naturel. Jeanne n'avait pas eu le temps de prendre sa miséricorde, ni Audouin son épée.

— Eh oui, jeunes gens, persifla Philibert, pas besoin d'un grimoire pour retrouver une piste fraîche, un peu d'eau dans une écuelle, quatre chandelles et voilà l'affaire faite. Et nous ne sommes qu'à une demi-lieue de mon château de Lorimont, figurez-vous ! Puis-je vous inviter à vous joindre à nous ?

Et voilà, cette nuit, ce serait fait, Jeanne serait définitivement mariée, jubila Philibert. Dariolet rejoindrait son écurie. Quant à Audouin, cette fière figure de preux et intègre chevalier ne tiendrait pas longtemps sa belle allure. Il le briserait. Il le forcerait à s'avilir pour garder sa vie, ou mieux encore pour garder la vie de Jeanne. Il lui ferait accomplir ses basses besognes. On ne pourrait plus parler de preux, mais de misérable. Cet idiot était en train de fleureter avec sa femme quand il était arrivé. Il les tiendrait l'un par l'autre. Il menacerait Audouin de molester Jeanne pour s'assurer sa docilité, et il en ferait autant avec elle. Il y aurait beaucoup d'amusant chantage à la clé, beaucoup de désarroi chez ces jeunes gens, beaucoup de désespoir. Un monde noir et fermé, voilà ce qu'il se proposait de leur imposer à tous deux, pour le reste de leur vie. Et quand il en aurait assez, il enfermerait Jeanne dans une pièce ne portant qu'une maigre meurtrière, et il ferait pendre Audouin juste devant, jusqu'à ce qu'il se décompose au bout de sa corde. Chaque fois qu'elle se mettrait à la fenêtre, voilà le spectacle, puis le souvenir qu'elle aurait. Ça, c'était tenir à sa femme la bride courte, ça, c'était gouverner un domaine.

—Et mon grimoire ? grinça encore Gravenot. Est-ce qu'elle l'a, oui ou non ?

Le grimoire des ténèbres. C'était fini. Il ne rejoindrait pas Gardefoy et entre les mains de ce sataniste à la petite semaine, il allait encore répandre des malheurs inédits sur le monde.

—Nous sommes perdus, murmura Audouin en pensant à cette perspective pour le monde.

—Peut-être pas, lui glissa Jeanne qui ne pensait pas tant au monde qu'à Audouin, à elle et à leur idylle.

—En route, ordonna Philibert tandis que Pépin Gravenot s'efforçait de fouiller les fontes de la selle de Jeanne.

—Le grimoire des ténèbres ! s'écria-t-il. Il est bien là ! Il ne faut pas qu'elle le garde avec elle.

—Prends-le donc avec toi, vermine, fit Jeanne avec mépris.

Elle le sortit de son bagage et le tendit à Gravenot qui le reçut comme un présent de prix, à deux mains. Mais il ne put le retenir. Le grimoire tomba à terre avec un bruit lourd et Pépin ne put le ramasser.

—Aidez-moi, ordonna-t-il aux quatre gardes. Il ne faut pas qu'il reste ici.

Mais les gardes ne réagirent pas. Ils n'obéissaient qu'à leur maître, et sûrement pas à un manant crasseux et débraillé comme le sorcier.

— Allons-y, dit Philibert.

— Mais… mais… mais, protesta Gravenot.

Le seigneur ne l'écouta pas et continua sa route, jusqu'au moment où il entendit un insupportable carillon entre ses oreilles et où il se sentit glisser de sa monture, faute de pouvoir contrôler ses muscles. Alors il retourna en arrière et dit à ses hommes :

— Aidez-le.

Mais à eux cinq, ils ne purent déplacer le grimoire d'un pouce.

Alors Jeanne descendit posément de sa selle, se couvrit les mains de ses manches, ramassa le gros ouvrage, le glissa dans ses bagages et remonta en selle sans un mot, sans changer d'expression.

« Eh oui, messire mon mari, eh oui, messire sorcier, vous aurez besoin de moi pour utiliser cette horreur. J'ai barre sur vous, si peu que ce soit. »

— Il faut la tuer, messire. Le grimoire s'est attaché à elle, il ne sera de nouveau libre que lorsqu'elle sera morte.

— J'ai besoin d'elle vivante, aboya Philibert, alors fiche-moi la paix ! Apparemment, elle sait mieux s'en servir que toi, aussi ne te flatte pas d'être le meilleur sataniste des environs.

Le retour à Lorimont fut assez morose. Seul Philibert des Losses montrait un visage satisfait. Il ne leur fallut que peu de temps pour arriver. On était au milieu de la nuit. Philibert fit ouvrir le pont-levis, la grille, le portail. Gravenot supplia pour rester dans les murs et dormir dans la cour, pour ne pas être séparé du grimoire.

Philibert ordonna qu'on conduise Audouin dans la même geôle qu'il avait occupée auparavant, et Jeanne dans la chambre conjugale.

Elle voulut dire un mot à Audouin, et Philibert accepta avec une joie mauvaise de voir la dernière étreinte de ces deux imbéciles.

Mais Jeanne n'étreignit pas le jeune chevalier. Elle détacha de son poignet le bracelet de pierres de lune qu'il lui avait offert et le lui enroula au poignet.

— Je nous tire de là bientôt, dit Jeanne. N'aie pas peur.

Elle fit un nœud serré avec la lanière de cuir. Il ne dit rien, démoli à l'intérieur de lui-même, fou de désespoir et d'amour en même temps.

— Ça te portera bonheur, ajouta-t-elle. Crois-moi.

Il hocha la tête et fut emmené, tête basse, dans sa grande cape noire. Il traversa la salle d'armes où était encore le chevalet de torture et fut descendu aux geôles.

Quant à Jeanne, elle prit le grimoire dans ses fontes et trouva le moyen d'y dissimuler sa miséricorde. Comme personne sauf elle ne pouvait porter ou bouger le livre, elle était tranquille sur ce point. Elle entra dans le château de son enfance, le cœur déchiré, mais la tête droite, à la suite de son mari triomphant.

Philibert fit réveiller des servantes pour la parer comme pour une nuit de noces. Elle avait été aux étuves le matin, et ça lui semblait s'être déroulé il y a un siècle déjà. On lui mit une chemise fine, une robe de soie, un surcot fourré de martre, une large ceinture, des bijoux. On défit sa tresse pour étaler ses cheveux dans son dos.

Philibert la trouva assez à son goût et presque trop sage et docile. Elle lui dit :

— Comme toute jeune mariée, je dois faire mes dévotions à Notre-Dame.

— Priez tant que vous voulez, madame mon épouse, dit Philibert. Car le matin ne se lèvera pas sans que vous soyez ma femme pour de bon. Je vous laisse une heure.

— Ce sera suffisant.

— N'oubliez pas que si vous vous montrez récalcitrante, le

jeune nigaud qui vous sert de chevalier servant sera aussitôt installé sur le chevalet.

— Je sais, messire. Je vous remercie pour toutes vos bontés.

Elle s'agenouilla sur le prie-Dieu, devant une petite statue de la Vierge à l'Enfant. Philibert, peu intéressé par le spectacle de sa femme immobile en prière, s'en fut se faire servir une coupe.

Alors Jeanne qui, depuis que Philibert les avait attrapés, n'avait pas arrêté d'entendre « Je peux accomplir tous tes désirs », qui avait vu la phrase quand elle avait sorti le livre de ses fontes et quand elle l'avait transporté, le posa à terre, le plus loin possible de l'oratoire pour épargner le regard de la Vierge et de l'Enfant Jésus, et ordonna :

— Au travail, toi. Tire-nous de ce mauvais pas.

« Nous y voilà, enfin, se dit Atziniel avec satisfaction. Ce qu'il ne m'a pas fallu faire pour en arriver là ! »

33

Dans le cachot, Audouin, tout en maudissant leur imprudence à tous les deux, était moins anéanti que furieux. La première chose, c'était de sortir d'ici avant que Jeanne ne doive subir l'irréparable. Ou ne commette l'irréparable : il venait de prendre conscience que lorsqu'elle avait dit : « Je nous tire de là », ce ne pouvait être qu'en utilisant le grimoire. Elle avait réussi à ne pas céder jusqu'à présent. Qui sait ce qui allait arriver si elle sautait le pas ? Il lui fallait l'en empêcher à tout prix. Il lui fallait récupérer ses armes. Il ne s'effondra pas, il réfléchit.

On l'avait évidemment privé de son épée et de sa dague, il n'avait aucun outil, le cachot était toujours aussi nu et sinistre. Il devait tout de même pouvoir s'évader. Il fit le compte de ses biens : seulement les vêtements qu'il portait sur le dos. Il regarda avec espoir le bracelet de pierres de lune, ce joli talisman presque phosphorescent dans le maigre rayon de lune qui parvenait jusqu'à lui, il y passa les lèvres, ému, puis se mit au travail. Il chercha du bout des doigts, dans le noir, un point de faiblesse à la porte de gros bois grillagé. Le ciment n'était-il pas un peu vieux et faible ici, s'écaillant en gravats ? Au travail. Il détacha sa large ceinture de cuir, saisit à pleines mains la boucle de fer, laissa dépasser l'ardillon de deux pouces de long entre l'index et le majeur et, assis en tailleur par terre, commença à gratter à tâtons tout autour du gond du bas.

✦ ✦ ✦

— Je ne suis pas folle et ne prends pas tes désirs pour des réalités, dit sévèrement Jeanne. Si je dois perdre mon âme, sache qu'elle est chère, alors je reste sur mes positions : je négocie.

« Qu'est-ce que tu veux négocier ? fit Atziniel dans le grimoire, hautain. Ton chevalier est au cachot et Philibert va s'amuser un peu avec lui. Quant à toi, tu seras prisonnière dans ton château, méprisée et maltraitée jusqu'au dernier jour de ta vie. Demande-moi de vous libérer tous les deux. Je n'exige même pas ton âme. Je te le fais pour dix jours d'enfer seulement, ensuite tu iras au purgatoire et si tu t'y tiens bien, tu pourras être sauvée. »

Mais il avait une idée derrière sa sale tête.

— Qu'est-ce que tu dis ? s'étonna Jeanne. Je croyais que quand on était damné, c'était pour toujours.

« Oh, il reste des échappatoires, parfois. »

Voilà qui était très anormal. Jeanne ne s'y connaissait pas beaucoup en théologie et en diabologie, si c'est ainsi qu'on doit dire, mais il lui semblait que qui avait vendu son âme subissait ce choix pour l'éternité.

— Jamais je ne jouerai mon âme avec toi…

« Ça ne fait rien, pensa Atziniel, ce n'est que partie remise. Quand elle aura formulé son premier vœu, je l'exaucerai, mais un peu de travers, alors elle en fera un nouveau pour rectifier le premier et… »

« Et qu'as-tu d'autre à négocier ? s'inscrivit-il sur une page noire. Ne me donne pas l'âme de ton mari, je l'ai déjà. Mais je veux bien l'âme de l'autre jeune imbécile… »

— Non, dit Jeanne, déterminée tout à coup. Mais je veux bien te vendre, en échange de tes bons offices, de ne pas te livrer aux moines de Gardefoy.

Et dire que, obnubilé par la perspective d'attirer Jeanne en enfer, il n'y avait même pas pensé ! Elle était maligne, cette petite, elle y avait pensé pour lui ! Oh, elle ferait une bonne recrue ! Car si le grimoire des ténèbres n'allait pas à Gardefoy, il resterait près d'elle. Il ne se donnait pas dix jours avant qu'elle n'accepte toutes ses conditions. Et ensuite, il ferait parvenir le livre à un sataniste un peu plus compétent que cette pauvre gourde de jeune fille innocente, malgré ses manières de valet de soldat.

« Parfait. Tu ne mènes pas le grimoire à Gardefoy, et moi j'accomplis ta demande. »

— Quelle qu'elle soit ? Sans restriction ?

« Quelle qu'elle soit, sans restriction », confirma le démon.

— Que dois-je faire exactement ? demanda-t-elle, interrompant les pensées du démon de quatorzième catégorie.

« Exprime tout simplement ton désir, puis lis sans te tromper la formule qui va apparaître devant tes yeux », répondit Atziniel.

Jeanne avait accompli la première partie de ce qui ressemblait à un plan. Pour prix de leur sauvetage, le grimoire échapperait à Gardefoy. Le ton d'Atziniel, elle l'avait bien senti dans sa dernière réponse bien qu'elle ne fût qu'écrite en lettres de sang sur la page noire, était sans aucun doute fielleux. Et alors ? À fielleux, fielleux et demi. Elle plissa les yeux, et son regard, son sourire avaient un petit quelque chose de sournois. Elle avait appris à connaître la bestiole qui vivait dans le grimoire. Elle ne se laisserait pas embobiner par sa fourberie.

« Alors, ton fameux désir de libérer ton imbécile d'Audouin, ça vient ? Pour le même prix, d'ailleurs, je te débarrasse de ton autre imbécile, ton mari. »

— Attends, je tiens à bien fignoler ma demande, répondit-elle.

Il y avait urgence pourtant. Philibert lui avait accordé une heure. Elle ne savait pas combien de temps s'était écoulé. Mais il était essentiel que sa demande soit extrêmement précise. Libérer Audouin et la débarrasser de Philibert ? Accéder à la hâte du malfaisant petit démon ? Oh que nenni ! S'il la pressait ainsi, c'était pour la pousser à faire une erreur. En un instant, tandis que le grimoire bourdonnait furieusement en claquant ses pages et en inscrivant « Tu te dépêches, oui ou quoi ? », elle entrevit ce qui allait arriver : Audouin libéré, mais aveugle ou mutilé. Elle devait mettre dans sa demande « Audouin en bonne santé », sinon il faudrait qu'elle rachète par un autre vœu la santé du prisonnier. Et alors… alors le démon ne se gênerait pas pour le lui rendre sous la forme d'un vieillard. Elle devait penser à cela aussi.

« Par les cornes vertes de mon maître Satan, qu'as-tu donc besoin de traîner ainsi ? J'entends déjà ton mari qui grimpe l'escalier. »

Mais elle savait que les bruits de pas qu'elle entendait n'étaient que ceux induits par Atziniel et elle essaya de ne pas en tenir compte.

« Il va sans cesse faire monter les enchères. Je dois vraiment être bien bordée de partout. Si je dis : Libère-nous, il va nous libérer dans quelques années. Ou avec toujours Philibert aux trousses, ou bien Audouin ne sera plus amoureux de moi, voire me détestera. Ce sera l'escalade. J'en aurai pour toute ma vie à faire des vœux pour contrebalancer le sort précédent, et ce sera toujours une erreur. Et ce sera là que je perdrai vraiment mon âme. Je dois donc faire ma requête en conséquence. »

— Bon sang, arrête de vrombir comme ça ! Je n'arrive pas à formuler correctement mon affaire ! fit-elle à l'attention du livre qui s'impatientait.

Derrière elle, tout à coup, elle entendit autre chose, qui lui sembla un bruit printanier, celui d'une source claire, d'un chant d'oiseau, du vent dans un champ de fleurs : les voix de ses sœurs qui l'approuvaient dans un murmure. C'est bien cela, Jeanne, continue à formuler ta demande dans ce sens.

Nous essayons de t'aider, mais c'est à toi de bien réfléchir. Courage. Tu peux arriver à le piéger lui-même.

C'était donc bien ce qu'elle avait pensé. Piéger un démon...

— Hm. Oui, fit-elle, mais réussirai-je ? Tout est là.

« Décidément, j'ai affaire à forte partie, moi. Mais enfin, ce n'est pas juste, elles sont à trois contre un. »

On dit que certaines âmes, à la fois pures et un peu retorses, peuvent réussir à venir à bout même des manœuvres entièrement diaboliques. Mais comment l'aurait-elle su ? Elle pensa à Audouin enfermé dans un cul-de-basse-fosse, à quelques toises de l'endroit où elle se trouvait. Elle pensa à Philibert dont elle ne voulait être la femme. Elle pensa à elle-même. Combien de fois les hommes de la lance du capitaine Bardaillon ne lui avaient-ils pas dit : « Tu es une maligne, toi ! Tu arrives toujours à tes fins, non ? » Elle espéra qu'ils ne s'étaient pas trop trompés sur son compte et elle lança :

— Ma demande est prête. Fais voir ta formule, maintenant.

Le grimoire des ténèbres s'ouvrit majestueusement, dévoilant une longue liste de syllabes qui semblaient sans queue ni tête.

« Alors ? fit Atziniel avec une satisfaction non dissimulée. Dis-moi ce que tu veux, que l'enfer puisse te satisfaire, sans restriction. »

Elle entendit un ricanement malveillant. Elle empoigna sa miséricorde, qui lui donnait du courage, et la serra de toutes ses forces, car elle allait à l'instant même affronter un rude ennemi.

— Écoute bien, grimoire des ténèbres, voilà ma requête, voilà maintenant ce que je veux :

• sortir d'ici, Audouin et moi, dans l'heure qui vient, avant que Philibert n'ait tenté quoi que ce soit contre nous ;

• en bonne santé l'un et l'autre ;

• sans changer nos âges, car il n'est pas question de nous retrouver enfants ou vieillards chenus ;

• toujours amoureux, oh oui, et plus encore ;

• sans avoir rien perdu de notre état ou de notre mémoire ;

• et tant qu'à faire, en me démariant d'avec Philibert et en lui faisant vider les lieux ;

• afin que je reprenne mon fief en mon propre nom ;

• en possession du grimoire des ténèbres ;

• et tant qu'à faire encore, il faut nous mettre, Audouin, moi, nos chevaux, nos armes et le grimoire, devant le portail de l'abbaye de Gardefoy. Après tout, autant éviter de faire le voyage si l'on peut.

Malgré les intenses vrombissements, bourdonnements et claquements du grimoire qui protestait de toutes ses forces, car elle n'avait quasiment rien oublié, elle tint bon, comme quand, lors d'une bataille, on brandit fermement son arme en s'efforçant de ne pas tenir compte des manœuvres d'intimidation de l'ennemi. Et elle termina en disant :

— Et sans nous damner pour l'éternité.

« Ça a l'air d'une prière, au fond », réfléchit-elle en finissant de dresser cette liste qu'elle pensait bien bordée de toutes parts pour leur avenir, à Audouin et à elle.

« Je ne peux pas, écrivit tout de go le grimoire sur ses pages noires en écriture de braise, sans lui laisser le temps de lire la formule finale. Tu essaies de m'avoir et de toute façon tu en demandes trop. »

— Trop ? Tu ne manques pas de toupet. Je ne demande pas la fortune, ni la domination sur le monde, ni la jeunesse éternelle, ni la connaissance de toutes choses, ni une vie interminable. Je trouve que je ne suis pas très difficile.

« Pas difficile, rien que ça ! L'amour ! Ne pas être damnée ! Et puis quoi encore ? »

— Allons, fais ton office, ordonna Jeanne. Envoie-moi cette formule, que je la lise et qu'on en finisse une bonne fois pour toutes.

— Qu'est-ce qui se passe ici ?

Atziniel sursauta et se retourna.

— J'ai été informé de graves irrégularités dans la gestion du grimoire des ténèbres, dit Otrichos, démon majeur, sous-chef de section aux Attributions infernales et Objets en transit.

Derrière Otrichos, l'hypocrite Negmos fit à son collègue un signe narquois du bout des griffes. Atziniel protesta en soufflant des bouquets d'étincelles par les naseaux :

— Chef, c'est vous qui nous recommandez sans cesse de prendre des initiatives. J'ai cru bien faire, et si ce malfaisant ne m'avait pas dénoncé…

Il n'existe pas d'amitié, dans le monde infernal, rien que de la haine et des coups en traître, des coups fourrés, des coups tordus.

— Montrez-moi donc tout ça. Un peu de respect, baissez les yeux et faites cesser ces fumerolles impolies. Bon. Je reprends. Vous avez le droit de prendre des initiatives mineures, comme aider une jeune sorcière à élaborer son premier poison. Mais là ! Le grimoire des ténèbres ! Le livre des ténèbres, décidément, vous ne vous mouchez pas du coude. Qui est le sujet ?

— Une jeune fille de bonne famille à qui le grimoire est échu par hasard. J'ai cru bien faire en l'incitant à se damner par une demande impossible.

— En vous servant du Livre. Ignorez-vous que c'est comme d'attaquer une grenouille avec douze bombardes ? Ou d'utiliser un marteau-pilon pour écraser un moucheron ? Quel gâchis. Ah, le patron va être content. Vous allez vous retrouver à touiller des damnés dans les chaudrons comme les diablotins débutants.

— Oh, non, pas ça, pas les chaudrons !

— Une sanction est une sanction. Enfin, c'est Belzébuth qui décidera en dernier ressort. Bon, cette fille, alors ?

— Elle était en train de formuler sa demande…

Atziniel baissa le nez devant son supérieur et fit de petits ronds sur le sol de l'enfer du bout de son sabot fendu.

Orchinos examina de près la demande que Jeanne, le cœur battant d'appréhension, venait de se décider à prononcer devant le livre grand ouvert à la page « Vœux », après avoir mûrement pesé tous les mots.

—Malheureusement, sa demande est tout à fait recevable.

—Tout à fait ? Je ne peux y croire.

—Tout y est. Les formules d'ouverture et de conclusion ont été prononcées sans la moindre erreur. Que nous reste-t-il donc à faire ?

—Je ne sais pas, dit Atziniel, les yeux baissés, la queue basse, les oreilles pointues en berne.

—Je répète : que nous reste-t-il à faire ?

Le démon de quatorzième catégorie se décida à murmurer quelques mots incompréhensibles.

—Quoi ? fit Orchinos en mettant sa main en cornet autour de son oreille. Je n'ai rien entendu.

—L'exaucer, répéta Atziniel d'une voix à peine plus audible.

—L'exaucer. C'est cela. Et ensuite, espèce de pauvre imbécile ?

Negmos ricana dans son coin, mais il ne ricanerait pas longtemps. Sa trahison ne lui rapporterait rien d'autre que des ennuis.

—Ensuite, le grimoire des ténèbres va se retrouver aux portes de Gardefoy.

—Exact. Et y a-t-il une chance qu'il n'y entre pas ?

—Nous avons négocié, elle et moi. Elle m'a dit que…

—Est-elle obligée de tenir sa parole ?

—Je ne sais pas.

—Il ne sait pas ! s'esclaffa Orchinos. Il ne sait pas ! Bien sûr qu'elle n'est pas obligée ! Elle vous a entourloupé avec une étonnante maestria. Et vous n'avez rien vu venir !

—Une fille qui n'y connaît rien… J'avais toutes les raisons de penser que…

—Allez hop ! cent ans de chaudrons pour commencer, et ensuite, au travail. Tous les deux. Vous ferez équipe, ça vous apprendra. Il faut que dans mille ans au plus tard, le grimoire noir soit de nouveau opérationnel. Si vous avez une meilleure idée l'un et l'autre…

Atziniel continua à faire des petits ronds du bout du sabot.

—Et pour Jeanne de Lorimont ? demanda-t-il. Qui… euh… qui s'en charge ?

—Je le ferai moi-même, fit Orchinos avec hauteur. Vous seriez bien capables de fiche encore tout l'édifice par terre.

Et il se dirigea vers une sorte de coffre-fort infernal qui ouvrait sur le monde des humains. Il bougea quelques curseurs, tourna quelques boutons, appuya sur quelques leviers en pestant, furieux de perdre aussi bêtement non seulement deux âmes innocentes, mais surtout le grimoire des ténèbres. Ils ne pouvaient que fort peu agir sur les moines de Gardefoy. Il allait devoir mettre toutes ses équipes sur ce « fort peu ». Grâce à Satan, ce n'était pas « rien ». Sinon, c'était tout bonnement la fin de l'enfer.

En fin de compte, la mort dans l'âme, il pressa le dernier bouton Exécution.

Sur terre, au château de Lorimont, sans que personne s'en soit encore rendu compte, quelque chose venait de se passer.

34

— Qu'est-ce que je fiche là ? se demanda Jeanne.

Elle portait ses vêtements d'écuyer, sa natte était sagement tressée dans son dos et elle était en selle sur Bricelet.

— Qu'est-ce que je fiche là ? se demanda Audouin juste à côté d'elle.

Il avait sa ceinture à la main, l'ardillon pointé à demi usé déjà, des gravats de ciment sur lui, les doigts sanguinolents. Il était en selle sur Dariolet.

Ils se regardèrent, puis regardèrent autour d'eux. Des montagnes. Un vaste édifice carré devant lequel ils semblaient attendre.

— C'est Gardefoy, dit Audouin.

— Est-ce que nous sommes dans la réalité ? demanda Jeanne.

— Je ne sais pas. Je vais essayer de me faire une idée.

Il se pencha vers elle et attira sa tête contre lui. Il lui effleura les lèvres. Bricelet bougea un peu et ils furent séparés. Alors Audouin s'approcha encore, tint la tête de Jeanne plus fermement, l'embrassa de tout cœur et dit enfin, en reprenant son souffle devant une Jeanne éberluée :

— Je crois, oui, je crois que nous sommes dans la réalité.

— Alors nous sommes peut-être damnés, dit Jeanne immédiatement, car c'est ce que j'avais demandé au grimoire. Ah, le grimoire…

Elle posa la main sur les fontes. Brûlant, fulminant, le

grimoire était bien là et dégageait des volutes verdâtres et une phrase dévidée en litanie amère : « Je me suis bien fait avoir, je me suis bien fait avoir, je me suis bien fait avoir... »

Elle avait menti au démon : elle comptait bien remettre le grimoire là où il devait être, et il n'avait rien vu venir.

— Vas-tu bien, Audouin ?

Il bougea en tous sens.

— Ça a l'air d'aller.

— Es-tu amoureux de moi ?

— Veux-tu une autre démonstration ? Ce serait avec plaisir, naturellement.

Elle sourit.

— Je suis amoureuse. On verra ce que ça donne pour l'avenir, mais j'aime autant te le dire, parce que je trouve cela extrêmement agréable.

— Moi aussi. Je suis amoureux. Je trouve cela agréable. Tout pareil.

En lui-même, il eut pourtant le temps de dire : « Adieu, Milessant, et merci pour tout. »

Jeanne tira avec entrain la cloche de l'abbaye, qui résonna dans toute la vallée, dans ce petit matin brumeux.

— Fais ton devoir, dit-elle à Audouin. Et bravo. Tu as réussi.

— *Nous* avons réussi.

Tous les moines de Gardefoy tombèrent à genoux en action de grâces, mais Hélinas, le nouvel abbé, ne perdit pas de temps. Il fallait boucler tout de suite le grimoire des ténèbres et l'entourer de toutes les protections nécessaires.

— Ne voulez-vous vraiment pas faire partie de nos troupes d'élite contre les manœuvres diaboliques en remplacement de votre frère Archambault, messire Audouin ? Vous seriez une bonne recrue.

— Non, merci, mais je suis touché de votre proposition,

mes frères. Je dois vous dire que j'ai des préoccupations qui sont davantage dans le siècle, parmi les civils.

— Comme vous voudrez, frère Audouin.

Vraiment, ces moines ne pouvaient s'en empêcher !

Il y eut une messe d'action de grâces d'une extrême dévotion en l'honneur du travail qui avait été accompli par Audouin de Rivelet. Jeanne était restée en retrait, elle était censée avoir été une victime du grimoire plus qu'une personne active de l'affaire, mais elle n'en voulait pas aux moines, ils ne connaissaient rien au courage dont les filles peuvent parfois faire preuve.

Il y eut une autre messe pour l'abbé Ernoul et pour les frères Archambault et Séverin, et pour les deux qui avaient payé le premier tribut à l'échappatoire du grimoire des ténèbres. Tout semblait rentré dans l'ordre, du moins du point de vue des religieux.

— J'ai une question à poser, dit Jeanne à l'abbé. Je n'y connais rien en droit canon, mais vous allez peut-être me renseigner. Je suis mariée contre mon gré, le mariage n'a pas été consommé...

— Alors le mariage n'est pas valable, l'interrompit l'abbé, tant que ce n'est pas arrivé.

— Comment faire pour me démarier ?

— C'est compliqué, dit l'abbé, mais pas impossible. Il faut en référer au pape lui-même.

— Au pape ?

— À Rome, parfaitement.

Il dressa pour Jeanne, et pour Audouin attentif à ses côtés, un plan de campagne circonstancié.

— Et je voudrais savoir aussi : suis-je damnée pour avoir utilisé le grimoire ?

— Je ne peux savoir, dit l'abbé. Seuls l'enfer et le ciel ont les comptes. Avez-vous supporté d'entendre la messe ?

— Euh, oui, comme d'habitude.

Tout à coup, l'abbé se retourna, attrapa une coupe d'eau et la jeta sur Jeanne, dont le visage, les cheveux, les épaules furent trempés.

— Eh ! sursauta-t-elle, qu'est-ce qui se passe ?

— Vous ne grésillez pas ? Vous n'avez pas l'impression de souffrir le martyre ?

— Non. Je suis juste mouillée, comme vous avez pu le constater.

L'abbé lui tendit un linge pour qu'elle s'essuie.

— C'est de l'eau bénite. Ceux qui fricotent avec l'enfer ne peuvent supporter cela. À mon avis, vous n'avez pas su réaliser le maléfice que vous avez cru faire. Vous n'êtes qu'une femme. Une femme ordinaire.

« Pas si ordinaire que ça », se dit Audouin, merveilleusement admiratif.

✦ ✦ ✦

À Lorimont, ça allait mal. Jeanne et le prisonnier avaient disparu, ainsi que leurs chevaux, leurs armes, le grimoire, toutes leurs affaires. Le cachot était verrouillé, la chambre de la jeune mariée aussi. Philibert fit envoyer des patrouilles bien plus frénétiques que celles qui avaient cherché Jeanne trois ans plus tôt. Et les patrouilles ne trouvèrent rien.

Philibert commença à boire plus que de raison.

✦ ✦ ✦

Jeanne de Lorimont fit connaissance avec Aveline de Rochepierre, une des trois sœurs d'Audouin. Il avait résolu de placer Jeanne auprès d'elle pour qu'elle soit loin de Lorimont, qu'elle échappe à Philibert en cette retraite discrète et qu'elle reprenne contact auprès de dame Aveline avec les bonnes manières quelque peu oubliées.

Aveline vivait avec son époux et ses six enfants dans un vaste domaine non loin de Rivelet, en Vivarais. C'était une femme pressée et souriante, parfois coléreuse, brune comme son frère, qui distribuait des gifles et des baisers à ses enfants avec autant de passion. Au premier instant qu'elle passa dans ce château, Jeanne prit la petite Bertille de six mois entre ses bras et sentit son cœur fondre, ses entrailles palpiter. Elle ne la lâcha plus, pas plus qu'elle ne lâcha les cinq autres.

Il lui semblait très étrange d'oublier certaines habitudes sentant un peu trop le soudard et de se contraindre à des manières plus féminines. Elle avait une grande envie de douceur et de raffinement, et l'étape par Rochepierre lui était comme une retraite bienheureuse et une renaissance, avec Audouin à ses côtés.

— Tu sais pourtant qu'il faut que nous en parlions... lui dit cependant le jeune homme au bout de quelques jours.

— De quoi faut-il donc que nous parlions ? Nous n'arrêtons pas de jacasser, toi et moi.

Ils devisaient près de la cheminée, un peu à l'écart des autres. L'hiver allait commencer, le grand feu était agréable.

— Et de nous embrasser. Tu oublies « de nous embrasser ». Mais ce n'est pas cela qu'il faut que nous évoquions.

Elle soupira.

— Eh oui, je sais. C'est de mon mariage qu'il s'agit.

— De ton démariage plutôt. Tu ne peux rester indéfiniment claquemurée ici. Tu dois paraître la tête haute dans le monde. Tu n'y parviendras pas...

— ... tant que Philibert des Losses sera une menace, je le sais. Mais je redoute d'aller à Rome.

— Tu le redoutes ? ! Toi qui n'as peur de rien ! Le voyage est long et difficile, certes, mais...

— J'ai vu pire, l'interrompit-elle. J'ai le cuir tanné, si tu veux savoir, et une longue chevauchée dans la montagne ne me fait pas peur. Mais c'est… c'est le pape lui-même qui m'effraie.

— Bien qu'il soit le chef de l'Église, c'est un homme comme les autres, si tu y réfléchis bien. Il ne te mangera pas.

— Sans doute. Mais tu l'as dit, c'est un homme comme les autres. Un *homme*, Audouin. Si, en tant que femme, je vais moi-même plaider ma cause, j'ai peur de me desservir plutôt que de faire avancer mon affaire, même si mon dossier a été solidement ficelé par l'abbé Hélinas. Sa Sainteté pourrait mal le prendre, ou être conseillée en ce sens par les cardinaux. Les femmes ne font pas bon effet à la cour pontificale, même moi je sais cela. Je pourrais être considérée comme rebelle ou extravagante et nuire à ma cause plutôt que la servir.

— Mais alors… comment comptes-tu faire ?

— Eh bien, tu vas y aller pour moi. Sans moi, décida-t-elle la mort dans l'âme. Avec la recommandation de l'abbé Hélinas, et le mémoire qu'il a bien voulu rédiger pour moi, cela sera peut-être plus efficace.

Avec l'aide de l'abbé de Gardefoy, toutes les demandes, tous les papiers avaient été préparés, Jeanne avait été examinée par des sages-femmes qui avaient assuré qu'elle était « intacte ». « Elles ont de ces mots », avait bougonné Jeanne, un peu choquée. Mais c'était la preuve nécessaire. Il ne restait plus à Sa Sainteté qu'à confirmer que le mariage de Jeanne de Lorimont et de Philibert des Losses n'avait jamais existé. Et puis enfin, elle avait demandé au grimoire d'accomplir tous ses désirs, et il était en passe d'accéder à tout, après quelques nécessaires formalités.

— J'avais escompté y aller avec toi, fit-il tristement. Te servir d'escorte.

— Moi aussi, fit-elle tout aussi tristement. Mais comprends-moi, je ne peux me permettre de rater ce coup-là. Et pourtant…

Elle lui saisit les mains et les serra avec vigueur. Elle portait maintenant avec élégance une robe sombre et un surcot doublé de fourrure. La suivante d'Aveline lui faisait une coiffure qui lui dégageait le visage et mettait en valeur ses yeux bleus, ses longs cils, l'intensité de son regard, sous une petite toque de velours et de mousseline.

— Tu n'as rien perdu de ta force ni de ta fougue ! remarqua Audouin, amusé.

Les longues mains de Jeanne restaient musclées et il trouvait cela admirable.

— Mon Dieu, ça va être abominablement difficile de me passer de toi, dit-elle. Finalement, peut-être pourrais-je paraître à la cour du pape déguisée en garçon et dire que je suis ton écuyer. Non, ce serait encore pire si j'étais démasquée. Oh, Audouin, des semaines sans te voir, c'est trop dur. Pourtant j'aimerais tellement faire ce voyage avec toi... L'hiver ni les montagnes ne me font peur.

— Seulement le pape, alors.

— Et les cardinaux. Et tous ceux qui pensent que la femme ne doit jamais répliquer, et toujours se contenter de son sort, docile.

— Et docile, tu ne l'es guère.

Elle releva la tête, fière de sa différence.

— Tu as raison. Je ne suis pas docile, je peux me tirer de la situation. Je viendrai avec toi. Ce sera tellement bon de faire la route ensemble, comme ces dernières semaines. Il faut que je prépare Bricelet, et mes chausses et mes...

Tout à coup, elle prit conscience de l'image qu'elle allait donner, avec ses armes, son pourpoint, ses houseaux. Elle lâcha les mains d'Audouin et mit son visage entre ses mains.

— Ah, je ne sais quel parti prendre ! Je suis partagée et c'est le reste de ma vie qui est en jeu, et mon cœur, et je ne peux me passer de toi si longtemps, mais le pape... Oh, conseille-moi. Je ne veux pas reprendre ces allures de mercenaire, mais pourtant, je suis efficace, je ne serai pas un poids mort pendant le voyage. Audouin, aide-moi.

Son regard était implorant, mais c'était toujours la même Jeanne, façonnée par les difficultés de la vie, à la fois solide et émouvante. Audouin la prit contre lui, au risque de faire chanceler la toque de velours.

— Et dire que maintenant tu es si jolie que je ne peux me passer de toi. Mais si je t'incite à venir et que l'affaire échoue, tu me le reprocheras.

— Rien. Je ne te reprocherai jamais rien.

Tout à coup, comme dans un éclair, elle se revit devant la tente du capitaine Bardaillon, attachant les plates de son armure, lui tendant les armes. Elle revit les hommes de la lance demandant : « Qu'est-ce qu'on fait, capitaine ? On fonce ou on fait ça en catimini ? » (Ou « par la droite ou par la gauche ? » ou « Les archers en avant ou d'abord les hommes à pied ? » et autres décisions définitives à prendre rapidement.) Elle revit le capitaine se tournant vers elle. « Les dés, Jeanne. » Et elle fouillait l'aumônière du capitaine pour lui tendre les petits cubes d'os.

— Je vais tirer aux dés ma décision, dit-elle brusquement.

— Jeanne ! Aux dés ! À quoi penses-tu ! réagit Audouin, vaguement scandalisé.

— C'est toujours comme ça qu'on doit faire quand on ne sait quel parti prendre.

— Encore une des recommandations du capitaine Bardaillon, je suppose.

— Tout juste. Attends, je crois que j'en ai encore dans mes affaires.

Elle fila comme le vent. Sûr que sa jolie robe n'allait pas très bien avec son allure rapide et décidée, et il se pinça les lèvres pour ne pas sourire trop ostensiblement.

Elle avait gardé dans un coffre, dans la chambre des dames, tous ses souvenirs des trois ans dans la lance du capitaine et elle ne mit pas longtemps à revenir près d'Audouin en faisant sauter dans sa main des dés qui avaient déjà beaucoup roulé.

—Je les ai gagnés à Othon, un de la lance, dit-elle fièrement. Et pourtant, il ne perdait pas souvent, il trichait. Mais ce jour-là, il était un peu trop soûl.

« Mon Dieu, se dit Audouin, mais quelle femme suis-je en train de mettre dans ma vie ?... » Pour autant, il n'était pas près de regretter les élans de son cœur.

—Voilà comment je vais faire, expliqua Jeanne. Il y a trois dés. Si je fais moins de neuf points, je reste à Rochepierre avec ta sœur et tu vas plaider ma cause, si je fais dix ou plus, je pars avec toi. Ça te va ?

—Je suppose que c'est comme cela qu'on fait. Je ne joue pas beaucoup, à vrai dire.

—Ce peut être très amusant pourtant.

Mais l'enjeu, ce jour-là, n'était guère de s'amuser.

Jeanne s'assit sur le dallage devant la cheminée et secoua les dés entre ses deux mains tandis qu'Audouin adressait au ciel une prière fervente : « Faites que ça tombe sur plus de dix... Un gros chiffre... »

Les dés tombèrent, roulèrent en cliquetant sur le sol. Tous deux virent tout de suite que le compte n'y était pas. Un. Deux. Deux. Cinq points en tout. On était loin du compte.

—La chéance[19] n'était pas avec nous... se dit Jeanne, résignée. Je n'irai pas à Rome.

Elle ramassa les dés.

—Pas de regrets, décida-t-elle. Le destin a donc décidé que tu irais seul pour être plus rapide et plus efficace.

—Et plus attristé aussi, fit-il. Solitaire.

—Allons préparer ton départ. Plus vite tu seras parti, plus vite revenu !

---

19. Ce substantif vient du verbe « choir », c'est-à-dire « tomber ». La chéance des dés aux jeux de hasard a fini par donner le mot « chance ».

Il se donna encore deux jours avant de se mettre en route.

— Je vais aussi inviter nos sœurs Anne et Adalaberte, fit Aveline au moment des adieux. Ça va être très gai quand même, quand tu ne seras pas là, Audouin. Bon voyage jusqu'à Rome.

— Tu me fais envie d'être en tenue de voyage. Je me sens empêtrée dans cette robe, dit Jeanne au moment des adieux.

— J'adore quand tu es en robe, lui répliqua Audouin, déjà prêt au voyage dans sa grande cape noire à motif vert qu'il avait gardée. Ça te change, tu es ravissante quand tu ne dis plus « fichtre » et « sacredieu ».

— Ta sœur m'aide à bien me tenir. Elle ne veut pas que ses enfants entendent ces mots-là.

— J'aimerais bien que nos futurs enfants ne les entendent pas non plus.

— Attends d'abord que je sois démariée, le coupa Jeanne en se raidissant.

Et si ce moment n'arrivait jamais ? Si Audouin échouait ? Ou disparaissait à cause des dangers du voyage sans avoir pu mener à bien sa mission ? Jeanne avait supplié Renaud de Rochepierre, le mari d'Aveline, de donner une escorte à son beau-frère pour qu'il arrive sans encombre à l'audience du pape. Pour le reste, il était encore trop tôt, peut-être par superstition, pour qu'elle pense à une union avec Audouin de Rivelet. En revanche, elle était résolue à penser chaque jour, tant et plus, à l'amour.

— Tout ira bien, la rassura Audouin en lui caressant le visage. Néanmoins le temps va me paraître long.

— Quand reviendras-tu ?

— Qui sait ? Pour Noël, pour la Chandeleur, pour le printemps ? L'abbé m'a donné de très bonnes recommandations, j'espère qu'on ne me fera pas attendre trop longtemps, bien que je ne sois qu'un petit chevalier de rien du tout.

Alors elle lui tendit une bourse.

— C'est le prix de mes butins, dit-elle. Je n'ai gardé que les bagues et les pots d'épices, j'ai vendu le reste pour que tu fasses dire des messes à Rome même pour le salut du capitaine Bardaillon car, à part toi, il est l'homme qui a le plus compté pour moi et qui m'a voulu le plus de bien. Le feras-tu ?

— Tant que tu veux, ma mie, et j'en ferai dire aussi pour tes sœurs.

— Oh, mes sœurs n'en ont pas tant besoin, elles sont toujours là avec moi. Leur âme est moins sur le fil du rasoir.

Et elle écrasa encore une petite larme, mais elle pleurait moins souvent.

Et ce novembre-là, Audouin partit pour Rome.

Et revint au début du printemps, au temps des jonquilles dans les prés.

✦ ✦ ✦

À Lorimont, ça allait de plus en plus mal.

Philibert des Losses était accablé par la visite de démons qui l'incitaient à pactiser pour retrouver sa femme. Un effet secondaire du miroir de divination, comme l'avait bien prévenu Pépin Gravenot.

Les paysans fomentaient des révoltes pour un oui pour un non. Les impôts ne rentraient plus, le château se dégradait. Malgré les menaces et même les châtiments, voire les pendaisons, les serviteurs et les paysans se permettaient des libertés et des impertinences comme jamais auparavant.

— Qu'est-ce qui ne va pas ? Uniquement l'absence de Jeanne ? Mais j'ai vécu trois ans sans elle et nul ici ne s'en portait plus mal.

Il y avait de l'espoir chez tous les habitants du château et du domaine parce que la jeune Jeanne n'était pas morte, et qu'un jour ou l'autre, sans nul doute, elle reviendrait pour bouter Philibert des Losses hors de Lorimont.

Alors Philibert signa le pacte, sans faire de croix et en apposant ses initiales. Pépin Gravenot, furieux d'avoir perdu le grimoire, n'était plus aussi aimable, ni même aussi compétent qu'auparavant. Qu'importe, Philibert signa pour que Jeanne revienne au domaine faire son devoir.

Et il fut exaucé.

Jeanne revint en majesté, sur Bricelet, suivie à quelques pas par Audouin, sur Dariolet, qui laissait la préséance à la jeune châtelaine, puis plus loin encore par une petite troupe armée prêtée par ses frères et ses beaux-frères. Il y avait aussi dans l'escorte un abbé, quelques moines et un représentant de l'évêque.

Philibert, médusé, laissa tomber sa mâchoire devant cette troupe intrusive.

— Qu'est-ce que vous venez fiche ici ? fit-il sans courtoisie aucune.

— Messire Philibert des Losses, je viens vous demander de quitter le château de Lorimont que vous occupez indûment.

— Pas du tout. Le fief est tombé en quenouille et j'en suis le seigneur en tant qu'époux de la dernière héritière, et tu le sais bien puisque c'est toi, Jeanne de Lorimont, sale peste infâme.

— Messire, ne m'insultez pas dans mon propre château, je vous prie. Quittez Lorimont sans faire d'esclandre, avec qui vous voulez de vos hommes et de vos amis, voire votre maîtresse.

— Elle est morte, fit-il d'un ton rogue.

— Le mariage a été considéré comme non valable aux yeux de l'Église, messire, vous voilà donc libéré de l'obligation de tenir le domaine. Il vous faut faire vos bagages.

Philibert se sentait assommé et n'était pas sûr de bien

comprendre. Des femmes se précipitèrent aux étriers de Jeanne et se serrèrent contre ses jambes, contre sa robe. Les trois nourrices, les cheveux blanchis, l'air éperdu, des rides au coin des yeux. Heureuses.

Et tous les habitants du château descendaient dans la cour. Les cavaliers n'avaient pas démonté et toisaient cette petite foule.

— Il faut partir, messire, répéta Jeanne. Vous n'avez plus votre place à Lorimont.

Alors, quand les habitants du château comprirent, il y eut des cris de joie et des hourras, et des « Philibert s'en va ! Elle le chasse ! Tout va redevenir comme avant ! »

Comme avant ? Hélas non.

— Où sont les tombes de mes sœurs ? demanda Jeanne.

— Dans le pré derrière l'église, fit le chapelain Fulbert en s'avançant, un bel air de fourbe componction sur le visage.

— Montrez-les-moi. Et puis vous pouvez partir aussi si vous voulez, père Fulbert, dit Jeanne sans pourtant insister.

Elle descendit de cheval et Audouin aussi, qui l'accompagna, toujours deux pas derrière elle. Elle suivit le chapelain.

Le cimetière n'était pas entretenu. Ce n'était qu'un pré d'herbe haute, on ne voyait même pas les carrés qui représentaient les tombes, seulement marquées de croix de bois attaquées par les insectes et les intempéries, vermoulues et de travers.

— Ne t'en fais pas, Jeanne, ce ne sont que des tombes, nous sommes là pour toujours, derrière toi.

Ce n'était qu'un murmure qu'elle entendit à peine.

— Merci, dit-elle. Merci pour tout.

Elle se tourna vers Audouin qui la prit dans ses bras. Ils étaient seuls, l'endroit était un peu à l'écart du château, Fulbert était reparti, peut-être faire ses bagages.

C'est là qu'ils s'embrassèrent, non loin de la présence tutélaire de Catherine et de Marie.

Et puis ils revinrent en se tenant par la main, afin que tout le monde voie bien que la jeune châtelaine avait en tête certains projets.

✦ ✦ ✦

Le mauvais vin bu à l'excès et le harcèlement des démons, les criailleries permanentes de Pépin Gravenot chez qui il avait provisoirement élu domicile, les bruits de cloche dans sa tête et les ondulations du décor eurent vite raison de la santé mentale de Philibert des Losses. Celui qui avait été un jeune homme bien découplé, arrogant et joli garçon, cruel et sans cœur, finit en épave. Un jour qu'il avait trop bu, une fois de plus, il se prit le pied dans une racine et tomba tête en avant dans la mare d'eau fétide où il se noya, ou s'empoisonna, on ne sut jamais réellement.

Jeanne, qui avait tout de même le cœur droit, lui fit faire de discrètes funérailles, et non moins discrètement elle chassa impitoyablement Pépin Gravenot de ses terres, en même temps qu'elle recueillait au château les deux enfants que Philibert avait eus de sa maîtresse, ils n'y étaient pour rien, les pauvres innocents.

ÉPILOGUE

Le grimoire des ténèbres ronchonnait, bourdonnait et tentait d'envoyer des vapeurs empoisonnées, des odeurs immondes et des messages d'encre sanglante, mais les moines le tenaient en garde serrée. Les maléfices déclenchés par Héribaud Hébert, tempérés par les actions de quelques spécialistes, perdraient de leur force maléfique, car on ne peut dire que rien de bon n'est venu de la découverte de l'Amérique, de l'invention de l'imprimerie et du renouveau de la religion

Audouin de Rivelet et Jeanne de Lorimont s'en moquaient. Ce n'était plus leur affaire. De temps à autre, Jeanne sortait sa miséricorde et chevauchait en vêtements de soldat, car les temps étaient encore difficiles, dans les villages, mais en dépit de ses apparences de jeune châtelaine blonde et raffinée, elle savait encore parler aux mercenaires, les convaincre, et les combattre s'il le fallait. Ça lui rappelait sa présence dans les camps, un pan de sa vie qui se diluait lentement. Elle devait penser à mille choses dans son domaine rénové, dans son château nettoyé et remis à neuf, où les cachots ne servaient plus que de cave à vins.

— Toi qui voulais avoir un fief, tu es servi. Il y a du boulot, dit-elle à Audouin.

— « Boulot », comment parles-tu ! Je croyais que tu avais abandonné ce langage ! rit Audouin. Et puis c'est ton fief.

— Tombé en quenouille, relevé par un Rivelet, fit-elle remarquer. J'ai reçu un message ce matin. Les moines de Gardefoy te proposent de leur faire une petite visite.

— Encore ? !

Ils avaient souvent besoin de lui. Et il restait encore beaucoup à faire pour remonter le domaine. Heureusement, ils étaient deux.

« Jadis, j'étais professeur. J'adorais raconter l'Histoire et ses péripéties. J'ai toujours été très sensible à l'empreinte du passé. Et à tout ce qui se passe en marge de la Grande Histoire : traditions, légendes, chansons, mythologies. Depuis mon enfance, j'ai adoré visiter musées, châteaux, églises et lieux historiques ; comprendre comment les gens vivaient jadis, ce qu'ils pensaient, ressentaient, croyaient. Après avoir beaucoup lu sur ces sujets, j'ai eu envie de transmettre ma passion et me suis mise à écrire des romans pour la jeunesse ou des ouvrages documentaires, toujours liés à ces aspects historiques particuliers, voire à l'étrange, à l'inexplicable ou au fantastique. »

Béatrice Bottet

DU MÊME AUTEUR

aux éditions Casterman

collection Romans

RIFIFI SUR LE MONT OLYMPE
Sélection « 1000 jeunes lecteurs » 1996 UNCBPT
Prix littérature enfantine Martel 1996
Prix de Clermont-Ferrand 1997
Prix du Salon du livre pour enfants Valenciennes 1997

DU RIFIFI POUR HÉRAKLÈS

LA BELLE PARESSEUSE

FILLE DE LA TEMPÊTE
(la légende d'Is)
Sélection du ministère de l'Education nationale

LE GRIMOIRE AU RUBIS

Cycle I

LIVRE I : LE SECRET DES HIBOUX
Prix Littérature jeunesse Auchan, 2006

LIVRE II : LE SORTILÈGE DU CHAT

LIVRE III : LE CHANT DES LOUPS

Cycle II

LIVRE I : VAL-D'ENFER

LIVRE II : LES COMPAGNONS DE LA NUIT

LIVRE III : LA SARABANDE DES SPECTRES

Cycle III

LIVRE I : RUE DE LA MANDRAGORE

LIVRE II : LE CHÂTEAU DE LA DAME BLANCHE

LIVRE III : LE RELAIS DES OMBRES
Les trois cycles du Grimoire au rubis ont été récompensés
par le prix Littérature Jeunesse 2010 du Salon du livre de Creil.

collection Quelle Histoire !

LES DIEUX GRECS

Encyclopédie du Fantastique et de l'Étrange

TOME 1 : *FÉES ET DRAGONS*

TOME 2 : *SORCIÈRES ET MAGICIENS*

TOME 3 : *FANTÔMES ET MYSTÈRES*

L'INTÉGRALE

La Bibliothèque du Fantastique

FÉES ET AUTRES BONNES DAMES

SORCIÈRES ET AUTRES JETEUSES DE SORTS

SIRÈNES ET AUTRES DAMES DES EAUX

FANTÔMES ET AUTRES REVENANTS

Découvrez
Le Grimoire au Rubis

Le Secret des hiboux

CYCLE I – LIVRE I

Avant de mourir, dame Hermelinde de Tournissan confie à Bertoul, son jeune ménestrel, une importante mission. Il devra se rendre à Paris pour remettre à Magnus Gurhaval, un grand mage, le mystérieux grimoire qu'elle lui vola jadis. Malgré le soutien de la jeune Blanche qui se joint à lui, la route de la capitale est semée d'épreuves et d'ennemis cruels. Et dans le ciel nocturne planent sortilèges et oiseaux de mauvais augure…

Le Sortilège du chat

CYCLE I – LIVRE II

Dans les bas-fonds de Paris, on peut entendre une rumeur : « Il est revenu, le Grimoire au rubis est revenu ! » Cela ne peut laisser de glace certains apprentis sorciers. Surtout ceux qui savent que ce livre magique contient des recettes qui permettent de faire basculer les lois de l'univers. Avec les secrets du grimoire, tout est possible : devenir invisible, changer le cours du temps et même, pour des esprits malfaisants, s'en prendre à la personne du roi !
Nombreux sont ceux qui aimeraient s'en emparer, et le jeune Bertoul, qui en est le gardien, va devoir lutter pour le garder…

Le Chant des loups

CYCLE I – LIVRE III

Maintenant que Blanche est de retour à Vauluisant pour gouverner son fief, Bertoul, le gardien du précieux Grimoire au rubis, doit à regret quitter celle qu'il aime en secret. Les périls semblent écartés et pourtant magie, richesse et pouvoir sont toujours convoités par des esprits malfaisants. La demoiselle et son musicien ne se doutent pas, lorsqu'ils se disent au revoir, que leur chemin est encore semé de dangers. À la lisière de la forêt, le chant des loups monte, terriblement menaçant, comme un sinistre présage…

Val-d'Enfer

Cycle II – Livre I

Catherine Barberet, sage-femme, est l'héritière du Grimoire au rubis, un livre magique et mystérieux qu'elle n'a jamais su déchiffrer. Elle le cache avec soin car, en ces temps troubles, on dénonce facilement les femmes pour sorcellerie.
Malheureusement, un soir d'orage, un nouveau-né meurt au village. La rumeur gronde et accuse Catherine : « Sorcière ! Sorcière ! » Vite, elle fait fuir ses deux filles, Marguerite et Madeleine, en leur confiant le précieux grimoire. Et si, après des siècles de silence, le Grimoire au rubis se réveillait enfin…

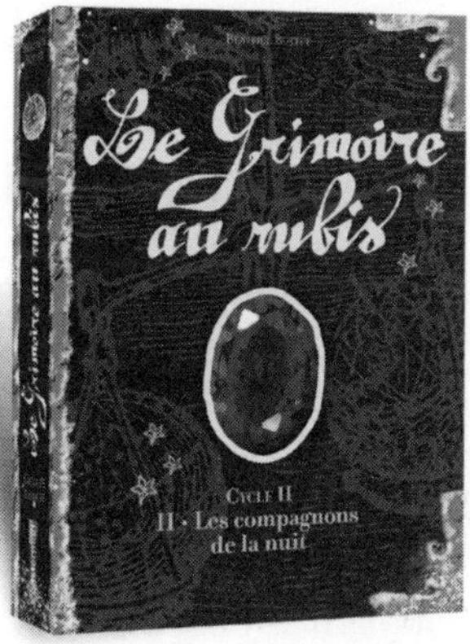

Les Compagnons de la Nuit

CYCLE II – LIVRE II

Qui donc a l'audace de délivrer des sorcières promises au bûcher ?
Qui, sinon les compagnons de la nuit, que nul n'a jamais vus à l'œuvre mais qui savent utiliser les secrets du Grimoire au rubis ?
C'est pourtant un jeu dangereux de délivrer ces femmes innocentes accusées des pires maux. D'autant plus que le filet tendu par Grandjean, un intransigeant officier royal, se resserre autour des compagnons. Et surtout autour de l'intrépide Salviat, le plus menacé de tous. Le grimoire pourra-t-il le tirer d'affaire ?

La Sarabande des Spectres

CYCLE II – LIVRE III

Qui aurait pu prévoir que la délicieuse Madeleine allait traverser toutes ces épreuves ?
Le Grimoire au rubis sans doute…
mais il reste étrangement silencieux, bien à l'abri dans l'antre de maître Hamelin.
Et voilà qu'un autre grimoire, un grimoire à la pierre noire, un grimoire diabolique, semble mener la danse dans la ville de Montgrèze.
Est-ce lui qui fait surgir des spectres le soir au coin des rues ?
Est-ce lui qui menace Madeleine et sa famille ?

Rue de la Mandragore

CYCLE III – LIVRE I

Hortense est au désespoir. Elle erre dans Paris, sans argent, sans travail, sans même un ami pour la réconforter. Mais sa route va croiser celles d'un jeune voleur et d'un étudiant possesseur d'un livre bien mystérieux… Un livre ancien aux pouvoirs étranges que le satanique baron de Gorson veut acquérir coûte que coûte… Le Grimoire au rubis viendrait-il de réapparaître au grandjour ?

Le Château de la Dame Blanche

CYCLE III – LIVRE II

« Consolez-moi, faites-moi consoler… » Du château de Védeilhac s'élève une inquiétante mélopée. On murmure qu'une étrange jeune femme s'y promène au clair de lune… Or, c'est dans ce même château qu'Albéric a été envoyé en tant qu'architecte. Pourquoi Hortense et Perceval ne reçoivent-ils aucune nouvelle de leur ami ? Et pourquoi le grimoire se réveille-t-il ? Les paisibles ruines de Védeilhac cacheraient-elles un sombre secret ?

Le Relais des Ombres

CYCLE III – LIVRE III

Un terrible vol vient d'être commis : le rubis a été arraché de la couverture du grimoire, lui ôtant une grande partie de ses pouvoirs magiques. Séquestrée dans une maison de correction, Hortense ne peut alerter Perceval, celui qu'elle aime, ni Albéric, son meilleur ami.
Il lui faut pourtant trouver le moyen d'agir pour préserver le grimoire. Et le temps est compté…

Le Grimoire au Rubis

au format poche

Déjà parus :

1

2

3

4

5

6

7

LE GRIMOIRE AU RUBIS

Ce livre est imprimé grâce au soleil

GRAFICA VENETA

La première société au monde
à zéro émission de carbone.